RESPLANDECE
haz que deseen lo que tú tienes

RESPLANDECE

haz que deseen lo que tú tienes

NEWSBOYS

Whitaker House

Todas las referencias de la Biblia, a menos que así se indique, están tomadas de la Santa Biblia, Versión *LA BIBLIA DE LAS AMERICAS* Copyright © 1986, 1995, 1997 por La Fundación Lockman, usadas con su permiso.

RESPLANDECE: HAZ QUE DESEEN LO QUE TÚ TIENES

ISBN: 0-88368-885-9
Impreso en los Estados Unidos de América
© 2002 por los Newsboys

Newsboys
712 Evans Street
Franklin, TN 37064
www.newsboys.com
Correo Electrónico: mail@fcmgt.com

Whitaker House
30 Hunt Valley Circle
New Kensington, PA 15068
Visite nuestra dirección en la Internet en: www.whitakerhouse.com

Traducción al español realizda por:
Si Señor, We Do Translations
Jorge y Margaret Jenkins
P. O. Box 62
Middletown, DE 19709 E.U.A.
TEL: (302) 376-7259
FAX: (302) 376-7253
Email: sisenortra@aol.com

Library of Congress Cataloging-in-Publication Data

Shine. English.
  Resplandece : haz que deseen lo que tu tienes / Newsboys.
    p. cm.
  ISBN 0-88368-885-9 (trade paper : alk. paper)
  1. Christian life. I. Newsboys (Musical group) II. Title.
BV4506.S5518 2003
248.4—dc21   2003002417

Ninguna parte de este libro puede ser copiada o reproducida o transmitida en ninguna forma o por ningún medio, sea en forma electrónica, o mecánica, incluyendo fotocopias, grabaciones, o por cualquier tipo de sistema de almacenamiento de datos, sin el permiso por escrito de parte de la Casa Publicadora.

1 2 3 4 5 6 7 8 9 10 11 12 / 09 08 07 06 05 04 03

Indice

Prefacio		7
Preludio:	Un Despertar	12
Parte I:	¿Dónde Está La Luz?	19
Parte II:	Viviendo En Un Reino Que Está Al Revés	57
Parte III:	El Conocimiento De La Gloria	133
Parte IV:	El Fruto De La Luz	185
Parte V:	Luz Para La Tierra De Las Tinieblas	253
Parte VI:	Hambre Por La Eternidad	299
Diario y Anotaciones		313
Libros de Influencia		341
Recursos Usados En Esta Obra		343
Acerca De Los Autores		357

Dedicatoria

*Dedicado a Summer, Breeon,
Heather, Erika, Jenny, Sharon, y Simone.
Ciertamente tú brillas por encima de los rubíes.*

Reconocimientos

Sin la participación de los siguientes, esto sólo sería un pedazo de papel, doblado con un poco de tinta:
Pastores Ray y Elizabeth McCollum
Pastores Bill y Rosalie Furler
Pastores Sr. y Sra. C.
Los Rev. Mylon y Christy Lefevre
Pastor Dale Evrist
Padre Phillip Breen
Pastores John y Sandy Frankenstein
Pastor Ray—tu enseñanza es una gran bendición para nosotros. Gracias por tus palabras con relación a este libro.
Esto es para el hierro que afila al hierro—Wes, Steve, Anthony, y para Steve T.
Para las Mamás y para los Papás, para los hermanos y hermanas, los amamos un montón.
Para nuestros amigos y para todos aquellos que nos apoyan—todo nuestro amor.
Y para todos los autores que se mencionan en este libro, quienes, en forma muy amorosa, han plantado antes de nosotros, para que nosotros podamos tener la bendición de encontrar todas estas flores a lo largo de este camino tan angosto.
Para Jim y para James, y para todo el equipo de Whitaker House.
Y finalmente, para ti Lois, por todo el valor que mostraste al tomar la tremenda tarea de poner en papel todas las notas y papelitos de cinco hermanos que pertenecen a diferentes naciones y a diferentes mamás.

Prefacio

Más de veinte años de ministerio pastoral en Nashville, Tennessee, me han dado oportunidades maravillosas para ministrar a muchos de los individuos que están involucrados con "CMM", que es la Industria de Música Cristiana Contemporánea. Pero regresando al año de 1997, sucedió un suceso único. Recibí una llamada de Wes Campbell, quien es un fiel miembro de nuestra iglesia, y es líder del equipo gerencial de administración que había traído a los Newsboys a los Estados Unidos. Wes nos dio un disco de oro enmarcado conmemorando la venta de más de 500,000 copias del álbum de los Newsboys, llamado *Llévame A Tu Líder*. Wes me dijo que esto se debía a que los Newsboys habían tomado e inspirado algunas de sus ideas para sus canciones de mis cassettes de predicaciones, y querían mostrar su agradecimiento al respecto. En ese momento, yo no conocía a ninguno de los miembros en persona, pero sí recuerdo lo lindo que fue para nosotros que ellos hicieran esto.

Eso fue solo el principio. Desde entonces, y especialmente en los dos últimos años, ha sido mi privilegio el poder tener una mayor participación pastoral en los Newsboys y en su tremendo equipo de apoyo y personal que trabaja con ellos. Después de la tragedia de "septiembre 11", yo incluso fui en una

Resplandece

gira con el grupo durante cinco días, que se llamaba "Festival Con Dios". (Tú realmente llegas a conocer a las personas cuando tienes que vivir en un autobús con ellos por varios días). También pudimos tener tiempos muy valiosos, donde estudiamos la Biblia todos juntos. Mi esposa Elizabeth y yo llegamos a conocer a los Newsboys y a sus familias también. Pasamos todo el día junto con ellos y con sus familias durante el último Día de Gracias. Hemos tenido almuerzos y desayunos todos juntos. Y después de todo esto, yo te puedo decir con toda la verdad, que estos son unos de los individuos más finos que tú jamás te podrás encontrar en cualquier parte.

Yo amo a los Newsboys. Pero no los amo principalmente a causa de su talento, o a causa de sus dones, aunque estos son tremendos. Yo amo a estos muchachos a causa de que son reales y auténticos. Ellos aman al Señor, y ellos quieren "resplandecer" para El. Jamás los he escuchado decir una mala palabra, o algún chiste de doble sentido, o alguna cosa agresiva en contra de alguna persona. El autobús para la gira estaba equipado con televisión vía satélite que podía recibir cualquier canal que el mundo tiene para ofrecer. El primer día yo pude notar que uno de los Newsboys estaba bloqueando todos los canales "para adultos", así como todas las películas "para adultos" para que no se pudieran ver por medio de las televisiones del sistema del autobús. Jamás hubieron fanfarronerías, ni tipos de lenguaje "de santidad". Fue una simple decisión de bloquear todas las imágenes que ninguno de nosotros necesitábamos ver, ni siquiera mientras cambiábamos de canal. Esto realmente me impresionó. (Ellos sí vieron la cobertura sin fin de las carreras internacionales de motocicletas a campo abierto, ¡aunque éstas no son mis favoritas!).

Algo de lo que ustedes van a leer aquí está en el filo de todo aquello que se va a necesitar para poder cambiar nuestra cultura y nuestro mundo. Yo creo que tú te vas a impresionar de la

Haz Que Deseen Lo Que Tú Tienes

forma en que este grupo tiene conceptuadas la importancia de la disciplina personal y la dedicación hacia la iglesia local.

1. Ellos entienden que el *destino individual* jamás puede ser descubierto ni alcanzado en forma independiente del *destino corporal*. Lo que somos dentro de nosotros mismos determina hacia dónde nos dirigimos; por lo tanto, la identificación con una iglesia local no queda en el plano opcional. Y esta membresía no es de tipo nominal (solo de nombre o solo de título), sino de forma vital e indispensable.

2. Ellos entienden que la rectitud moral asegura el desarrollo del carácter personal. Cada miembro del grupo se ha dedicado a ser supervisado por un pastor o por un grupo pastoral, y está dispuesto a ser disciplinado, corregido, y a ser responsable de su vida personal y de su comportamiento.

3. Ellos entienden que los conciertos y el "ministerio de plataforma" no cambian nuestra vida de forma permanente. Ellos saben que no existe substituto para el discipulado personal y para el seguimiento personal, y que las vidas cristianas que no están fundamentadas en los principios bíblicos fundamentales, simplemente, no pueden funcionar.

4. Ellos entienden que la vida cristiana es una obra progresiva de santificación, y que el proceso nunca va a terminar en este lado de la eternidad.

5. Finalmente, ellos entienden que aunque la iglesia no ha estado "resplandeciendo" como debería ser, la iglesia sigue siendo el Cuerpo de Cristo, la cual es la máxima expresión del reino de Dios en esta tierra, y la "familia visible de Dios" en este mundo. *Resplandece*:

Resplandece

Haz Que Deseen Lo Que Tú Tienes apunta y señala algunas de las debilidades y fracasos de la iglesia en Estados Unidos. Pero este grupo no está parado, viendo desde afuera, criticando y juzgando a la iglesia. Los Newsboys están "en" la iglesia y están dedicados a la salud y el bienestar de la iglesia. *Resplandece* simplemente nos da una buena perspectiva de la forma en que podemos llegar a ser "la sal" y "la luz" que Jesús designó que fuéramos.

Disfruten de *Resplandece*. Ha salido desde el corazón mismo.

Pastor Ray McCollum
Bethel World Outreach Center/
Morning Star International
Nashville, Tennessee

Así brille vuestra luz delante de los hombres, para que vean vuestras buenas acciones y glorifiquen a vuestro Padre que está en los cielos.

—Mateo 5:16

Preludio: Un Despertar

Yo creía que Cristo era el camino, pero, aun así, yo estaba perdido. Yo creía que El era la verdad, pero al mismo tiempo, yo vivía engañado. Yo creía que El era la vida, pero yo en realidad no conocía la Vida. Entonces por medio de su misericordia, y de pruebas, de tragedia, y por medio de gracia, llegó a brotar un renuevo, como el brote del trigo, y por primera vez, yo comencé otra vez este viaje conociendo que Cristo debe crecer, y que yo debo de desaparecer.   —Peter Furler

Yo pienso que durante los dos últimos años ha habido un despertar en el grupo hacia aquello que verdaderamente importa....Yo siento que me he convertido en una nueva persona, en un ser humano completamente nuevo.   —Phil Joel

Los eventos del último año o de los dos últimos años realmente me han enseñado que una cosa es tener tu propio ministerio y la obra que tú estés haciendo. Y para nosotros ha sido el hecho de ser los Newsboys y hacer nuestra obra ahí. Pero realmente tuvimos un llamamiento para hacernos despertar hace poco más de un año.
—Jody Davis

Yo no aprendí lo que realmente significa la gracia hasta hace dos años, y ha cambiado mi vida en forma dramática. Y yo creo que esto asusta a mucha gente que está cerca de mí, porque, aunque yo me presento ante la gente como muchos creen, como algo inferior que un cristiano, siendo que en realidad, yo estoy siendo más honesto y más transparente que muchos.
—Jeff Frankenstein

Yo creo que Dios realmente está haciendo algo en el ámbito espiritual con este grupo musical, y mucho más de lo que El ha hecho jamás....Yo he sido cristiano por muchos años, tal vez por veinte años, y siempre tienes momentos en que te encuentras en la cumbre, y también hay otras veces que no estás tan alto. Pero realmente estoy sintiendo que Dios me está preparando para algo increíble, para algo muy excitante, y yo creo que el resto del grupo musical están sintiendo lo mismo.
—Duncan Phillips

Como una canción que se ha escrito en privado, pero después se toca en sistema público, así mismo, este libro lleva pensamientos personales, esperanzas secretas, y aun tal vez una forma de pensar un tanto expectante, y trata de enviar esto para que todo el mundo pueda escucharlo. O tal vez como lo puso Frederick Buechner, "Piensen de estas páginas como un pedazo de escritura, y como un lugar público donde he plasmado mis esperanzas y mis amores, mis dolores y mis indecencias, y que pueda ser recordado en la intimidad tuya. De esta manera, por lo menos, podemos tener algo en común".

Muchas conversaciones se han sostenido entre los miembros del grupo a través de los años, desde los bares en Londres, hasta un restaurante griego en la ciudad de Detroit (con chuletas de puerco muy bien cocinadas, gracias), hasta los caminos polvosos de Baja California, México. Y estas no fueron ese tipo de discusiones (me imagino) como las que son de tipo intelectual, o aun como las que son de tipo "superespiritual", sino en cambio, eran como esas pláticas que solían tener entre los nómadas, o entre los "buscadores de tesoros" que están en busca de tierras donde encuentren y desentierren un tesoro escondido, y que juntos están tratando con el proceso de vender todo lo que tienen, a fin de poder comprar esas tierras.

Habiendo estado con el grupo desde sus inicios, durmiendo en una vieja camioneta Dodge; congelándose en el duro invierno de Nueva York; sudando cubetas enteras en Death Valley, en un verano de California; tocando en los conciertos hasta que mis dedos llegaban a sangrar un poco; llegando a conocer a mi maravillosa esposa en Atlanta, Georgia, viendo el final de los días (eso espero) de tener que pedirle a comerciantes que

Haz Que Deseen Lo Que Tú Tienes

salgan afuera para poder tratar con ellos al estilo australiano; teniendo que estar parado en nieve con una espesura de más de 30 centímetros en Louisville, Kentucky, entumecido durante el entierro de nuestro amigo y ex-músico del bajo en nuestro grupo K.M.—la gracia de Dios es más que suficiente; celebrando mi décimo aniversario de bodas, cuando de repente, en lo que apareció ser un abrir y cerrar de ojos, estábamos todos en la sala de espera del Hospital Vanderbilt—todo el grupo, las esposas, todos de traje y con corbatas, esperando a que los doctores nos dijeran si la bebé de Jody y Erika iba a poder sobrevivir la noche; y viendo cómo la gracia de Dios restaura matrimonios que parecían irreparables ante nuestro entendimiento humano; yo pienso muy a menudo, lo raro que es el hecho de que las cosas más extrañas de la vida, así como los tiempos de adversidad, lo cual normalmente destruiría a un grupo de gente en pedazos, cuando todo esto se da como ofrenda, puede tener el efecto completamente contrario.

Estos son pensamientos que se han escrito principalmente para que nosotros, los miembros de este grupo, nunca los lleguemos a olvidar. Tal vez para nosotros esto es reunir un poco de lo que ha sido el pan de cada día en el camino hacia el reino, que, a medida que te acercas a él, es más lo que tú vas a brillar.

La verdad es, que no estamos donde necesitamos estar, pero también, muchos son testigos de que no estamos (solo por Su gracia) donde solíamos estar. Yo oro para que caiga sobre nosotros la bendición de Dios, ¡porque solo el Buen Señor sabe todo lo que vamos a necesitar para lograrlo! Aun más, yo oro para que Su Espíritu sople sobre nosotros cada palabra y que no lleguemos a desperdiciar todos sus árboles maravillosos.

El verdadero amor y la verdadera paz se encuentran sólo a través de Cristo Jesús,

Pedro

Y el fin de toda nuestra exploración
será el poder llegar al punto de
donde partimos y poder conocerlo por
primera vez.

—T. S. Eliot

Parte I

¿Dónde Está la Luz?

Vosotros sois la luz del mundo. Una ciudad situada sobre un monte no se puede ocultar; ni se enciende una lámpara y se pone debajo de un almud, sino sobre el candelero, y alumbra a todos los que están en la casa. Así brille vuestra luz delante de los hombres, para que vean vuestras buenas acciones y glorifiquen a vuestro Padre que está en los cielos.

—Mateo 5:14–16

Aquí abajo en el valle
Nada puede crecer
A causa de que hay tan poca luz
La gente se pasa todo el tiempo
escarbando para encontrar diamantes y oro
Hasta que llegan a viejos
y no saben hacer ninguna otra cosa
Ellos no saben que respiran el aire sucio
Pero yo estoy cansado de vivir así
y mi alma gime por esto. "Si Tú estás ahí..."

Llámame a Tu presencia
Llévame a Tu luz
Que Tu luz me ciegue por completo Señor,
Refíname, refíname Señor, más allá de mi mente

"Thrive"
Thrive

> El evangelio no va a persuadir a nadie a menos de que nos haya redarguido para ser transformados por él.
> —Brennan Manning

☀ Un automóvil que tiene una calcomanía que dice, "Los cristianos no son perfectos, sólo han sido perdonados", va acelerando en la carretera, solo para cerrársele a otro auto más delante. A medida que el otro conductor maniobra para controlar su vehículo, ella ve la calcomanía en el otro carro y grita, llena de frustración, ¿"Acaso el haber sido perdonado te da el derecho de arrollarme en la carretera"?

☀ Dos jovencitos se juntan para tomar el almuerzo. Uno usa una playera que anuncia, "Jesús es el motivo para la temporada", y el otro usa una chamarra con las palabras, "Jesús reina". La conversación de su almuerzo gira en torno de los últimos chismes de la iglesia. Un matrimonio que está sentado cerca de ellos está observándolos. La esposa dice, "Si esa es la manera en que hablan de unos y otros, a mí no me gustaría ir a su iglesia".

☀ Un ejecutivo muy ocupado dedica muchas horas guiando el ministerio de los hombres en su iglesia y enseñando estudios bíblicos, pero parece que él nunca tiene tiempo suficiente para su familia, y continuamente pierde el control y se enoja cuando está en casa. Cada semana, sus niños se sientan en la parte de atrás de la sala donde se reúnen para los estudios bíblicos, escuchándole enseñar las Escrituras y pensando de él, ¡"Hipócrita"!

☀ Un manifestante hace explotar una bomba en una clínica para abortos, matando a un doctor. A medida que

Resplandece

el humo se disipa, los noticieros entrevistan a un líder pro-aborto y a un abogado quien dice que los cristianos son peligrosos, y que sus creencias promueven la violencia.

Otro manifestante se para frente a la reciente tumba de un homosexual asesinado, sosteniendo una pancarta que dice, "Se está quemando en el infierno". Los familiares y amigos, que vinieron a llorar a su pariente amado, se paran frente a esta escena en estado de shock. "Si esa es la manera como Dios realmente siente", dice la madre de la víctima, ¡"entonces yo Lo odio"!

El conductor, los jóvenes mostrando las frases cristianas, el ejecutivo tan ocupado, el manifestante anti-aborto y el manifestante anti-homosexual, todos ellos tienen algo en común. Todos ellos creen que están haciendo resplandecer la luz de Cristo al mundo entero.

¿Cuál es el Mensaje?

Si tú hubieras encontrado a estas personas mientras tú no eras creyente, ¿qué hubieras aprendido de ellas? ¿Hubieras encontrado sus palabras y sus actitudes atractivas—o hubieras sentido que eras rechazado totalmente por ellos?

Ya sea que estemos tratando con temas controversiales, tales como el aborto y la homosexualidad, o que estemos tratando con situaciones cotidianas de cada día, tales como manejar al trabajo, comer en algún restaurante, estar sirviendo con alguna función en la iglesia, todo lo que hacemos y la manera en que actuamos habla estrepitosamente a todos aquellos que están en derredor de nosotros.

Haz Que Deseen Lo Que Tú Tienes

A causa de que somos cristianos, cuando la gente escucha el nombre de Jesús, ellos forman una imagen de nosotros en su mente. La manera cómo vivimos nuestra vida manda un mensaje a cada uno de ellos acerca de quién es Jesús y a acerca de lo que se trata la fe cristiana.

Si alguien tuviera que dar una descripción del evangelio basado solamente en la observación de tu vida, ¿qué crees que esa persona podría decir? ¿Qué clase de mensaje está proclamando tu vida?

A través de nuestras vidas la gente aprende el mensaje del Evangelio. Si lo que decimos no coincide con lo que hacemos, estamos creando confusión y estamos haciendo que la gente rechace el mensaje.

Esa misma pregunta ha estado ardiendo en nuestros corazones y en nuestra mente. Como los Newsboys, a través de nuestros álbums y nuestras giras, tenemos algún grado de contacto con cientos de miles de gentes. Damos muchas gracias cuando la gente es bendecida por medio de nuestra música. Pero a través de aprender lo que realmente significa "busca primero el reino de Dios", hemos comenzado a preguntarnos: ¿qué pasa con aquellas personas que nos conocen de cerca o que tienen alguna relación con nosotros en forma más personal? ¿Acaso nuestras familias y nuestros amigos están viendo la luz de Cristo Jesús en nosotros? ¿Qué es lo que nuestros vecinos piensan de la manera en que demostramos nuestra ve? ¿Acaso tratamos a la gente en la forma en que Jesucristo los trataría, cuando tenemos frente a nosotros a un

Resplandece

empleado de la tienda de autoservicio, o cuando hablamos con el vendedor de boletos en el aeropuerto mientras que nuestro vuelo ya lleva dos horas de retraso?

Alguna vez estas cosas pueden sonar insignificantes de forma superficial. ¿Realmente importa si nos enojamos con el mesero porque nos dio nuestro cambio equivocadamente, o realmente importa si hacemos un comentario sarcástico con relación a la forma en que alguien va vestido? Nosotros tal vez no le damos importancia, pero cada uno de estas acciones son muy importantes ante los ojos de Dios, porque nosotros debemos de hacer lo mismo que Jesucristo haría, en cada situación en que nos encontremos. A través de nuestra vida, la gente aprende el mensaje del Evangelio. Si lo que decimos no coincide con lo que hacemos, estamos creando confusión y estamos haciendo que la gente rechace el mensaje. Por ejemplo—

> ¿Podría un Cristo Jesús que impacientemente le gritó al mesero—quien ya está cansado de trabajar por horas estando de pie—podría este tipo de Cristo Jesús voltear y decirle al mismo mesero, "Venid a mí, todos los que están trabajados y cansados, que yo les haré descansar"?

> ¿Podría un Cristo Jesús, quien hace comentarios sarcásticos acerca del gusto de una persona para escoger su ropa, ser creído cuando dijera, "Un nuevo mandamiento os doy: que os améis los unos a los otros. De la misma manera como os he amado, así deben amarse los unos a los otros"?

> ¿Podría un Cristo Jesús, sosteniendo una pancarta frente de una tumba de alguien, mientras dice, "Se está quemando en el infierno", decir entonces, "Dios no mandó a su Hijo al mundo para condenar al mundo, sino para que el mundo sea salvo por El"?

Haz Que Deseen Lo Que Tú Tienes

Existe una conexión vital entre lo que decimos y lo que hacemos. Nuestras acciones van a dar credibilidad a nuestras palabras—o van a disminuir la validez de las mismas. Debemos ganarnos el derecho de ser escuchados.

Las Escrituras dicen, "El Verbo se hizo carne y habitó entre nosotros". Cuando Jesús vino a la tierra, El era la personificación del Verbo. No eran sólo Sus palabras, sino Su misma vida que era el mensaje de las Buenas Nuevas.

Cuando recibimos a Cristo Jesús en nuestra vida, El no sólo habita *entre* nosotros, de la manera como lo hizo cuando vivía en la tierra, sino que El habita *dentro* de nosotros. Cuando le permitimos a El vivir Su vida a través de nosotros, nuestras vidas se convierten en el Verbo personificado, tal y como era su vida. No son solo nuestras palabras las que predican las Buenas Nuevas. Nos convertimos en imágenes vivas y caminantes de Cristo Jesús.

La única cosa que es el centro del mensaje del Evangelio, es también lo único que parece hemos olvidado fácilmente—

Nuestras *vidas* son en sí el mensaje.

El Evangelio trata acerca de la transformación—la transformación de nuestras vidas por medio de la vida de Cristo Jesús dentro de nosotros. Debemos preguntarnos a nosotros mismos: ¿Acaso nuestra vida refleja la gracia, la verdad y el amor que hemos recibido a través de Cristo Jesús? ¿O acaso nuestras vidas revelan el hecho de que le hemos permitido al Espíritu de Cristo Jesús que nos transforme a Su imagen, para que El sea el Único que resplandezca a través de nosotros?

La Luz del Mundo

Jesús se describió a Sí mismo como "la luz del mundo", pero El también describió a sus seguidores de la misma manera,

Resplandece

diciendo, "Vosotros sois la luz del mundo". Cuando El regresó con el Padre, puso el mundo bajo el cuidado de los creyentes, diciéndonos que nosotros debemos ser su luz, de la misma manera en que El fue la luz del mundo, mientras que vivió en la tierra.

Al mismo tiempo, El nos dio información vital acerca de cómo ser la luz cuando El añadió "Así brille vuestra luz". Esta declaración de Jesús muestra que nosotros necesitamos *permitir* que la luz brille. No es algo que sucede automáticamente por sí solo.

La naturaleza de la luz es iluminar. Sin embargo, si algo bloquea la fuente de esa luz, se crea una sombra—y el poder total de la luz no puede ser visto. Si el mundo está teniendo problemas para ver claramente la luz en nosotros, eso quiere decir que hay cosas en nuestra vida que están bloqueando la luz—que hay obstáculos causando sombras y obscureciendo el poder del mensaje.

Cada uno de nosotros necesita descubrir cuáles son esos obstáculos en su propia vida. Sin embargo, tal y como hemos podido observar a estos cristianos contemporáneos—y también hemos observado nuestras propias vidas—hemos podido notar varios obstáculos que muchos de nosotros tenemos en común, los cuales nos impiden presentar una iluminación clara y nítida de Cristo Jesús a nuestra cultura. El poder entender la forma en cómo tratar con estos "formadores de sombras" nos ayudará en gran manera a permitir que nos convirtamos en la luz del mundo.

Formadores de Sombras
El Ritmo de Nuestras Vidas

El primer obstáculo, aunque suena algo muy simple, tiene ramificaciones masivas en nuestra vida. Todo esto tiene

Haz Que Deseen Lo Que Tú Tienes

que ver con nuestros estilos de vida contemporáneos. Como cualquier otra persona en nuestra cultura, siempre estamos ocupados y muy cansados. Desde los altos ejecutivos de las corporaciones hasta los niños en edad escolar, nuestras vidas son programadas desde la mañana hasta la noche. Estamos tratando de mantenernos al día con nuestro trabajo, con nuestra escuela, con la familia, la iglesia y un sin fin de actividades. Tenemos teléfonos celulares oprimiéndonos los dos oídos, mientras que, al mismo tiempo, suena el timbre del bíper, nos está llegando el correo en la Internet, y al mismo tiempo nos llegan varios faxes, de tal manera que nos encontramos simplemente sobrecargados con información y con las demandas de siempre estar "en alerta".

La vida diaria para la mayoría de las familias significa estar corriendo a la práctica deportiva, o a la clase de música, malavareando varios trabajos, la escuela y los amigos, haciendo tareas, preparando comidas, teniendo cuidado de la casa y del jardín—y la lista sigue y sigue. Los niños se cansan y sufren tensión nerviosa, y los padres se llenan de ansiedad, y están exhaustos. La mayoría de las familias ya ni siquiera comen juntos y ni siquiera comparten tiempo juntos, disfrutando la compañía de uno y otro. Ellos se han convertido en "extraños que viven bajo el mismo techo"—lo cual les impide que resplandezca la luz de Cristo de uno al otro, y muy a menudo ellos están en el punto perfecto para tener problemas emocionales, todo un infierno familiar, y aun involucrarse en abuso de sustancias a medida que ellos tratan de enfrentar las presiones de la vida.

Entonces entran en la escena las actividades de la iglesia. A veces nos involucramos tanto en las reuniones y en las campañas, que no nos queda ningún tiempo para dedicárselo a Dios mismo—y ni siquiera nos atrevemos a mencionar a nuestras familias y amigos.

Resplandece

Por supuesto que muchas de las actividades en que nos involucramos no son malas en sí mismas. Pero realmente es posible estar involucrado en cosas buenas que hacemos para Dios y aun así, haber perdido de vista lo que es más importante. El problema es que estamos descuidando el área de nuestra vida que necesita más atención, si es que vamos a resplandecer: nuestro espíritu. Podemos estar muy activos y hacer muchas cosas, pero no podemos vivir a este ritmo de vida por mucho tiempo y al mismo tiempo esperar tener tiempo para reflexionar en nuestras prioridades y alimentar nuestra vida interior.

> El problema es que estamos descuidando el área de nuestra vida que necesita más atención si es que vamos a resplandecer: nuestro espíritu.

Nuestro espíritu se está muriendo de hambre debido a que una de las primeras cosas que disminuimos es nuestra relación con nuestro Padre Celestial. Una vez que hemos perdido la conexión con nuestra Fuente de Luz, nuestra luz propia se debilita tremendamente. Es imposible "buscar primeramente el reino de Dios" sin tener esta conexión.

También estamos descuidando nuestro cuerpo y nuestra alma, sin darnos cuenta que cuando ellos no reciben el cuidado y la atención que necesitan, esto también puede llegar a tener un efecto espiritual negativo en nosotros. El cansancio físico y la soledad emocional nos hacen pagar un precio espiritual. Nuestros cuerpos necesitan algo más que simple actividad. No pueden estar funcionando sin cesar; necesitan descanso y renovación de fuerza. Nuestra alma necesita más que solo información y estímulos. Necesitamos desarrollar relaciones

Haz Que Deseen Lo Que Tú Tienes

con nuestros familiares, amigos y vecinos en una forma más profunda que solo una relación superficial. Y dado que nuestro grupo anda viajando continuamente haciendo giras, pasando la mayoría del tiempo viajando, grabando, y actuando, sabemos lo fácil que puede ser el perder esas conexiones con Dios y con las otras personas que son alimentadoras de nuestro espíritu y alma—y sabemos el daño que esto nos causa espiritualmente.

Lo que es más difícil acerca de este obstáculo llamado "ritmo de la vida" es que nos afecta en forma gradual, de tal manera que ni siquiera podemos notar lo que nos está ocurriendo. No es como ser sumergido repentinamente en las tinieblas, como cuando hay un apagón de luz. En lugar de eso, la luz de Cristo Jesús va siendo cubierta lentamente, tal y como la sombra del atardecer invade un pedazo de jardín que estaba siendo iluminado por el sol. Muchos de nosotros no estamos conscientes de nuestra condición hasta que una fuerza de crisis interna o externa nos obliga a mirar lo que ha sucedido. Es entonces cuando la realidad nos cae de repente, haciéndonos recordar que no hemos sentido paz por un buen tiempo, o que algo vital se ha perdido de nuestras vidas. Las innumerables expectativas que han sido colocadas sobre nosotros—ya sea por nosotros mismos o por otros—nos han convertido en personas difíciles y sin reposo. La ansiedad está invadiendo nuestros pensamientos. Hay tantas cosas que nos están distrayendo y desviando de aquello que realmente es importante, que llegamos a pensar si acaso queda algún significado para nuestras vidas. El pensamiento tal vez ha cruzado nuestras mentes, ¿"Está Dios todavía allá fuera en algún lado, o acaso me encuentro sólo en medio de todo esto"?

Llenos de ansiedad y exhaustos, vamos por todos lados, tratando de ser la luz del mundo, cuando la luz misma ha sido bloqueada de nuestra propia vista. Además de esto, nos sentimos culpables porque sabemos que no estamos

Resplandece

haciendo ninguna diferencia en hacer retroceder las tinieblas en nuestra cultura. Sin embargo, nos mantenemos luchando sólos, tratando de ser una luz dondequiera que podamos, porque recordamos las palabras de Jesús—

> Vosotros sois la sal de la tierra; pero si la sal se ha vuelto insípida, ¿con qué se hará salada otra vez? Ya para nada sirve, sino para ser echada fuera y pisoteada por los hombres. Vosotros sois la luz del mundo. Una ciudad situada sobre un monte no se puede ocultar; ni se enciende una lámpara y se pone debajo de un almud, sino sobre el candelero, y alumbra a todos los que están en la casa. Así brille vuestra luz delante de los hombres, para que vean vuestras buenas acciones y glorifiquen a vuestro Padre que está en los cielos.

Andamos llevando estas palabras como una pesada carga en nuestra espalda. La responsabilidad parece ser abrumadora y el desánimo entra en nosotros. Estamos cansados de tratar de ser algo que no somos. ¿Por qué Jesús nos tuvo que dejar con la tarea de hacer que el mundo Lo conozca? ¿Acaso no sabe El que el simple hecho de sobrevivir a través del día es suficientemente duro? ¿Acaso no sabe El que con tanta frecuencia echamos a perder las cosas? Tal vez deberíamos rendirnos y no intentarlo más....

Sentimientos de fracaso y de desesperación algunas veces pueden llevar a los cristianos a rendirse y a no proseguir en su llamamiento a ser la luz del mundo. Otros creyentes también experimentan el mismo tipo de sentimientos de fracaso, pero a pesar de todo, andan por todas partes con una sonrisa en su rostro, pretendiendo que todo está bien. Y a causa de que sienten que deben tener siempre las respuestas correctas, este tipo de cristianos acaba por desgastarse completamente, a medida que luchan por mantener esas apariencias espirituales.

Haz Que Deseen Lo Que Tú Tienes

En lugar de echar todas sus preocupaciones en el Señor y de confiar en El para poder vivir su vida a través de El, ellos están continuamente quemando todas sus energías, de tal manera que su vida espiritual está completamente seca. Otro tipo de cristianos reacciona ante su fracaso y desánimo por medio de adaptarse a un estilo de vida donde muy difícilmente reconocen a Dios, y en cambio, han adoptado todas las actitudes y perspectivas del mundo—convirtiéndose en algo muy difícil de ser distinguido del resto de la sociedad.

Todos estos creyentes enfrentan un dilema genuino porque Jesús dijo, "Si la luz que hay en ti es oscuridad, ¡cuán grande no será la oscuridad"!

> Dado que somos la sal y la luz, sentimos que somos nosotros los que debemos de cambiar las cosas.

"Nosotros contra Ellos"

Otro obstáculo que impide que la luz de Cristo Jesús brille a través de nosotros es el hecho de mal entender lo que significa proclamar el mensaje del Evangelio al mundo.

Cuando Jesús contó las parábolas acerca del reino de Dios, El dijo que nosotros debemos de tener el mismo efecto en la sociedad, tal y como la levadura afecta el pan cuando ejerce su influencia a través de la masa, haciendo que ésta se infle. En otras palabras, debemos de influenciar todos los aspectos de la sociedad con el Evangelio, para que todo, y de una manera definitiva, llegue a ser transformado. El también habló de la forma en que debemos de preservar la cultura para que no sea corrompida, y es la sal, la que es usada para preservar la

Resplandece

carne. Durante años, hemos escuchado pláticas y sermones, urgiéndonos a actuar en nuestra responsabilidad hacia la sociedad. Si los cristianos no funcionan como sal y levadura, la sociedad va a continuar deteriorándose. Nos toca a *nosotros* cambiar las cosas.

En respuesta a esta urgencia, muchos cristianos han tratado a preservar lo que es bueno, y de transformar lo que está mal en nuestra cultura. Para poder hacer esto, hemos decidido que no le vamos a permitir a nadie callar nuestro testimonio en forma pública, ni vamos a permitirle a nadie tratarnos como ciudadanos de segunda clase. Vamos a demandar igualdad de voz en los asuntos políticos y sociales.

De manera creciente, esto se ha convertido en el objetivo principal del alcance de muchos cristianos hacia la cultura. Ser la luz del mundo ha venido a significar el anunciar al mundo lo que creemos y asegurarnos de que tenemos el derecho no sólo de creerlo, sino también de predicarlo públicamente. Y aunque han habido algunos puntos de retroceso, ha existido un éxito significante al tratar de lograr este objetivo. En la mayor parte, hemos mantenido nuestro derecho de expresar nuestra fe y de predicar el Evangelio.

Ciertamente existe la necesidad de poder ejercitar nuestros derechos políticos y sociales. Pero la pregunta más difícil surge entonces, ¿qué tanto hemos logrado realmente? ¿Hemos podido iluminar con la luz de Cristo Jesús en la sociedad, de tal manera que está cambiando los corazones de la gente y haciendo un impactante diferencia en sus vidas? ¿O acaso simplemente hemos hecho un trueque y, en lugar de cambiar corazones, simplemente hemos cambiado las leyes—no importando qué tan buenas éstas lleguen a ser?

Hemos afirmado nuestro derecho de ser parte de la cultura. ¿Nos hemos hecho a nosotros mismos solo como otro grupo

Haz Que Deseen Lo Que Tú Tienes

con intereses especiales que lucha por ser escuchado? Debemos preguntarnos si hemos luchado por nuestros derechos para proclamar el Evangelio sólo para convertirnos en otra subcultura dentro de la sociedad, en lugar a ser "una nación santa, pueblo adquirido para posesión de Dios, a fin de que anunciéis las virtudes de aquel que os llamó de las tinieblas a su luz admirable".

La mayoría de nosotros que tiene una razón para proclamar nuestra fe, ¿realmente hemos sido motivados por el deseo de ser la luz del mundo? ¿O acaso ha sido el resultado del *temor*—temor de perder nuestros derechos, temor de perder nuestro nivel de vida, y temor de no poder influenciar al mundo?

¿Acaso el hecho de poder ganar todas esas cosas significa que hemos ganado al mundo para Cristo?

Ante la gran panorámica de las cosas, ¿acaso hemos estado meramente justificando nuestra posición y promoviéndonos a nosotros mismos—o hemos estado promoviendo los intereses del reino de Dios?

Hace algunos años grabamos un canto llamado "No Ser Avergonzados". Este canto estaba basado en el punto donde cambió la vida de Pedro. El había alcanzado un punto en su fe donde dentro de sí mismo existía la pregunta, ¿"Quién es Jesús realmente"? El canto estaba hecho para expresar, "Yo realmente he encontrado a Cristo Jesús. Yo creo que El es quién El dice ser". Este es una declaración a la cual todo cristiano tiene que llegar por sí mismo o por sí misma. Si nosotros creemos que Jesús es quién El dice ser, tal y como testifican las Escrituras, entonces debemos reconocer que el hecho de creer debería influenciar cada área de nuestra vida y necesitamos dedicarnos a El y seguirlo con todo nuestro corazón. Y eso es de lo que trataba ese canto.

Resplandece

Cuando "No Ser Avergonzado" fue publicado, tocó un punto clave, dado que muchos cristianos no estaban seguros cómo para declarar aquello en lo que habían creído. Existía un titubeo para reconocer quién es Cristo Jesús. Pero esto ya no existe para muchos cristianos, y el significado original de este canto ha sido olvidado. Lentamente a través de los años, el mensaje de "no ser avergonzado" ha venido a ser un significado completamente diferente para muchos creyentes.

A medida que somos valientes para declarar nuestra creencia hacia la sociedad, nos hemos convertido en una generación de cristianos que no son tímidos nunca más. Se fueron los días cuando nos sentíamos avergonzados de identificarnos con el nombre de Jesús, o cuando escondíamos nuestra fe por temor de ser ridiculizados. Aunque este nuevo valor comenzó a ser algo positivo, al final, se ha convertido en algo negativo. "No Ser Avergonzado" ha llegado a ser como un tipo de grito de batalla, como un himno que proclama: ¡"Jesús reina, a volar con todo el mundo"!

Esta actitud de "cristianos machos" es una mala interpretación del Evangelio porque no refleja la naturaleza de Cristo Jesús—servicio, compasión y sacrificio. Está bloqueando la luz de Cristo hacia el mundo porque, en lugar de ser embajadores de reconciliación, nos hemos convertido en embajadores de orgullo cristiano. Lo que comenzó como un deseo de ser valientes para Cristo Jesús, está ahora promoviendo una actitud arrogante, la cual está creando mal entendidos, sospechas y temores entre nosotros y con el mundo.

Una posición de "nosotros contra ellos" es fatal para la presentación del Evangelio, dado que este es el lugar donde muere la gracia. Nuestros tratos con el mundo ya no tienen nada que ver con reconciliación, sino que ahora son de confrontación. Es como la parábola que Jesús contó acerca del

Haz Que Deseen Lo Que Tú Tienes

hombre que había sido perdonado de una gran deuda, y que él no tenía que pagarla jamás, pero después, fue y obligó a otro hombre que le debía a que le pagara algo que era casi sin valor. Una vez que hemos sido perdonados, de alguna manera nos olvidamos que la única diferencia entre "nosotros" y "ellos" es la *gracia*.

> Una vez que hemos sido perdonados, de alguna manera nos olvidamos que la única diferencia entre "nosotros" y "ellos" es la gracia.

Existe muchísimo de este cristianismo de tipo machista emocional en la iglesia. Los festivales de música cristiana atraen cientos de miles de gente, y los cristianos que se reúnen en ellos, ciertamente no se sienten avergonzados. Abiertamente exhiben símbolos de la fe. Calcomanías, playeras, joyería, en todos éstos proclamando el nombre de Jesús. Hoy en día es "una muy buena onda" que los muchachos se pongan playeras con mensajes cristianos, siendo que hace diez años tú eras considerado un radical si usabas este tipo de playeras para ir a la escuela. Hoy en día, casi todos en los círculos de jóvenes hacen esto.

Algunas veces tenemos la idea de que si nos vestimos y enseñamos estos mensajes de nuestra fe, esto es la suma total de lo que significa ser un testigo, en lugar de reconocer de que somos nosotros mismos, quienes debemos de ser los testigos. Nos sentimos confundidos cuando nuestros esfuerzos para enseñar la verdad del Evangelio al mundo parecen regresar y

Resplandece

pegarnos en la cara. Cuando la gente no está interesada en el mensaje, nos sentimos tremendamente aislados de la parte mayoritaria de la sociedad.

Una de las razones porque la gente rechaza el mensaje es que algunas de estas frases se han convertido en frases ofensivas en lugar de ser frases que lleven a la meditación. Por ejemplo, existe una calcomanía muy popular que dice, "Si tú crees que eres perfecto, sólo intenta caminar sobre las aguas". ¿Qué es lo que esto le está diciendo a la gente en realidad? Nuestra cultura cristiana llega a ser tan perfeccionista que asusta a la gente y la aleja. Cuando actuamos como si lo conociéramos todo, esto se ve como una actitud justificadora de uno mismo y juzgadora. La gente ve a los cristianos que aparentemente "lo saben todo", y ellos piensan "Yo no soy suficientemente bueno para esto". O como mencionamos anteriormente, ellos ven la inconsistencia entre lo que creemos y lo que hacemos—y nos borran completamente.

Otro resultado de esta actitud de "no ser avergonzado" es que tiene una tendencia a promover el egoísmo. El resultado es que nos hemos aislado no solo del mundo, sino también de nuestros hermanos y hermanas en el cuerpo de Cristo. El cristianismo ha llegado a ser solamente todo acera de "mí"—mi iglesia, mis calcomanías, mis playeras—de tal manera de que casi estamos en competencia con los otros creyentes para ver quién puede ser el que está a la última moda. Mientras que pensamos que estamos mostrando nuestra *diferencia* del mundo por medio de mostrar la última moda cristiana, lo que realmente estamos haciendo es copiar el espíritu del mundo.

Realmente existe nada malo con la mayoría de este tipo de demostraciones. Podemos usarlas y podemos disfrutarlas. El problema viene cuando permitimos que se conviertan en sustitutos de las verdaderas expresiones de fe. ¿Acaso con

Haz Que Deseen Lo Que Tú Tienes

todos los peces en nuestros automóviles, con todas nuestras cachuchas, con todas nuestras bolsas y Biblias, nos hemos permitido enfocar en expresiones superficiales de fe mientras que estamos descuidando el desarrollo de nuestro carácter interior? ¿Acaso usamos nuestras playeras cristianas, las cuales declaran nuestra fe en un Dios misericordioso y amoroso, pero al mismo tiempo hacemos chismes unos contra otros, hablamos mal unos a otros, o rehusamos perdonarnos unos a los otros?

¿Acaso mostramos en nuestros carros calcomanías de Darwin comiendo con el eslabón perdido, pero al mismo tiempo manejamos como locos? ¿Acaso citamos, "Dios no desea que nadie perezca", pero entonces criticamos las dificultades y problemas de los incrédulos, teniendo una actitud de, "Yo te lo dije"?

> Necesitamos ser fuertes en nuestra fe, pero no por medio de nuestras propias fuerzas. Algunas veces nos olvidamos que no nacimos siendo cristianos.

La orgullosa forma de acercamiento de "No Ser Avergonzado" no está funcionando y jamás va a funcionar. Necesitamos ser fuertes en nuestra fe, pero no por medio de nuestras propias fuerzas. En este momento este tipo de actitud ha ido más allá de todos los límites. Se ha convertido en un frenesí. Un frenesí sin *gracia alguna*. En la mayoría de las veces, no estamos tan preocupados con alcanzar a los incrédulos para Cristo, pero sí estamos más preocupados acerca de probar que somos mejores que ellos. Actuamos, en primer lugar, como si nunca habíamos

Resplandece

estado en su posición—o como si nunca hubiéramos estado en su posición. En otras palabras, algunas veces olvidamos que no nacimos siendo cristianos. Cada uno de nosotros tiene que tomar una decisión de arrepentirse y voltear nuestra vida hacia Dios, y esa decisión fue hecha solo por medio de la gracia de Dios.

Por lo tanto necesitamos un cambio en nuestros conceptos o en nuestro paradigma, una nueva manera de pensar acerca de nuestra fe, porque la fe que está basada en "nosotros contra ellos" no va a prevalecer. Va a ser borrada por las aguas, dado que su fundamento es arena solamente. Este es una de las razones por las cuales estamos viendo cambios masivos en grupos de jóvenes. Los niños vienen, y ellos asisten por un par de años. Entonces ellos cumplen 18 años y entonces la idea de ir a Fort Lauderdale a divertirse fue mucho más atractiva que el ser parte de un grupo que no muestra mucha gracia. Tal vez esto se debe a que nuestro objetivo ha sido aquello *contra lo cual* nos paramos en lugar de ser aquello *por lo que* nos paramos firmes.

Jesús dijo, "En esto conocerán todos que sois mis discípulos, si os tenéis amor los unos a los otros". Si la gente no puede reconocer la luz de Cristo Jesús en nosotros, esto puede deberse a nuestra falta de amor entre nosotros así como por el mundo, y esto está bloqueando su brillo.

El Mundo Tal y Como (No) Lo Conocemos

El tercer obstáculo está relacionado con el segundo. Tiene que ver con el creciente aislamiento de los cristianos del resto de la sociedad. Aunque obviamente nosotros debemos "de estar en el mundo pero no ser parte del mundo", eso no significa que debemos de apartarnos de él en tal forma que ya no podemos comunicar efectivamente el amor de Cristo. Pero esto es lo que le ha sucedido a muchos creyentes.

Haz Que Deseen Lo Que Tú Tienes

Existe confusión entre el cuerpo de Cristo acerca de la forma en que debemos interactuar con la cultura. La perspectiva "nosotros contra ellos" ha provocado que creamos que la gente tiene que acercarse primeramente a nuestra manera de pensar antes de que podamos hablarles acerca de Cristo Jesús. Sentimos que no necesitamos entender la forma en que el mundo piensa y siente porque, razonamos hacia nosotros mismos, diciendo, ¿"Por qué debo de gastar mi tiempo con las filosofías y las creencias del mundo si de todas formas son falsas"? Le decimos a la gente, ¡"Mira, tú necesitas ser como nosotros"! sin siquiera tomar el tiempo para traerles a Cristo de forma paciente y amorosa y en el punto en que *ellos se encuentran*. Nos olvidamos que Jesús era el amigo de los cobradores de impuestos, de las prostitutas, y de otros "pecadores", y nos olvidamos que Él los trajo a ellos Las Buenas Nuevas del Reino de Dios.

Nos preguntamos por qué la gente no puede encontrar relación con lo que estamos diciendo, aunque la Biblia dice claramente, "El hombre sin Espíritu no puede aceptar las cosas que vienen del Espíritu de Dios porque le son locura, y no las puede entender, porque tienen que ser discernidas espiritualmente". El mundo no puede entendernos, y nosotros no sentimos la necesidad de entender al mundo. Así que la vida que existe entre nosotros dos nunca puede ser librado.

En el libro titulado *Aprendiendo el Lenguaje de Babilonia: Cambiando al Mundo por medio de Confrontar la Cultura*, Terry Crist describe la confusión que muchos cristianos tienen acerca de la condición del mundo en que vivimos hoy en día: ¿"Cómo podemos ir de ser la más grande mayoría social en convertirnos en cautivos culturales en solo tres generaciones"? Crist compara la situación de los cristianos hoy en día con los judíos en el tiempo de Daniel, quienes estuvieron en cautiverio en Babilonia y tuvieron que enfrentar el hecho de vivir en una cultura que

Resplandece

era totalmente contrario a sus creencias. El dice que si debemos ser la luz del mundo, tenemos que entender el mundo en que estamos viviendo, y tenemos que aprender "su lenguaje". Esto se debe a que la apariencia del mundo ha cambiado, y nos encontramos viviendo en una cultura post-modernista. El rehusar aceptar esta realidad provoca que tratemos de ser la luz del mundo en la forma *en que nosotros pensamos* que debería de ser, en lugar de ser la luz al mundo como *es actualmente*. Nuestro primer paso debería de consistir en aprender la forma en que el mundo post-modernista piensa y vive. De otra manera, no seremos capaces de enfrentar las verdaderas necesidades de la gente.

> Nuestro primer paso debería de consistir en aprender la forma en que el mundo post-modernista piensa y vive. De otra manera, no seremos capaces de enfrentar las verdaderas necesidades de la gente.

El Pastor Dietrich Bonhoeffer, quien fue martirizado por los Nazis en 1945, encontró una división cultural similar a lo que estamos experimentando hoy en día. El testificó la pérdida de la creencia religiosa y de la asistencia a la iglesia entre el pueblo alemán. Bonhoeffer tuvo que reconocer que la gente ya no entendía el lenguaje de la iglesia. El sentía profundamente que la iglesia tenía que retroceder y enfocarse en la oración y en acciones justas como su forma de testimonio, hasta que encontrara un nuevo lenguaje que pudiera comunicar las verdades espirituales a la mente contemporánea. Para desarrollar este nuevo lenguaje, se necesitaba paciencia y estar dispuestos

Haz Que Deseen Lo Que Tú Tienes

a aprender—se requería trabajar muy arduo de esforzarse para entender verdaderamente las mentes y los corazones de la gente y, de esta manera, poder conectarse con ellos.

Cuando encontramos los valores y el tipo de mentalidad de la sociedad contemporánea, a menudo respondemos diciendo, "Yo desearía que el mundo fuera de esta manera, pero como no es así, entonces me voy a retirar a mi segura comunidad y no voy a tener ningún contacto con el mundo". El hecho de querer huir de todo aquello que no es placentero para nosotros es muy natural. Sin embargo, no podemos ser la luz del mundo cuando no tenemos contacto con el mundo, y cuando no podemos entender la manera en que piensan y en que sienten.

> Jesús fue de la gloria del cielo a un mundo pecador. Su amor por nosotros le hizo tomar medidas extremas. Debemos hacer lo mismo, siendo motivados por el mismo tipo de amor.

Una definición de post-modernismo es "la fragmentación y la promiscua superficialidad de los valores, de los símbolos, y de las imágenes". Las gentes que viven en una cultura donde lo verdadero y lo real ha sido minimizado y superficializado van a poder recibir una auténtica manifestación de la vida de Cristo Jesús cuando les sea comunicado en forma consistente y con amor, de tal manera que la diferencia sea imposible de negar.

El aumentar nuestra interactuación con el mundo que no reconoce a Cristo como su Señor, no va a ser cómodo al principio, pero podemos recordar el ejemplo de Jesús. El fue desde su gloria celestial hasta un mundo lleno de pecado y

Resplandece

hostil. Su amor por la humanidad hizo que El tomara medidas extremas para poder regresarnos a Dios. Nosotros debemos hacer lo mismo para el mundo hoy en día, motivados por el mismo amor—mientras que, al mismo tiempo, debemos ser cuidadosos de no dejarnos absorber por el mismo mundo que estamos tratando de alcanzar.

Algunas veces, cuando nos esforzamos para cerrar el abismo cultural o como consecuencia de que nos encontramos absorbidos por la mentalidad de la sociedad, pensamos que para poder alcanzar al mundo, tenemos que tener lo último de las modas del mundo. Honestamente, eso es pura basura. Nuestra necesidad real es regresar a lo que es verdadero, regresar al Evangelio del reino de Dios. El cristianismo ha estado en esta tierra por 2,000 años. Nunca va a conformarse a las modas, porque las modas van y vienen, pero la Iglesia—y la Palabra de Dios—son eternos. Han sobrevivido todas las modas.

Hoy en día, muchos de nosotros estamos tentados para hacer de la fe cristiana algo que suene atractivo a los intereses personales de la gente, como si sólo fuera un método de auto-ayuda. Este método ignora la realidad de nuestra necesidad en cuanto a morir a nosotros mismos, y tomar nuestra cruz diariamente a fin de seguir a Cristo. El Evangelio son las Buenas Nuevas o Buenas Noticias, pero no siempre son el tipo de noticias que queremos escuchar, y no siempre están presentadas en la forma en que queremos verlas. Necesitamos regresar a los fundamentos del Evangelio porque si tratamos de adaptarlos a la moda, vamos a fallar. Nuestros esfuerzos encaminados a este objetivo ya están cayendo. La gente necesita reconocer la realidad de Dios.

Si el mundo no puede ver la luz de Cristo Jesús en nosotros, se debe a que la hemos escondido completamente de su vista

Haz Que Deseen Lo Que Tú Tienes

o también se debe a que nos parecemos demasiado a ellos. Si continuamos a aislarnos del mundo o si continuamos a imitar las modas del mundo, esto va a generar una sombra todavía más grande entre Cristo y nuestra cultura.

> El Evangelio son las Buenas Nuevas o Buenas Noticias, pero no siempre son el tipo de noticias que queremos escuchar, y no siempre están presentadas en la forma en que queremos verlas.

La Vida Es la Luz

Todos estos obstáculos son el resultado de una sola causa: estamos tratando de resplandecer por medio de nuestros propios esfuerzos, en lugar de permitirlo a Jesús que resplandezca a través de nosotros. Cuando Jesús dijo, "Ustedes son la luz", nosotros escuchamos, "*Tú* eres la luz", y pensamos que la luz tenía que salir de nosotros. Por lo tanto, tratamos de generar la luz por nosotros mismos. Después de varios intentos, debería de ser obvio el hecho de que no tenemos el poder para hacerlo. Sin embargo, seguimos intentándolo de todas maneras. La Escritura dice, "En El estaba la vida, y la vida era la luz de los hombres". Este es un principio masivo que hay que recordar: La *luz* viene solo de la *vida*—la vida de Cristo Jesús en nosotros.

Debemos preguntarnos, ¿"Qué luz es la que estamos tratando de hacer resplandecer—la nuestra o la de Cristo Jesús"? Sin la manifestación de Su vida, nosotros ni siquiera seríamos capaces de alumbrar en penumbra, porque ninguno

Resplandece

de nosotros tenemos vida en nosotros mismos—puesto que es una cualidad divina. Jesús dijo, "Porque como el Padre tiene vida en Sí Mismo, así le ha permitido al Hijo tener vida en Sí Mismo". *Debemos depender* en Cristo Jesús para nuestra vida.

Todos los obstáculos que hemos permitido que obstaculicen la luz pueden ser usados para algo bueno, si acaso les permitimos que nos enseñen a dejar de luchar en nuestra propia fuerza y comenzamos a depender solo en Cristo Jesús. También nos pueden ayudar a que nos demos cuenta de que no somos tan diferentes de la gente a la cual supuestamente estamos tratando de alcanzar. Aquellos que están en las tinieblas necesitan la luz. Esto es tan verdadero para nosotros como para el mundo.

> La luz viene solo de la vida—la vida de Cristo Jesús en nosotros.

Este libro se titula *Resplandece: Haz Que Deseen Lo Que Tú Tienes*. Existe una razón por la que "Resplandece" está antes de "Haz Que Deseen Lo Que Tú Tienes" en este título. Y esta es una verdad que muy a menudo o olvidamos o ignoramos: no podemos hacer que la gente desee a Cristo si nuestra luz no está resplandeciendo primero. ¡No podemos hacer que deseen lo que nosotros tenemos, si nosotros ni siquiera lo tenemos! Por lo tanto, cuando Jesucristo dice, "Así resplandezca vuestra luz", El está diciendo en esencia, "Recuerda Quién es la luz. Permítame resplandecer a través de ti".

Haz Que Deseen Lo Que Tú Tienes

Jesús dijo, "Una ciudad en un monte no se puede esconder". Con esta descripción El nos define a nosotros como una ciudad, cuyas luces puedan ser vistas por aquellos que están lejos, porque se encuentra en lo alto sobre un monte. Podemos ser luz para aquellos que están cerca de nosotros y para aquellos que nos observan desde lejos, siempre y cuando nos mantengamos sobre este monte, porque es la ciudad *sobre un monte* cuya luz no puede ser escondida.

Muy a menudo pensamos que el monte es un símbolo de que hemos sido notados a causa de hacer buenas cosas. Esto se debe a que un par de versículos más adelante leemos, "Así brille vuestra luz delante de los hombres para que vean vuestras buenas obras". Pero el monte realmente es *Jesús*. Nosotros sólo somos la ciudad. No podemos hacer verdaderamente las buenas obras si no estamos dependiendo solo en El para que viva Su vida a través de nosotros. Cuando comenzamos a pensar que *nosotros somos* el monte, entonces ya no estamos descansando en El. Nos hemos deslizado por la ladera hacia el valle de nuestra propia creación. La gente ya no puede ver la luz desde ahí. Jesús dijo que el tratar de resplandecer en nuestra propia fuerza es como prender una lámpara y entonces esconderla debajo de la cama. Ahí no puede hacer aquello que fue diseñada para hacer.

¿Por qué nosotros no somos el monte? Es porque no hay nada acerca de nosotros que nos puede elevar por encima de otras gentes. Todo lo que somos como la luz del mundo se deriva del hecho de estar sobre el monte. El Rey David dijo en uno de sus salmos, "Llévame a la roca que es más alta que yo". Cristo Jesús es nuestra Roca. Si no estamos habitando en El, entonces vamos a estar pisando arenas movedizas.

¿Y por qué me llamáis: "Señor, Señor", y no hacéis lo que yo digo? Y todo el que oye estas palabras mías y no las

Resplandece

pone en práctica, será semejante a un hombre insensato que edificó su casa sobre la arena; y cayó la lluvia, vinieron los torrentes, soplaron los vientos y azotaron aquella casa; y cayó, y grande fue su destrucción.

No somos nada sin Cristo siendo nuestra Tierra Alta. Para poder resplandecer, necesitamos permitir que Cristo nos levante del valle de nosotros mismos y de nuestros propios esfuerzos, y que nos coloque sobre la Roca. Entonces, Su luz ya no va a estar escondida—ni para nosotros mismos ni para el mundo.

"Debes Convertirte en el Cambio que Quieres Ver"

Al final, todo concluye en esto: mientras más permitamos que la vida de Jesús se muestre a través de nuestras vidas, más será lo que vamos a resplandecer. Mientras menos permitamos que la vida de Cristo se muestra a través de nosotros, será menos lo que vamos a resplandecer. Jesús dijo, "El hombre que camina en tinieblas no sabe a donde va. Pongan su confianza en la luz mientras la tienen, para que así se conviertan en hijos de luz".

No existe una mejor manera de hacer un impacto significante en el mundo que por medio de convertirse en los hijos de luz de Dios—por medio de vivir vidas que están tan libres de obstáculos que Su luz pasa plenamente. La gente hoy en día no acepta lo que escucha solo por lo que dicen las palabras. Ellos quieren estar seguros de que sí funciona. Ellos quieren *ver* que sí funciona. Y si no funciona, ellos se cambiarán a alguna otra cosa. Y ellos no son muy diferentes a nosotros. Ellos tienen problemas, necesidades, preguntas, y esperanzas. Pero ellos no van a reconocer necesariamente que todas estas cosas pueden ser resueltas solo en Cristo Jesús, sin que vean este hecho

Haz Que Deseen Lo Que Tú Tienes

demostrado—*en nosotros*. Nosotros somos la esperanza de este mundo, porque a medida que nosotros reflejamos la vida de Cristo Jesús, es que les permitimos que Lo vean a El claramente.

Como cristianos, estamos caminando "en tierra santa" mientras vivimos nuestra vida delante de Dios. Pero esta tierra santa no es una tierra donde estamos "nosotros contra ellos". Y tampoco es una tierra donde podemos decir, llenos de orgullo, "Nosotros somos salvos, pero ustedes van a ir al infierno". Cuando hemos sido transformados verdaderamente por Dios, de repente nos damos cuenta que todos nosotros—los salvos y los "pecadores"—somos iguales en cuanto a la necesidad que tenemos de Dios. Todos comenzamos con la misma hoja en blanco. La Biblia dice "No hay justo, ni aun uno". La gracia de Dios—no la tuya propia—es la única cosa que hace toda la diferencia.

En esencia, si tú quieres cambiar el mundo, tú tienes que ser cambiado primero. Voy a referir una frase famosa, tú tienes que—

"*Convertirte* en el cambio que quieres ver".

Esto se debe a que el reino de Dios no trabaja desde afuera hacia dentro, sino desde adentro hacia fuera. Jesús enseñó este principio en muchas maneras. Esto es lo que El quiso decir cuando dijo que necesitamos quitar la viga de nuestro propio ojo antes de que podamos quitar la astilla del ojo de alguien más. Esto es lo que El quiso decir cuando dijo, "Haz a los otros como tú quisieras que ellos hagan contigo".

Vamos a comenzar a ser efectivos, una vez que dejemos de tratar de cambiar a la gente en lugar de tratar de cambiarnos a nosotros mismos. Para poder resplandecer, tú tienes que

Resplandece

saturarte de Jesucristo. Esto significa que primero tú tienes que vaciarte completamente, de la misma forma en que Jesús se vació de Su gloria celestial para venir a este mundo. No es como si todos los cristianos fuéramos a hacer una campaña todos juntos, como para ganar los votos de la gente, como para poner a nuestro hombre en la presidencia, y que eso ya acabará por resolverlo todo. Podríamos hacer todo eso y, aun así, no cambiar, ni transformar a nadie durante el proceso. Si no hemos visto gente transformada desde dentro y hacia fuera, entonces, no hemos hecho nada que vaya a durar o a permanecer.

Sin embargo, cuando la gente nos ve a nosotros que realmente sí hemos cambiado, cuando ellos pueden ver nuestra integridad, cuando ellos pueden ver la forma en que vivimos nuestra vida, y la forma en que tratamos a nuestras familias, y a nuestros vecinos, y aun a nuestros enemigos—eso será el testimonio determinante.

Este libro trata acerca del cambio. Es acerca de la vida y de las enseñanzas de Jesús, las cuales nos muestran cómo "convertirnos en el cambio que queremos ver". Muchos de estos principios son básicos y fundamentales, pero ellos traen consigo una transformación *monumental* cuando son apropiados y puestos en práctica. A medida que tú comienzas a ponerlos en práctica, de repente, aun antes de que te des cuenta, la luz va a comenzar a resplandecer, y la gente se va a sentir atraída por la luz de Cristo Jesús que está dentro de ti.

Hace mucho tiempo, Dios predijo que la luz disiparía a las tinieblas:

El pueblo que andaba en tinieblas ha visto gran luz; a los que habitaban en tierra de sombra de muerte, la luz ha resplandecido sobre ellos. Multiplicaste la nación, aumentaste su alegría; se alegran en tu presencia como

Haz Que Deseen Lo Que Tú Tienes

con la alegría de la cosecha, como se regocijan los hombres cuando se reparten el botín.

Esa predicción se hizo realidad cuando tú encontraste el amor y el perdón de Cristo Jesús, y entraste a la luz de Su gracia. Ahora, El te pide que seas un instrumento por medio del cual Su luz pueda resplandecer a todo el mundo, disipando completamente a las tinieblas.

> Jesús dijo, "Ustedes son la luz".
> Cuando quitamos lo que está
> estorbando Su luz,
> no hay nada en el mundo
> que pueda impedir que se vea.

Jesús nunca hubiera dicho que somos la luz del mundo si no pudiéramos ser la luz del mundo. El problema es que nos hemos olvidado de lo que eso significa—o tal vez, nunca lo hemos aprendido en primer lugar. No sólo debemos de "tratar de ser" la luz. La luz es quién realmente somos. Jesús nunca dijo, "Tú *puedes ser* la luz", sino que dijo, "Tú *eres* la luz". Esto significa que Su luz ya está dentro de nosotros. Cuando removemos lo que está tapando o bloqueando Su luz, nada en este mundo puede impedir que sea vista.

Recuerda—*tu vida* es el mensaje. Tal y como San Francisco de Asís dijo:

> "Predica el Evangelio todo el tiempo.
> Y si es necesario, usa palabras".

Resplandece: haz que deseen lo que tú tienes
Hazlos desear el hecho de no tener que estar
aburridos viendo desde afuera
Resplandece, déjalo brillar delante de todos los hombres
Déjales ver tus buenas obras
y provócales a glorificar al Señor

"Shine"
Going Public, Shine: The Hits

Nada es tan hermoso como aquello que es anormal y nada es anormal a menos que nos hayamos conformado a las normas.

—C. S. Lewis

Parte II

Viviendo en un Reino que Está al Revés

A vosotros os ha sido dado el misterio del reino de Dios.

—Marcos 4:11

Y cada generación tiene a
esos pocos osados que jamás pueden ser comprados
Ellos no toman opiniones ni miran en derredor
Ellos actúan basados en la verdad, y son firmes
en sus convicciones

Ven y mira cómo el mundo ha sido despojado
Los que son libres
Ellos respiran un aire diferente...

Ven y mira al jefe del hombre importante
La mente se aclara cuando tú estás llevando la cruz
Sí, Su carga es ligera
No, no te molesta
Es el rincón seguro de Dios
¿Por qué no arriesgarnos?

"Cornelius"
Thrive

*Por tanto, no os preocupéis, diciendo:
¿"Qué comeremos"? o ¿"Qué beberemos"?
o ¿"Con qué nos vestiremos"? Porque los
gentiles buscan ansiosamente todas estas
cosas; que vuestro Padre celestial sabe que
necesitáis todas estas cosas. Pero buscad
primero su reino y su justicia, y todas
estas cosas os serán añadidas.*

—Mateo 6:31-33

> Tener devoción a aquello que está mal es muy complejo y contiene infinitas variantes.
> —Seneca

Tú estás solo en la casa durmiendo profundamente. Poco a poco comienzas a despertar. Hay un extraño aroma en el aire. De repente, tú te das cuenta de que estás oliendo humo. Saltando de tu cama, tú corres hacia la puerta, pero está muy caliente como para siquiera tocarla, y puedes ver el brillo de las llamas por debajo de la puerta. Para poder escapar de las llamas, tú vas a tener que trepar por la ventana. Todo lo que tú posees se va a quemar muy pronto presa del fuego. Tú sólo puedes llevar un solo objeto contigo—tu posesión más preciada.

¿Qué es lo que tú salvarías?

Llamada de Atención

Existen cosas en la vida que nos son indiferentes hasta en tanto que estamos a punto de perderlas. Esa realidad nos golpeó a todos nosotros una noche en que estábamos celebrando el décimo aniversario de Peter y Summer. Todos los que estaban reunidos en la mesa estaban bien conscientes de la forma en que Dios los había sacado a través de situaciones muy difíciles en su relación, y cómo El los había bendecido con el amor y con la comunión que ellos podían disfrutar hoy en día. A la mitad de la cena, Erika, que es la esposa de Jody, se dio cuenta de que ella necesitaba ir a comprar más leche en fórmula para su preciosa bebé de un mes de nacida, llamada Bethany. Se llevó a la bebé con ella para ir a esta compra rutinaria. No pasó mucho tiempo cuando Jody recibió una alarmante llamada telefónica. Bethany había dejado de respirar. Por quince minutos, Erika trató de darle respiración artificial hasta en tanto que su preciosa bebé pudiera ser llevada al hospital. En un solo instante del tiempo, nuestro gozo se volvió en tristeza. Sin saber lo que podría suceder, lo único que podíamos hacer era estar ahí en el hospital apoyando a Jody y a su familia, y al mismo tiempo, estar orando bastante fuerte. Jody describe el impacto que esta crisis tuvo en su vida:

La situación de Bethany realmente me ha enseñado que una cosa es tener tu propio ministerio, y el trabajo que tú estás haciendo, pero que hay otras cosas a las cuales deberíamos estar dando toda nuestra atención. Realmente tuvimos una gran llamada de atención cuando Bethany se enfermó de repente. En un momento, ella era una bebé perfectamente normal, pero al siguiente momento, ella se encontraba en medio de una lucha por su vida en cuidados intensivos. Los doctores no creían que ella iba a sobrevivir. Estaba siendo ayudada por medio de vida artificial, y por lo que ellos podían decir, ella no estaba respondiendo. Nos encontrábamos en el Centro Médico Vanderbilt, el cual es un excelente hospital pediátrico, y todo el equipo de médicos nos dijo que nos preparáramos porque "este era el final". Ellos incluso tuvieron que pedir consejo de la mujer quien básicamente inventó el cuidado intensivo en los años 1950s. Ella ya estaba retirada, pero le presentaban todo el caso para poder tener su opinión. No había nadie que podría tener más experiencia que esta mujer, y aun ella dijo, "Yo no creo que haya alguna manera en que ella pueda sobrevivir".

Es increíble cómo se aclararon las cosas para nosotros en este momento. Nos complicamos tanto nuestras vidas con tantas cosas, y trabajamos tan duro para tratar de hacer todas estas grandes cosas para Dios o para nosotros. Cuando todo va bien, normalmente nos encontramos de alguna manera centrados en nosotros mismos aunque sea un poco solamente y nos enfocamos en las cosas equivocadas. Pero durante este momento yo me pregunté a mí mismo, ¡"Hombre! ¿Qué es lo que realmente estoy haciendo con mi vida? ¡Esto es una locura! Yo tenía que vivir cada momento al máximo. Yo tenía que apreciar cada momento de cada día. Tú solamente no sabes qué es lo que va a suceder".

Desde el comienzo, tuvimos mucha gente orando por Bethany—a través de todo el país y a través de todo el mundo. A causa de todas esas oraciones, Bethany está con nosotros todavía hoy en día. Fue un milagro increíble. Ella casi llegó a sufrir daño cerebral y todavía tiene muchos detalles médicos, y al final tuvo que estar en el hospital por más de un mes, pero ahora está muy bien. Ella es maravillosa; ella es lo mejor que jamás nos ha sucedido a nosotros.

Algunas veces, tenemos la tendencia a pensar que si las cosas no van muy bien, algo anda mal espiritualmente con nosotros. La verdad de las cosas es que, para mí, ha sido realmente todo lo opuesto. Han sido las luchas y los momentos duros los que *realmente* me han enseñado acerca del carácter de Dios, mucho más que cuando todo parece ir bien. Aunque el tener que pasar todo lo sucedido con Bethany fue muy estresante en muchas maneras, nunca había habido un momento tan lleno de paz, y con tiempo enfocado en nuestras vidas que esos momentos en que ella estaba en el hospital. Esto se debe a que Dios estaba ahí y todo lo demás fue puesto a un lado. Sabíamos exactamente en que debíamos enfocarnos y qué era exactamente lo que teníamos que hacer.

Resplandece

A través de la situación con Bethany, así como en otros eventos en nuestras vidas, nos hemos venido a dar cuenta lo fácil que es desviarse de aquello que realmente importa.

Dios está bien consciente que éste es un problema bien serio para la raza humana. El primer hombre y la primera mujer, Adán y Eva, cambiaron su relación con Dios en el Jardín del Edén a cambio de satisfacer solo su curiosidad. Aun la nación de Israel—a quienes Dios había llamado a ser su pueblo especial—lo rechazaron a El y a Sus caminos. En lugar de ser "un reino de sacerdotes" que iba a representar a Dios en el mundo, ellos se convirtieron en sujetos conquistados por el Imperio Romano, luchando entre ellos por pequeños posiciones y por si acaso podrían lograr rascar un poco de independencia en su existencia. Antes de que Cristo naciera, toda la raza humana estaba encerrada en continuas series de malas decisiones y prioridades equivocadas.

> Los problemas y los momentos duros de la vida son los que realmente te enseñan acerca del carácter de Dios porque en esos tiempos tan duros, Dios está ahí, y todo lo demás es echado a un lado.

El plan de Dios era romper todo ese ciclo destructivo y proveer una manera de escapar por medio de enviar a Su Hijo Jesús al mundo. Pero El sabía que antes de esto El tenía que hacer algo dramático para llamar la atención de Su pueblo. ¿Qué fue lo que El hizo? Dejar de hablarles por completo.

Haz Que Deseen Lo Que Tú Tienes

Si alguna vez algún amigo o tu esposa te ha dejado de hablar porque él o ella quieren ver la televisión, o leer una revista, tú ya sabes por qué Dios escogió este método. La mayor manera de llamar la atención de la gente es hacerles que empiezan a preguntarse lo que tú les ibas a decir en el momento en que te comenzaron a ignorar.

Por cientos de años, los israelitas básicamente le habían estado diciendo a Dios, "Sí, ya sabemos todo eso", cada vez que El les advertía que el hecho de rechazarlo a El e ir en pos de sus propios caminos sólo les iba a llevar a su propia destrucción. Pero aun así ellos no voltearon a El.

Así que por cuatrocientos años antes de que Cristo viniera, el pueblo de Dios no escuchó nada que viniera de El—ni una sola palabra de alguno de Sus profetas. Este período de tiempo a menudo es llamado "los años del silencio". Los israelitas tuvieron una existencia muy infeliz bajo los romanos, hasta llegar al punto de tener que tener esperanza contra toda esperanza de que el Mesías pudiera venir y rescatarlos, restaurando el reino a Israel. Ahora ellos querían desesperadamente escuchar una palabra de Dios. Ellos querían saber que Dios conocía su situación, y que a El le importaba todo aquello por lo que ellos estaban pasando.

De repente ese silencio fue roto—primero por Juan el Bautista, cuyo trabajo era prepararlos para la venida de Cristo—y entonces por Jesús Mismo. El ministerio terrenal de Jesús comenzó con este llamado para despertar al pueblo de Dios:

El reino de Dios está cerca. ¡Arrepentíos y creed al Evangelio!

Los israelitas ciertamente estaban listos para que Dios les hablara otra vez. ¿Pero acaso estaban listos para lo que El tenía que decir?

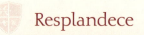
Resplandece

Durante todo Su ministerio, Jesús les dio una y otra vez el mensaje que la más preciosa posesión que cualquier ser humano podría llegar a tener es Dios y Su reino. Este no sólo era un mensaje para los israelitas; era un mensaje para todas las gentes de todos los tiempos. Nuestra llamada de atención consiste en reconocer el precioso regalo que Dios nos ha dado antes de que acabemos por desperdiciar nuestras vidas en cosas pequeñas que no van a perdurar. Jesús dijo,

> El reino de los cielos es semejante a un tesoro escondido en el campo, que al encontrarlo un hombre, lo vuelve a esconder, y de alegría por ello, va, vende todo lo que tiene y compra aquel campo.

> Otra vez, el reino de los cielos también es semejante a un mercader que busca perlas finas, y al encontrar una perla de gran valor, fue y vendió todo lo que tenía y la compró.

Jesús habló del reino de Dios o del reino de los cielos—dos términos que significan la misma cosa—más de *ochenta y cinco veces* contadas en los Evangelios, mientras que El mencionó a la iglesia por su nombre solo dos veces. Tan importante como lo es la iglesia, es parte del extenso reino de Dios en el cual Jesús se enfocó durante todo Su ministerio.

El Evangelio del Reino

La Biblia nos dice de una manera muy específica que el mensaje de Jesús no fue solo el Evangelio, sino "el Evangelio del reino". Cuando hablamos del Evangelio hoy en día, normalmente nos estamos refiriendo al mensaje de salvación. Y ciertamente la salvación es un aspecto crucial del reino, pero el reino abarca todo aquello que pertenece a Dios, así como todo aquello que El está haciendo en los cielos y en la tierra.

Haz Que Deseen Lo Que Tú Tienes

La palabra *reino* se refiere a la fuente de autoridad final y absoluta de algo, y también significa dominio, jurisdicción, o el alcance de acción de algo o alguien. Por lo tanto, el reino de Dios es el territorio total de la autoridad, del reino y del poder de Dios.

El Rey David dijo,

Tuyos oh Dios, son la grandeza y el poder, la gloria y la majestad, y el esplendor, porque todo lo que existe en los cielos y en la tierra es Tuyo. Tuyo oh Señor es el reino; Tú eres exaltado como cabeza sobre todo.

> Durante todo Su ministerio, Jesús dio una y otra vez el mensaje que la más preciosa posesión que cualquier ser humano podría llegar a tener es Dios y Su reino.

Jesús hizo eco a estas palabras en la oración del Padre Nuestro, cuando El dijo, "Venga Tu reino, hágase Tu voluntad, como en el cielo, así también en la tierra", y en "Porque Tuyo es el reino y el poder y la gloria para siempre jamás. Amén".

Cuando Jesús anunció que el reino de Dios estaba cerca, esto no fue solo una expresión en forma retórica. El probó la cercanía y la presencia de Dios por medio de mostrar el poder por encima de las enfermedades y de los demonios. La Escritura dice, "Y Jesús recorría todas las ciudades y aldeas, enseñando en las sinagogas de ellos, proclamando

Resplandece

el evangelio del reino y sanando toda enfermedad y toda dolencia".

Jesús constantemente predicó que el reino de Dios había venido a la tierra. Había venido en la forma del Rey Mismo—el Verbo hecho carne. El Nuevo Testamento nos dice que la señal de que el reino verdaderamente había venido era que la gente que estaba sufriendo, y que se encontraba más allá de cualquier ayuda humana, eran sanados y liberados por Dios Mismo.

Cuando Jesús envió sus doce discípulos a ministrar a la gente, El les instruyó que predicaran lo mismo que El estaba predicando, y que hicieran las mismas cosas que El estaba haciendo: "El les dio autoridad para echar fuera a los demonios y para sanar las enfermedades, y los envió a predicar el reino de Dios y a sanar a los enfermos". Ellos estaban funcionando en áreas de poder y de autoridad, las cuales son asuntos relacionados con el reino. Mas tarde, Jesús envió otros setenta discípulos con la misma misión que los primeros.

El mensaje del reino continuó siendo el eje central aun después de la muerte y resurrección de Jesús. El libro de los Hechos de los Apóstoles nos dice que desde el tiempo en que Jesús resucitó hasta el momento en que El ascendió al cielo, Su tema principal fue el reino:

> A éstos también, después de su padecimiento, se presentó vivo con muchas pruebas convincentes, apareciéndoseles durante cuarenta días y hablándoles de lo concerniente al reino de Dios.

Jesús les dijo a Sus seguidores que ellos tenían que enseñar a otros acerca del reino hasta que El regresara a la tierra en Su gloria: "Y este evangelio del reino se predicará en todo el mundo como testimonio a todas las naciones, y entonces vendrá el fin".

Los discípulos tomaron esta comisión muy seriamente. El mensaje de la iglesia primitiva definitivamente fue el mensaje del reino. En el libro de los Hechos, leemos que Pablo, Bernabé y Felipe, entre otros predicaron el reino. De hecho, el libro de los Hechos concluye con Pablo al final de su vida, enseñando diariamente acerca de los principios del reino de Dios.

"Venga Tu Reino, Hágase Tu Voluntad"

La llamada de atención que Dios le dio a la humanidad después de miles de años de rebeldía humana y después de cuatrocientos años de silencio hizo eco a través del ministerio de Jesús y de la iglesia primitiva, y aun hoy en día, sigue haciendo eco. El reino de Dios es sin lugar a dudas, el tema central de las Escrituras. Es el marco, o el paradigma, que guía nuestro entendimiento de todo lo demás de la vida.

Probablemente, la más grande prueba del centralismo del reino de Dios es el mandamiento que dio Jesús en el Sermón del Monte: "Buscad primeramente el reino de Dios y su justicia, y todas las demás cosas os serán añadidas".

> Por eso os digo, no os preocupéis por vuestra vida, qué comeréis o qué beberéis; ni por vuestro cuerpo, qué vestiréis. ¿No es la vida más que el alimento, y el cuerpo más que la ropa? Mirad las aves del cielo, que no siembran, ni siegan, ni recogen en graneros; y, sin embargo, vuestro Padre celestial las alimenta. ¿No sois vosotros de mucho más valor que ellas? ¿Y quién de vosotros, por ansioso que esté, puede añadir una hora al curso de su vida? Y por la ropa, ¿por qué os preocupáis? Observad cómo crecen los lirios del campo; no trabajan, ni hilan; Pero os digo que ni Salomón en toda su gloria se vistió como uno de éstos. Y si Dios viste así la hierba del campo, que hoy es y mañana es echada al horno, ¿no

Resplandece

hará mucho más por vosotros, hombres de poca fe? Por tanto, no os preocupéis, diciendo: "¿Qué comeremos?" o "¿qué beberemos?" o "¿con qué nos vestiremos?" Porque los gentiles buscan ansiosamente todas estas cosas; que vuestro Padre celestial sabe que necesitáis todas estas cosas. Pero buscad primero su reino y su justicia, y todas estas cosas os serán añadidas.

Jesús dice que debemos de buscar el reino de Dios por encima de todo lo demás, de la misma manera que El lo hace. Recuerda que la primera petición que Jesús les enseñó a Sus discípulos para que oraran, fue, "Venga tu reino, hágase tu voluntad, como en el cielo, así también en la tierra". Por lo tanto, nuestra primera oración a Dios y nuestra primera preocupación en todo lo que hacemos debería ser el reino de Dios.

*El reino de Dios es el marco,
o el paradigma,
que guía nuestro entendimiento
de todo lo demás de la vida.*

La Esencia del Reino

Muchas de las parábolas de Jesús nos dicen lo que es el reino de Dios y nos hablan de la forma para obtenerlo. Aquí está una de las más importantes, de acuerdo con Jesús Mismo:

¡Escuchen! He aquí, el sembrador salió a sembrar; y al sembrar, parte de la semilla cayó junto al camino, y vinieron las aves y se la comieron. Otra parte cayó en pedregales donde no tenía mucha tierra; y enseguida brotó porque no tenía profundidad de tierra; pero cuando

Haz Que Deseen Lo Que Tú Tienes

salió el sol, se quemó; y porque no tenía raíz, se secó. Otra parte cayó entre espinos; y los espinos crecieron y la ahogaron. Y otra parte cayó en tierra buena y dio fruto, algunas semillas a ciento por uno, otras a sesenta y otras a treinta.

Jesús terminó esta parábola diciendo, "El que tenga oídos para oír, oiga". Sus discípulos y otros seguidores les pidieron que les interpretara la parábola. Jesús les contestó, "El secreto del reino de Dios les ha sido dado a ustedes. ¿Acaso no pueden entender esta parábola? ¿Cómo entonces podrán entender cualquier otra parábola?"

> Nuestra primera oración a Dios y nuestra primera preocupación en todo lo que hacemos debería ser el reino de Dios.

Jesús estaba diciendo que una vez que llegamos a entender la esencia del reino de Dios, entonces, podremos ser capaces de entender muchas de las facetas que tiene, así como los tesoros profundos de su sabiduría. Este es el significado de la parábola que El dio a Sus seguidores:

El sembrador siembra la palabra. Algunas personas son como la semilla a lo largo del camino donde la palabra es sembrada. Tan pronto como la oyen, Satanás viene y roba la palabra que fue sembrada en ellos.

En otras palabras la gente que es como la semilla en el camino muy pocas veces se dan a ellos mismos una

Resplandece

oportunidad para escuchar la Palabra de Dios, o ni siquiera tratan de entenderla. Ellos pasan por ella sin casi voltear a mirarla.

Otros, como la semilla que es sembrada en lugares pedregosos, escuchan la palabra y de inmediato la reciben con gozo. Pero como no tienen raíces, ellos sólo duran un muy corto tiempo. Cuando viene la persecución o cuando vienen los problemas por causa de la palabra, ellos caen a un lado rápidamente.

Aquellos que son como la semilla sembrada en lugares pedregosos aceptan lo que escuchan de la Palabra de Dios—en tanto que les haga sentir bien. Pero cuando requiere responsabilidad o perseverancia de parte de ellos, rápidamente la abandonan.

Hay otros, que son como semillas sembrados entre los espinos, escuchan la palabra, pero las preocupaciones de esta vida, los engaños de las riquezas, y los deseos de muchas otras cosas entran y ahogan la palabra haciéndola sin fruto alguno.

La gente que es como la semilla sembrado entre espinos conocen la verdad de la Palabra, pero ellos no la absorben. Ellos son atraídos a las cosas de este mundo, lo cual aplasta la Palabra hasta que es ahogada y vaciada de sus vidas, dejándolos sin cambio alguno y totalmente improductivos para Dios.

Otros, que son como la semilla sembrada en buena tierra, escuchan la palabra, la aceptan, y producen una cosecha—treinta, sesenta, o aun cien veces lo que les fue sembrado.

Aquellos que son como la semilla sembrada en buena tierra, escuchan y entienden la Palabra, la guardan en el corazón, y

Haz Que Deseen Lo Que Tú Tienes

actúan basados en ella. Ellos han logrado alcanzar la esencia del reino de Dios y están permitiéndole a Dios que los use para que crezca más.

Jesús nos estaba enseñando que para poder buscar primeramente el reino de Dios y su justicia, nosotros debemos:

- Escuchar la Palabra
- Aceptar la Palabra y Entenderla
- Producir una Cosecha para el Reino

Escucha la Palabra

Después de que Jesús dijo a sus discípulos, "El secreto del reino de Dios les ha sido dado a vosotros", Él añadió,

¿Acaso se trae una lámpara para ponerla debajo de un almud o debajo de la cama? ¿No es para ponerla en el candelero? Porque nada hay oculto, si no es para que sea manifestado; ni nada ha estado en secreto, sino para que salga a la luz. Si alguno tiene oídos para oír, que oiga.

Antes de que Jesús viniera, la verdadera naturaleza del reino había sido mantenida en secreto; había sido un misterio hasta el momento en que El vino y lo proclamó. Pero ahora es revelado a través de El.

Todo esto habló Jesús en parábolas a las multitudes, y nada les hablaba sin parábola, para que se cumpliera lo dicho por medio del profeta, cuando dijo: Abriré mi boca en parábolas; hablaré de cosas ocultas desde la fundación del mundo.

El apóstol Pablo habló acerca del misterio del reino, diciendo:

Resplandece

...de la cual (la iglesia) fui hecho ministro conforme a la administración de Dios que me fue dada para beneficio vuestro, a fin de llevar a cabo la predicación de la palabra de Dios, es decir, el misterio que ha estado oculto desde los siglos y generaciones pasadas, pero que ahora ha sido manifestado a sus santos, a quienes Dios quiso dar a conocer cuáles son las riquezas de la gloria de este misterio entre los gentiles, que es Cristo en vosotros, la esperanza de la gloria.

El reino permaneció como un misterio hasta que Cristo Jesús vino, porque nosotros nunca nos hubiéramos podido imaginar que Dios mismo vendría a la tierra en forma de hombre para que el mundo pudiera ser reconciliado con El, para que "Su reino viniera y Su voluntad pudiera ser hecha en la tierra así como es hecha en el cielo". Pero Jesús, el Verbo hecho carne, ha revelado el maravilloso misterio del Evangelio: cuando recibimos a Jesús en nuestro corazón por medio de la fe, obtenemos justicia; recibimos el reino. La vida y el carácter de Dios viven en nosotros. Aunque a menudo tratamos de imponer formas y parámetros de comportamiento basadas en apariencias externas, en nosotros mismos y en otros, Jesús nos dice,

"El reino de Dios está dentro de ti".

Este es el mensaje para el cual debemos de tener oídos para oír. El reino de Dios es "Cristo en nosotros, la esperanza de gloria". Este secreto del reino sólo puede ser conocido por medio de nacer de nuevo espiritualmente: "El que no nace de nuevo no puede ver el reino de Dios...El que no nace de agua y del Espíritu no puede entrar en el reino de Dios". Una vez que hemos nacido de nuevo, el reino es nuestro. Jesús nos prometió esto: "No temáis manada pequeña, que al Padre ha placido daros el reino".

Haz Que Deseen Lo Que Tú Tienes

¡Buenas Nuevas!

A través de los Evangelios se nos repite una y otra vez que la venida de su reino representa Buenas Nuevas. Son "Buenas Nuevas de *gran gozo*", es lo que los ángeles le dijeron a los pastores cuando Cristo Jesús fue nacido. Jesús dijo que son tan buenas noticias que "todos se esfuerzan por entrar en él".

El reino de Dios es como mucha gente que está esperando en filas para que las puertas se abran en un cine y que puedan ver el último éxito del verano o el mejor campeonato del mundo. Una vez que las puertas se abren, todos se lanzan a través de ellas, porque no pueden esperar para ser parte de ello. Bajo el antiguo pacto, no había acceso a Dios, ¡pero el nuevo pacto es el Padre Celestial Mismo dándonos la bienvenida con Sus brazos abiertos! Todos aquellos que pensaron que no tenían oportunidad alguna de reconciliarse con Dios están corriendo a través de las puertas del reino. Solo a través de Cristo Jesús pudo ser esto posible.

Y porque Cristo está en nosotros, Dios ya no está distante e inalcanzable.

Sus mandamientos ya no son demandas pesadas que jamás podemos llegar a cumplir. En lugar de esto, "Su yugo es fácil y su carga es ligera". Dios dice, "Pondré mis leyes en sus mentes y las escribiré en sus corazones. Y Yo seré su Dios y ellos serán Mi pueblo".

Estas buenas noticias son tan verdaderas para nosotros con relación a ser la luz del mundo, como también lo son para nosotros con relación a ser perdonados del pecado. No tenemos que luchar para ser luz. Cuando Jesús vive Su vida a través de nosotros, el reino mismo es vivido a través de nosotros y la luz de Cristo resplandece hacia los demás. Si queremos saber

Resplandece

cómo es este reino dentro de nosotros, sólo tenemos que mirar a Jesús. La esencia de Su naturaleza es la esencia del reino:

> Haya, pues, en vosotros esta actitud que hubo también en Cristo Jesús, el cual, aunque existía en forma de Dios, no consideró el ser igual a Dios como algo a que aferrarse, sino que se despojó a sí mismo tomando forma de siervo, haciéndose semejante a los hombres. Y hallándose en forma de hombre, se humilló a sí mismo, haciéndose obediente hasta la muerte, y muerte de cruz. Por lo cual Dios también le exaltó hasta lo sumo, y le confirió el nombre que es sobre todo nombre, para que al nombre de Jesús se doble toda rodilla de los que están en el cielo, y en la tierra, y debajo de la tierra, y toda lengua confiese que Jesucristo es Señor, para gloria de Dios Padre.

> ¡Pero el nuevo pacto es el Padre Celestial Mismo dándonos la bienvenida con Sus brazos abiertos! Todos aquellos que pensaron que no tenían oportunidad alguna de reconciliarse con Dios están corriendo a través de las puertas del reino.

Este es un concepto tan profundo que deja la mente plasmada ¿o no? ¿Dios haciéndose un sirviente? ¿Dios convirtiéndose en hombre, entrando en el duro medio ambiente del mundo caído y siendo como uno de nosotros? La naturaleza de Su reino es completamente al revés de cualquier cosa que pudiéramos *imaginarnos*—y mucho menos algo que podamos hacer.

Haz Que Deseen Lo Que Tú Tienes

Este fantástico pasaje nos muestra que cuando Jesús tomó la naturaleza de un sirviente o de un siervo, esto no sólo fue una decisión de una sola vez—sino que fue una decisión continua. Como Dios, El Se hizo a Sí Mismo como si no fuera nada, tomando la naturaleza misma de un siervo; y como hombre, El Se humilló a Sí Mismo todos los días de Su vida en esta tierra hasta llegar a Su máxima obediencia en la cruz. Esto fue una decisión que El hizo de forma continua.

El nos pide que hagamos esa misma decisión todos los días. A medida que cedemos a la vida de Cristo dentro de nosotros, estamos escogiendo ponernos esta misma actitud de servir a otros, y estamos renovando este compromiso cada día. Jesús dijo, "Si alguno quiere venir en pos de Mí, debe negarse a sí mismo, tomar su cruz y seguirme".

Donald B. Kraybill, escribió en su libro, *The Upside-Down Kingdom*, lo siguiente:

En el reino invertido, la grandeza no se mide por medio de qué tanto poder ejercemos sobre otros. El prestigio invertido no es calculado por nuestro rango en la escala social. En el reino invertido de Dios, la grandeza es determinada a través de nuestra disposición para servir. El servicio hacia los demás es la forma en que medimos nuestro crecimiento en el nuevo reino.

Nuestro Dios no se parece en nada a ninguno de estos supuestos dioses de los tiempos antiguos, cuando la gente les servía basados en el temor y la intimidación. Él no es como nuestros dioses de nuestras escalas sociales o éxitos hoy en día, quienes nos rigen a través de un método similar. Estos dioses demandan total reverencia. ¡Ellos nunca se humillarían a sí mismos para servirnos! Sin embargo, nuestro Dios bajó

 Resplandece

de su posición de poder y gloria, no solo para redimirnos, sino también para enseñarnos el camino a la verdadera vida. El nunca nos pide que hagamos algo que El mismo no esté dispuesto a hacer.

> Los otros dioses eran fuertes; pero Tú eras débil; Ellos se lucían a caballo, pero Tú tropezaste para llegar al trono; Pero para nuestras heridas, solo las heridas de Dios les pueden hablar, Y ningún otro dios tiene heridas, sino solo Tú.
> —Edward Shillito

El Hijo de Dios permitió el hecho de debilitarse y "tropezar" hacia el trono por medio de Su muerte en la cruz. Solo la experiencia de Cristo en la tierra es la que puede hablar a tu propia condición humana. Cristo Jesús realmente sabe lo que significa ser uno de nosotros. Cuando realmente entendemos lo que significa para Cristo Jesús el haber tomado forma humana y haberse vaciado a Sí Mismo completamente por nuestra causa entonces realmente *hemos escuchado* la Palabra del Evangelio del reino.

Jesús nos dio una viva imagen de esta verdad cuando El dijo que solo podíamos entrar al reino si llegábamos a tener la humildad de un niño. "De cierto, de cierto os digo, el que no reciba el reino de Dios como un niño, no entrará en él". El hizo contraste de la imagen de un niño con la imagen de un hombre rico y poderoso.

¡Qué difícil será para los que tienen riquezas entrar en el reino de Dios! Es más fácil que un camello pase por el

Haz Que Deseen Lo Que Tú Tienes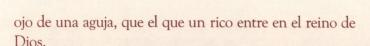

ojo de una aguja, que el que un rico entre en el reino de Dios.

Cuando escuchamos estas palabras de Cristo Jesús nos damos cuenta que estamos viviendo en un reino que es completamente diferente a cualquiera de los reinos de este mundo. ¿De quién pensamos normalmente que es más poderoso y que tiene más influencias—de un multimillonario o de un niño de kinder? Los discípulos de Jesús le preguntaron quién iba a ser el más grande en el reino de los cielos. Esa fue la pregunta equivocada. La pregunta debía haber sido de esta manera, ¿"Voy a servir a otros y les voy a dar la bienvenida en el nombre de Cristo Jesús"? Jesús les respondió, "Cualquiera que se humille como este niño, ese será el más grande en el reino de los cielos".

> Como hombre, Jesús se humilló a Sí Mismo cada día de Su vida en esta tierra. Esta fue una decisión que El hizo continuamente. El nos pide que hagamos la misma decisión cada día.

La naturaleza del reino al que nuestro Padre ha placido darnos es esta: amor y nada de egoísmo. Las palabras de Jesús llegan a nosotros de manera gentil pero urgiéndonos:

Cualquiera que quiera salvar su vida la perderá, pero cualquiera que pierda su vida por causa de mí y del Evangelio la salvará.

Resplandece

A menudo este es un concepto muy duro como para que lo aceptemos, a causa de su naturaleza completamente invertida. Toda nuestra cultura enfatiza hacer cosas por medio de nuestros propios esfuerzos. Hemos sido enseñados, ¡"Tú puedes hacerlo! Si tú sigues este programa de cinco pasos, tú vas a poder hacer esto o aquello. Todo está bajo tu poder". Este es el mensaje con el que continuamente somos bombardeados. Algunas veces es sutil, y algunas veces es muy obvio. Superficialmente parece ser un mensaje muy positivo. Pero realmente es lo opuesto a lo que la Escritura dice: "Todo

> Los discípulos de Jesús le preguntaron quién iba a ser el más grande en el reino de los cielos. La pregunta debía haber sido de esta manera, ¿"Voy a servir a otros"?

lo puedo por medio de Cristo Jesús, Quien me fortalece". No dice, "por medio de mí". Dice, "por medio de Cristo Jesús". El mundo dice que estamos supuestos a ser fuertes, independientes y autosuficientes. Sin embargo, Dios dice que si realmente queremos ser fuertes, debemos rendir totalmente nuestras vidas a El y permitirle a El vivir Su vida a través de nosotros. Una vida de servicio y amor hacia los demás no puede llevarse a cabo por medio de un método de cinco pasos. Debe de ser vivida diariamente.

Teniendo algo de experiencia en este asunto, sabemos que puede ser algo difícil para los hombres el hecho de darle el control de sus vidas a Dios. Es muy difícil, especialmente para un hombre joven el tener que decirle a cualquiera, "Tú eres el Señor sobre mí vida", simplemente por el hecho de que él quiere sentirse fuerte. Los hombres jóvenes piensan que son indestructibles. Ellos piensan que van a vivir para siempre y que van a conquistar el mundo. Es muy difícil y es muy humillante para ellos el tener que decirle a otra Entidad—tan grande y tan poderoso y tan magnífico como lo es el Creador—"Tú tienes el control de mi vida".

Muchos de nosotros todavía tenemos el deseo de auto-preservación—queremos aferrarnos a nuestra propia manera de hacer las cosas, en lugar de aceptar el camino de rendirnos a Cristo Jesús. Todos tenemos dentro de nosotros eso que la

> Una vida de servicio y amor hacia los demás no puede llevarse a cabo por medio de un método de cinco pasos. Debe de ser vivida diariamente.

Biblia llama "el viejo hombre" o sea, la naturaleza de pecado, la cual nos motiva a promovernos a nosotros mismos, aun en los detalles más pequeños. Si oímos a su llamado urgiéndonos, nuestra fe no podría estar puesta en perdernos a nosotros mismos, a fin de ganar a Cristo; y entonces habremos perdido el verdadero mensaje del reino, y nuestra luz estará bloqueada por completo. La gente que realmente hace la diferencia—y aquellos que parece que se encuentran en número muy limitado—son aquellos que verdaderamente se han perdido a sí mismos, y quienes se han movido a través del ojo de la aguja.

Cuando Jesús dijo, "Es más fácil que un camello pase por el ojo de una aguja, que un rico entre en el reino de Dios", El

Resplandece

estaba describiendo a alguien quien rehusa a soltar su control sobre las riquezas de esta tierra, a fin de poder vivir para el reino. El "hombre rico" no necesariamente tiene que ser alguien que es millonario. El pudo haber sido alguien que quería ser rico por medio de hacer renombre para sí mismo, o pudo ser alguien que quería ser rico por medio de poseer la última palabra en tecnología, o pudo ser alguien que quería ser rico por medio de ser admirado como el más inteligente, como el más atlético, o como lo más bello.

La clave para las verdaderas riquezas es perderte a ti mismo—perder tus opiniones, perder tu manera de hacer las cosas, e incluso, tal vez perder tus propias metas y objetivos—a fin de ganar a Cristo. Esto no significa no solo perder tu vida, sino perderla a fin de *ganar a Cristo y el Evangelio del reino*. Existe una gran diferencia. Como lo dijo el Apóstol Pablo, "Someteos los unos a los otros por reverencia a Cristo". Mucha gente tiene miedo de perder, pero rendirse a Cristo es una forma de perder muy diferente. En el reino invertido una pérdida temporal por la causa de Cristo equivale—a una ganancia eterna y multiplicada a una potencia infinita. Vamos a recibir una rica recompensa, tanto ahora como en la eternidad. El Apóstol Pablo dijo, "El reino de Dios es… justicia, paz, y gozo en el Espíritu Santo, porque cualquiera que sirve a Cristo de esta forma agrada a Dios y es aprobado por los hombres".

Acepta la Palabra

Después de que escuchamos la palabra—esto es, después de que entendemos la verdadera naturaleza del reino—debemos aceptarla completamente. Si hacemos de escuchar la verdad nuestra única meta, estaremos en peligro de que esa verdad se ahogue en nuestras vidas, de tal manera que no lleve ningún fruto. Dios dice que aquellos que endurecen sus corazones hacia Su Palabra "siempre estarán oyendo, pero nunca entenderán". Jesús nos dice la manera en que debemos aceptar la Palabra en nuestra vida para que pueda ser plantada—y que a final de cuentas pueda levantar una cosecha para el reino. El dijo, "*Arrepentíos*, porque el reino de los cielos está cerca".

Aunque el arrepentimiento de manera obvia involucra el pedir perdón por los pecados y recibir la salvación, hay mucho más en ello que solo esto. La palabra griega que traducimos como *arrepentir* significa "pensar de manera diferente" o "cambiar la mente o el propósito de alguien". La Biblia versión Phillips lo traduce como "Cambiar sus corazones y sus mentes", y la Biblia New Century lo traduce como "cambiar sus corazones y sus vidas". Otra definición de *arrepentimiento* es "dar media vuelta para ir en la dirección opuesta en que te encontrabas".

El cambiar nuestra manera de pensar—nuestro corazón y nuestra vida—es exactamente donde necesitamos comenzar para poder convertirnos "en el cambio que queremos ver" en el mundo. Es tan fácil el aferrarse a las viejas formas de pensar y de vivir, las cuales no reflejan la actitud de Cristo Jesús. Tal como lo dice el pensamiento de Séneca al comienzo de esta sección, hay muchas maneras en que uno se puede involucrar y ser devoto a aquello que es falso, sin siquiera darse cuenta de ello. Salomón enfatizó este punto en Proverbios: "Hay caminos que le parecen correctos al hombre, pero su final lo lleva a la muerte". Pero nosotros debemos de adoptar completamente la forma de pensar del reino si es que vamos a tener el corazón de siervo de Jesús. Parte de humillarnos a nosotros mismos por la causa de Cristo Jesús consiste en reconocer que nuestra manera natural de pensar, lo cual está basado en la naturaleza caída, necesita ser transformada completamente:

Resplandece

"Porque Mis pensamientos no son como vuestros pensamientos, ni Mis caminos son como vuestros caminos," declara el Señor. "Como los cielos están más altos sobre la tierra, así Mis caminos son más altos que vuestros caminos, y Mis pensamientos son más altos que vuestros pensamientos".

Hay muchas cosas que se ven correctas de forma superficial pero que no promueven el mejor plan del reino de Dios para nosotros. Salomón dijo, "Aunque Dios ha creado a los hombres rectos, cada uno se ha vuelto en pos de su propio camino". C. S. Lewis lo pone de esta manera: "Solo hay una cosa buena; y ésa es Dios. Todo lo demás solo es bueno cuando apunta a Dios y es malo cuando se aparta de Dios".

Durante las tormentas o en condiciones de intensa neblina, los pilotos pueden desorientarse y volar sus aviones directo hacia la tierra. Ellos no se dan cuenta que están volando en la dirección equivocada porque, ya sea porque no tengan instrumentos, o que esos instrumentos le están dando la información equivocada. Algo similar le sucede a la gente que vive sin ningún tipo de instrumentos objetivos en los que puedan depender para ser guiados. Cuando esta gente trata de navegar a través de las dificultades de la vida, ellos acaban por estrellar sus vidas. Los principios del reino nos dan los instrumentos objetivos que necesitamos para vivir. Ellos nos colocan rectamente y en el curso correcto, aun cuando las tormentas de la vida nos impiden ver más allá en el futuro.

El mundo tiene su propia versión de la realidad, pero la verdadera realidad es la manera en que Dios ha ordenado y establecido los cielos y la tierra, y la forma en que los ha puesto a funcionar. Si queremos saber lo que es auténtico,

Haz Que Deseen Lo Que Tú Tienes

tenemos que seguir los caminos del reino. El reino invertido nos llama a que rechacemos el espíritu del mundo, y a que aceptemos al Espíritu de Verdad. Jesús dijo, "Lo que es muy valioso entre los hombres es detestable ante los ojos de Dios". La manera de pensar del mundo es corruptible—no va a perdurar porque no está basada en la verdad. Pero Dios es eterno, y ni El, ni Sus palabras son corruptibles. El es la única verdadera realidad.

El cambiar nuestra manera de pensar no consiste sólo en leer unos cuantos versículos de la Biblia cada día, sino que consiste en una entrega genuina hacia una forma completamente nueva de mirar nuestras prioridades, nuestras actitudes, y nuestras acciones. Es un cambio total de paradigma. La forma en que normalmente pensamos y razonamos a menudo nos hace que luchemos y nos forcemos tanto en nosotros mismos como con otros—y con Dios. Pero Dios nos dice, de hecho "Si tú piensas en la manera del reino, todas las cosas van a caer en su lugar, porque van a estar alineadas con Mi corazón y con Mi voluntad. Todas las piezas van a encajar en el rompecabezas. No va a haber ni una pieza que tú tengas que forzar en su lugar para que entre en el rompecabezas. Tú vas a encontrar perspectiva para toda tu vida por completo—el pasado, el presente, y el futuro". Jesús dijo, "Si ustedes se mantienen en Mis enseñanzas, serán realmente Mis discípulos. Entonces conocerán la verdad, y la verdad os hará libres".

Para poder aprender a pensar de una manera diferente, debemos volver a centrar nuestras mentes, recordando que ese cambio no depende de nuestros propios recursos internos, o de nuestras ideas, sino depende de Jesucristo Mismo, quien vive dentro de nosotros.

Es importante que nosotros vayamos al comienzo y pensemos de nuevo todo de acuerdo a los principios del reino, porque si

Resplandece

sólo tratamos de añadir la realidad de Dios a nuestra propia realidad, estas dos jamás pueden ir juntas y, lo más probable, es que acabaremos por hacer a un lado la realidad de Dios. Jesús contó dos parábolas que nos dan una imagen de esta condición:

> Nadie pone un remiendo de tela nueva en un vestido viejo; porque el remiendo al encogerse tira del vestido y se produce una rotura peor. Y nadie echa vino nuevo en odres viejos, porque entonces los odres se revientan, el vino se derrama y los odres se pierden; sino que se echa vino nuevo en odres nuevos, y ambos se conservan.

De hecho, la palabra que Cristo tiene para nosotros es: "¡Arrepiéntate! Dale a tu perspectiva una renovación radical para que tú puedas entrar de lleno en la vida y en el gozo del reino". El Apóstol Pablo les dijo a los israelitas, "Arrepiéntanse y volteen hacia Dios, para que vuestros pecados sean perdonados, y que del Señor vengan los tiempos de refrigerio".

¡El arrepentimiento no sólo nos capacita para recibir las Buenas Nuevas, sino que también nos trae los tiempos de refrigerio! Nuestro espíritu, alma, y mente serán renovados a medida que entendemos y aceptamos los caminos y los pensamientos de Dios.

Sabiduría del Reino Invertido

Una de las primeras enseñanzas de Jesús, la cual es llamada el Sermón del Monte, está llena con dichos que simbolizan el reino invertido. La primera parte de esta enseñanza es llamada las Bienaventuranzas, las cuales nos muestran cómo es una persona cuando está viviendo en el reino y por el reino.

Haz Que Deseen Lo Que Tú Tienes

Actualmente el reino se encuentra hacia arriba. Somos nosotros quienes estamos invertidos, o quienes estamos al revés, porque estamos acostumbrados a pensar de acuerdo al "viejo hombre". Pero cuando aceptamos y entramos hacia estas verdades, el Espíritu y la vida de Cristo Jesús resplandecerán claramente a través de nosotros.

"Las Bienaventuranzas"
Mateo 5:3-12
El Sermón del Monte

Bienaventurados los pobres en espíritu, pues de ellos es el reino de los cielos.

Bienaventurados los que lloran, pues ellos serán consolados.

Bienaventurados los humildes, pues ellos heredarán la tierra.

Bienaventurados los que tienen hambre y sed de justicia, pues ellos serán saciados.

Bienaventurados los misericordiosos, pues ellos recibirán misericordia.

Bienaventurados los de limpio corazón, pues ellos verán a Dios.

Bienaventurados los que procuran la paz, pues ellos serán llamados hijos de Dios.

Bienaventurados aquellos que han sido perseguidos por causa de la justicia, pues de ellos es el reino de los cielos.

Bienaventurados seréis cuando os insulten y persigan, y digan todo género de mal contra vosotros falsamente, por causa de mí.

Regocijaos y alegraos, porque vuestra recompensa en los cielos es grande, porque así persiguieron a los profetas que fueron antes que vosotros.

Haz Que Deseen Lo Que Tú Tienes

Las Bienaventuranzas, así como otras enseñanzas de Jesús, nos dejan ver los principios de este reino invertido:

Si tú quieres salvar tu vida, tú tienes que perder tu vida.

Ama a tus enemigos; haz bien a aquellos que te odian.

Si alguien te pega, no te desquites.

Cuando te ofenden, perdónalos.

Es más bendición dar que recibir.

Son los pobres en espíritu, no los ricos en espíritu, los que realmente son bendecidos.

Son los pacificadores, no los disputadores victoriosos, quienes tienen la bendición de Dios.

¿Quieres ser exaltado? Entonces humíllate a ti mismo.

¿Quieres ser grande? Entonces tienes que ser el siervo de todos.

Jesús dijo, "Cualquiera que practica y enseña estos mandamientos será llamado grande en el reino de los cielos". Estos principios definen la naturaleza de siervo de Cristo Jesús—quien trae amor adonde hay odio, trae perdón adonde hay amargura, y trae reconciliación adonde hay separación. El nos llama a seguir Su ejemplo por medio de romper el ciclo del pecado y de la muerte en el mundo a través de nuestras actitudes y acciones de amor.

Las cosas que el mundo ve como débiles, son las cosas que nos traen la verdadera fuerza espiritual. Por ejemplo, Jesús dijo, "Bienaventurados los pobres en espíritu". Si tú eres pobre en cualquier área, esto significa que tú no tienes suficiente de ello. El hecho de ser "pobre en espíritu"

Resplandece

muestra que tú reconoces que necesitas que el verdadero Espíritu llene tu vida. Este reconocimiento es esencial para recibir las bendiciones que Dios quiere darte. El mundo piensa que estamos en muy buena posición cuando no tenemos ninguna necesidad, pero Jesús dice en esencia, "Tú eres bendecido cuando tienes una necesidad, y *cuando sabes que la tienes*, porque es entonces que Dios puede suplir esa necesidad".

> El mundo piensa que estamos en muy buena posición cuando no tenemos ninguna necesidad, pero Jesús dice en esencia, "Tú eres bendecido cuando tienes una necesidad, y cuando sabes que la tienes, porque es entonces que Dios puede suplir esa necesidad".

Lo que significa servir en un reino invertido fue mistificado al principio por aquellos que vivían en los días de Jesús, porque el secreto del reino les estaba siendo revelado a ellos por primera vez. Las Bienaventuranzas les parecían al revés a los discípulos y a otros que escuchaban cuando Jesucristo enseñaba. Había algún pensamiento en cuanto a que El iba a comenzar una temprana revolución en contra de los romanos. Sin embargo, aquí, El estaba diciendo cosas como éstas, "Bienaventurados los pacificadores". Jesús siempre parecía comenzar con cerca de 5,000 gentes congregadas alrededor de El, pero después de un rato de haberlo escuchado hablar, a menudo El terminaba solo con los doce originales (¡y aun algunos de ellos también tenían sus dudas al respecto!).

Haz Que Deseen Lo Que Tú Tienes

La vida en el reino consiste en un cambio verdaderamente radical de nuestras vidas. Esta es la razón por la cual debemos tener paciencia con nosotros mismos a medida que estos secretos del reino se están descubriendo ante nosotros, teniendo siempre presente que toda nuestra vida hemos sido entrenados para vivir en la forma opuesta. Al final el hecho de entender y de aceptar lo que significa perder nuestras vidas por la causa de Cristo Jesús, puede ser llevado a cabo solo por medio de la obra del Espíritu Santo de Dios. Necesitamos pedirle a Dios que nos ayude a entender lo que las palabras de Jesús significan para nuestra propia vida. Debemos prepararnos a nosotros mismos para recibir la verdad de Dios por medio de pedirle al Espíritu Santo que nos la revele. Como Jesús dijo, "Cuando venga El, el Espíritu de Verdad, El os guiará a toda verdad".

> El hecho de entender y de aceptar lo que significa perder nuestras vidas por la causa de Cristo Jesús, puede ser llevado a cabo solo por medio de la obra del Espíritu Santo de Dios.

Refina Tu Mente

El hecho de renovar nuestra mente con las verdades del reino invertido consiste en apropiarse la Palabra de Dios cada día, diciendo, "Yo me arrepiento y me dedico a creer la verdad de Dios en lugar de la forma de pensar del mundo, o en lugar de mis propias ideas". Es un proceso continuo que permite que Su Palabra traspase nuestro espíritu y nuestra vida, tal y como el ejemplo que Jesús dio de "la levadura que tomó una mujer y que la mezcló con una cantidad de harina hasta que leudó toda la masa".

Resplandece

El Apóstol Pablo habló acerca de "trabajar nuestra salvación con temor y temblor". Hemos puesto estas palabras para que signifiquen, "Debes trabajar en cómo ser salvo". Pero significan mucho más que esto. Sus palabras fueron dirigidas a creyentes, y su énfasis estuvo en "trabajar nuestra salvación con temor y temblor". Nuestra salvación es una cosa muy santa que no debe de ser tomada a la ligera. Debe de ser tomada reverentemente y con gran gratitud. Esta es la razón por la que debemos decirnos a nosotros mismos, "Yo soy salvo. Yo creo. Pero, ¿en qué consiste mi fe realmente? ¿Qué tengo que hacer para vivirla"? Estas son las preguntas que nos guían al secreto del reino y a rendirnos a la vida de Cristo Jesús que está dentro de nosotros, para que nos volvamos fuertes en El.

Produce una Cosecha para el Reino

Jesús dijo que cuando la Palabra de Dios cae en buena tierra dentro de nuestra vida, no sólo la escuchamos y la aceptamos, sino que también producimos una cosecha para el reino a medida que madura dentro nosotros. Vamos a poder reconocer la presencia del reino por el fruto que produce dentro de nosotros. Jesús estaba diciendo que el crecimiento es un aspecto natural del reino. La falta de crecimiento es un indicativo de que algo no está bien. Jesús enfatizó este punto muy fuerte en la parábola de la higuera seca:

> Cierto hombre tenía una higuera plantada en su viña; y fue a buscar fruto de ella, y no lo halló. Y dijo al viñador: "Mira, hace tres años que vengo a buscar fruto en esta higuera, y no lo hallo. Córtala. ¿Por qué ha de cansar la tierra"? El entonces, respondiendo, le dijo: "Señor, déjala por este año todavía, hasta que yo cave alrededor de ella,

Haz Que Deseen Lo Que Tú Tienes

y le eche abono, y si da fruto el año que viene, bien; y si no, córtala".

En otra ocasión Jesús dijo, "El reino de Dios será... dado a gente que haga producir fruto". El Apóstol Pablo dijo que él predicaba a toda la gente "para que ellos se arrepientan y volteen hacia Dios, y que prueben su arrepentimiento por medio de sus obras". Nuestra cosecha para el reino debe de ser la prueba de que nuestra vida ha sido verdaderamente transformada por medio de la renovación de nuestro entendimiento en Cristo Jesús y que han producido fruto espiritual eterno. El trabajo en los campos de la cosecha del reino no es una obligación, sino una señal saludable de nuestra manera de pensar y de vivir conforme al reino.

El fruto que tenemos que cosechar para el reino es el carácter de Cristo Jesús en nuestras vidas, nuestro servicio para Dios, y la reproducción de la vida de Cristo Jesús en otros a medida que vivimos el Evangelio del reino. Debemos de decir este misterio a todo el mundo—a aquellos que tengan oídos para oír.

Es nuestra entrega a Cristo Jesús y a escuchar y a aceptar Su Palabra lo que va a levantar esta cosecha. Todo lo que Dios nos ha dado—dones, talentos, oportunidades—necesitamos usarlos para El, confiando que El traerá los resultados del reino. A medida que somos fieles, Dios aumentará la cosecha.

Una buena ilustración de este principio del reino es la forma en que Dios guió a Jeff para que llegara a ser miembro del grupo. Esta es la historia:

Mi padre era pastor, y yo crecí en una familia cristiana, pero yo me encontraba muy frustrado con mi vida. Yo iba a la universidad, y estaba estudiando relaciones públicas, planeando tener un internado en Warner Brothers, y haciendo todas estas cosas, pero yo no estaba seguro de lo que Dios quería que yo hiciera. Yo quería hacer lo que El quería que yo hiciera, pero nada estaba sucediendo, así que pensé que yo debería planear mi propia vida. Si Dios decidía hacer algo diferente, eso sería fantástico, pero mientras tanto, yo iba a hacer lo que yo tenía que hacer.

Yo había estado tocando la música en la iglesia durante seis o siete años. Yo era muy fiel en el ministerio de la música aunque era una verdadera lucha para mí, porque yo realmente no disfrutaba el hecho de tocar en la iglesia. Yo era la única persona joven involucrada en ello y no se consideraba esto como algo "suave". Nadie más en la iglesia sabía tocar el piano, así que por años estuve yo ahí, dirigiendo la alabanza y la adoración con mi mamá, quien era la directora de la música. Yo era un muchacho adolescente con todos esos sueños de querer hacer todas esas cosas con mi música—tal vez tocar en un grupo musical—pero sintiendo que mi vida no iba a ningún lado.

Una mañana, yo estaba tocando el piano en la iglesia, y recuerdo que le dije a Dios, "Por favor, cualquier cosa que Tú quieras que yo haga, sólo úsame, ya sea que me quede aquí, o que me tenga que ir a algún otro lado. Pero si tengo que quedarme aquí, por favor dame una perspectiva fresca de las cosas porque siento que estoy totalmente seco". Probablemente suena chistosa ahora, pero me sentía totalmente seco a los dieciocho años de edad. Había terminado la preparatoria, terminaría la universidad en pocos años, y en ese momento yo sentía, ¿"Qué más me queda por hacer"?

Después de tres semanas de haber hecho esa oración, por medio de un cambio increíble de sucesos, yo había dejado el colegio y estaba en la carretera, viajando a través de todos los Estados Unidos, tocando con el grupo. Fue la respuesta más increíble a una oración que yo jamás había experimentado en mi vida. Nunca lo voy a olvidar, porque fue algo muy poderoso.

Esa fue una experiencia bastante dramática, pero lo que yo aprendí de ella fue a ser fiel en los pequeños detalles, a ser fiel en cualquier cosa que hagas. Tal vez no todos van a acabar tocando en un grupo musical, pero, ante los ojos de Dios, si tú le entregas tu vida a El, El la usará. El te va a poner exactamente donde El quiere que tú estés.

A medida que buscamos servir al reino, Dios nos pondrá donde El quiere que estemos. Sólo tenemos cierta cantidad de tiempo, de energía, y de atención que podemos dar en nuestra vida. Por lo tanto, tenemos la opción de usar lo que poseemos para propósitos egoístas o para los propósitos del reino. Nuestra decisión va a tener ramificaciones eternas, así como la parábola de los talentos, o de las minas, nos lo indica.

Cierto hombre de familia noble fue a un país lejano a recibir un reino para sí y después volver. Y llamando

Resplandece

a diez de sus siervos, les dio diez minas y les dijo: "Negociad con esto hasta que regrese." Pero sus ciudadanos lo odiaban, y enviaron una delegación tras él, diciendo: "No queremos que éste reine sobre nosotros." Y sucedió que al regresar él, después de haber recibido el reino, mandó llamar a su presencia a aquellos siervos a los cuales había dado el dinero, para saber lo que habían ganado negociando. Y se presentó el primero, diciendo: "Señor, tu mina ha producido diez minas más." Y él le dijo: "Bien hecho, buen siervo, puesto que has sido fiel en lo muy poco, ten autoridad sobre diez ciudades." Entonces vino el segundo, diciendo: "Tu mina, señor, ha producido cinco minas." Y dijo también a éste: "Y tú vas a estar sobre cinco ciudades." Y vino otro, diciendo: "Señor, aquí está tu mina, que he tenido guardada en un pañuelo; pues te tenía miedo, porque eres un hombre exigente, que recoges lo que no depositaste, y siegas lo que no sembraste." El le contestó: "Siervo inútil, por tus propias palabras te voy a juzgar. ¿Sabías que yo soy un hombre exigente, que recojo lo que no deposité y siego lo que no sembré? "Entonces, ¿por qué no pusiste mi dinero en el banco, y al volver yo, lo hubiera recibido con los intereses?" Y dijo a los que estaban presentes: "Quitadle la mina y dádsela al que tiene las diez minas." Y ellos le dijeron: "Señor, él ya tiene diez minas." Os digo, que a cualquiera que tiene, más le será dado, pero al que no tiene, aun lo que tiene se le quitará."

Dios nos ha dado una muy seria responsabilidad. Nuestra vida tiene un gran significado y un gran propósito, debido a que Dios nos ha pedido que produzcamos fruto para Su reino. Cuando nos desviamos de Sus propósitos, comenzamos a pensar que podemos vivir nuestra vida de la manera que a

Haz Que Deseen Lo Que Tú Tienes

nosotros se nos antoje. Sin embargo, tendremos que rendir cuentas de lo que hemos hecho con aquello que se nos ha dado.

Antes de que nos pongamos nerviosos con relación a esta responsabilidad, debemos recordar el secreto del reino, porque es también el secreto de la cosecha: *Cristo en nosotros.* El Apóstol Pablo escribió lo siguiente, "Con Cristo estoy juntamente crucificado y ya no vivo yo, sino Cristo vive en mí. Y la vida que vivo en la carne, la vivo en la fe del Hijo de Dios, quien me amó, y se dio a Sí Mismo por mí". La presión y el peso que a menudo sentimos por tener que "producir para Dios" se va, a medida que buscamos primero a Cristo Jesús. Esto no quiere decir que no tenemos que trabajar duro; debemos ser muy diligentes en nuestro servicio. Lo que quiere decir es que no debemos sentir que tuviéramos que hacer todas estas cosas en nuestras propias fuerzas. Esta es nuestra promesa: "Todo lo puedo *en Cristo* que me fortalece". Cuando buscamos primero el reino de Dios, automáticamente nos convertimos en luz del mundo.

> Tendremos que rendir cuentas de lo que hemos hecho con aquello que se nos ha dado.

El Corazón del Segador

Cuando tratamos de servir a Dios en nuestras propias fuerzas, el foco cambia y en lugar de estar centrado en Cristo Jesús, queda centrado en nosotros mismos, y eso hace que regresemos a nuestras viejas formas egoístas de hacer las cosas. Algunas veces se nos olvida la razón fundamental de

Resplandece

la cosecha—las multitudes de gentes en este mundo que están perdidas sin Dios. Nuestro Padre Celestial las tiene en Su corazón, y El desea traerlas a Su reino. Jesús manifestó el mismo deseo cuando dijo:

> Y (Jesús) viendo las multitudes, tuvo compasión de ellas, porque estaban angustiadas y abatidas como ovejas que no tienen pastor. Entonces dijo a sus discípulos: La mies es mucha, pero los obreros pocos. Por tanto, rogad al Señor de la mies que envíe obreros a su mies.

El Evangelio siempre ha sido "Buenas Nuevas de gran gozo que serán para *toda* la gente". Cuando pidamos sinceramente al Señor de la cosecha que envíe obreros, eso va a hacer que nosotros mismos estemos muy motivados acerca de la obra. El mismo mensaje que hemos recibido es el mensaje que ellos deben escuchar por medio de nosotros: "El tiempo ha llegado... El reino de Dios está cerca. ¡Arrepiéntanse y crean a las Buenas Nuevas"!

La forma como *pensemos* que la gente va a responder, o la forma en que *realmente respondan*, no debería detenernos de ser la luz del mundo. Jesús explicó que el campo de cosecha incluye tanto buena cosecha, como hierba silvestre también. Solo hasta el final será que Cristo "separará las ovejas de los cabritos"—pero eso no nos toca decidirlo a nosotros. Estamos llamados a ser Sus testigos para el mundo entero. Nuestro trabajo es permanecer fieles, y Dios recogerá la cosecha entre todos aquellos que tengan oídos para oír.

> El reino de los cielos puede compararse a un hombre que sembró buena semilla en su campo. Pero mientras los hombres dormían, vino su enemigo y sembró cizaña

Haz Que Deseen Lo Que Tú Tienes

entre el trigo, y se fue. Cuando el trigo brotó y produjo grano, entonces apareció también la cizaña. Y los siervos del dueño fueron y le dijeron: "Señor, ¿no sembraste buena semilla en tu campo? ¿Cómo, pues, tiene cizaña?" El les dijo: "Un enemigo ha hecho esto". Y los siervos le dijeron: "¿Quieres, pues, que vayamos y la recojamos?" Pero él dijo: "No, no sea que al recoger la cizaña, arranquéis el trigo junto con ella. Dejad que ambos crezcan juntos hasta la siega; y al tiempo de la siega diré a los segadores: Recoged primero la cizaña, y atadla en manojos para quemarla; pero el trigo recogedlo en mi granero."

Jesús murió por todos, aunque no todos quieran aceptar su sacrificio y beneficiarse con ello. Como trabajadores en el campo de la cosecha, debemos confiar que Dios les revele el misterio del reino a aquellos que están dispuestos a escuchar. Hay una cosa de la cual podemos estar seguros: ellos van a poder escuchar ese mensaje más claramente cuando no sólo estemos hablando acerca de la vida cristiana, sino que estemos realmente viviendo un tipo de vida que refleje la naturaleza de Cristo Jesús. Cuando demostramos amor y servicio a nuestra familia, a nuestros amigos, y a nuestros vecinos; a los extraños que nos encontramos; y a nuestros enemigos, el misterio del reino será manifestado a todos ellos.

Cada vez que nos desanimemos durante nuestro tiempo de cosecha, debemos recordar esto: es solo el Espíritu de Cristo el que nos puede revelar los secretos de la Palabra de Dios, y lo mismo es cierto para aquellos que todavía no han entrado al reino. Debemos confiar que el Espíritu Santo no sólo nos dará poder para ir al campo de cosecha, sino que también dará la cosecha.

Resplandece

¿Cuál Es Tu Motivación?

La verdad ya está dentro,
La prueba de esto,
es cuando escuchas a tu corazón
que empieza a preguntarte,
¿"Cuál es mi motivación"?

Al final de cuentas, la pregunta que debemos hacernos a nosotros mismos es, ¿Cuál es nuestra motivación para vivir? ¿Estamos sirviendo al reino con puras apariencias y palabras—o realmente estamos viviendo para el reino?

> Ellos van a poder escuchar ese mensaje más claramente cuando no sólo estemos hablando acerca de la vida cristiana, sino que estemos realmente viviendo un tipo de vida que refleje la naturaleza de Cristo Jesús.

¿Acaso valoramos las mismas cosas que Cristo valora? ¿Acaso compartimos Sus mismas prioridades o sólo estamos buscando llenar nuestros intereses egoístas? Algunas veces pensamos que mientras no estemos viviendo en pecados obvios, estamos bien para las normas de Dios. Pero Cristo dice, "Busca *primero* el reino". Cualquier cosa que sea diferente a ésto, podría ser lo segundo mejor, o el veintavo mejor, pero aun así, no es lo mejor que Dios tiene para nosotros.

Aun dentro del ámbito de la iglesia, podemos tener nuestras prioridades colocadas en forma equivocada. Todas las verdades bíblicas, a menos que estén centradas en el reino de Dios,

Haz Que Deseen Lo Que Tú Tienes

inevitablemente se convierten en verdades centradas en el hombre mismo. Si tuviéramos que enlistar las verdades de la Biblia, incluiríamos salvación, fe, oración, y muchas otras. Aunque es muy bueno destacar ciertas verdades, si nos enfocamos solo en una de ellas, mientras que descuidamos las otras, y si permitimos que esa verdad se convierta en el centro de nuestra vida—en lugar del reino—vamos a perder nuestro equilibrio espiritual. Esto es algo que todo cristiano, así como toda iglesia y toda denominación, tiene que cuidarse de no caer.

Por ejemplo, si tú pones tu fe en el centro de todo lo que tú entiendes acerca de la verdad, al final de cuentas, vas a terminar por usar la fe principalmente para ti mismo, en lugar de usarla para Dios. La fe, entonces, se enfoca en tus necesidades en lugar de enfocarse en las necesidades del reino. La oración, la alabanza, y la adoración, el estudio bíblico, y los dones del Espíritu Santo, todo esto puede llegar a convertirse en algo centrado en el hombre solamente. Existen ocasiones donde queremos estar tan involucrados en los dones, que nos olvidamos que no fueron dados para nuestro placer privado; ellos fueron dados para que la iglesia pueda ser edificada y que el reino pueda crecer. Una de las parábolas de Jesús enfatiza el hecho de que el reino no fue creado ni para crecer, ni para alimentarse a sí mismo, sino para apoyar y sostener a otros:

> El reino de los cielos es semejante a un grano de mostaza, que un hombre tomó y sembró en su campo, y que de todas las semillas es la más pequeña; pero cuando ha crecido, es la mayor de las hortalizas, y se hace árbol, de modo que las aves del cielo vienen y anidan en sus ramas.

Resplandece

Tal vez la razón de que Jesús habló mucho más acerca del reino que acerca de la iglesia, fue para que no nos enfoquemos solo en nosotros mismos, sino que nos enfoquemos en lo que Dios está buscando hacer para Su reino en este mundo. Cuando pensamos primeramente acerca de nuestras necesidades, estamos listos para esa forma de pensar de "nosotros contra ellos", la cual nos hace cortar toda comunicación con el mundo, en lugar de motivarnos a alcanzarlo.

Esto era verdadero aun en los discípulos de Jesús, quienes por mucho tiempo pensaron que El estaba haciendo preparativos para un reino político. Aun después de Su resurrección, ellos tenían las expectativas de que esto iba a suceder. La Biblia nos dice,

> A éstos también, después de su padecimiento, se presentó vivo con muchas pruebas convincentes, apareciéndoseles durante cuarenta días y hablándoles de lo concerniente al reino de Dios. Y reuniéndolos, les mandó que no salieran de Jerusalén, sino que esperaran la promesa del Padre: La cual, les dijo, oísteis de mí; pues Juan bautizó con agua, pero vosotros seréis bautizados con el Espíritu Santo dentro de pocos días. Entonces los que estaban reunidos, le preguntaban, diciendo: Señor, ¿restaurarás en este tiempo el reino a Israel? Y El les dijo: No os corresponde a vosotros saber los tiempos ni las épocas que el Padre ha fijado con su propia autoridad; pero recibiréis poder cuando el Espíritu Santo venga sobre vosotros; y me seréis testigos en Jerusalén, en toda Judea y Samaria, y hasta los confines de la tierra.

Los discípulos estaban esperando que el reino de Israel fuera restaurado a lo que había sido en sus días de gloria. Ellos

Haz Que Deseen Lo Que Tú Tienes

estaban esperando por un nuevo Rey David. Ellos creyeron que Jesús era Quien El decía ser, pero es obvio que Su idea del reino y la idea de ellos eran dos cosas completamente diferentes. Ellos querían un reino que fuera conforme a sus propias ideas de cómo deberían ser las cosas.

A causa de que los discípulos mal entendieron la naturaleza del reino, su perspectiva se distorsionó. Ellos querían las Buenas Nuevas solo para ellos mismos y no estaban pensando en la necesidad que tenían los gentiles de ser reconciliado con Dios. En un punto, la madre de Jacobo y de Juan le preguntó a Jesús si sus hijos se podrían sentar al lado de El en Su trono en el reino. Los otros discípulos

> Los discípulos creyeron que Jesús era Quien El decía ser, pero es obvio que Su idea del reino y la idea de ellos eran dos cosas completamente diferentes.

se resintieron con relación a esta petición. Sin embargo, la respuesta de Jesús, una vez más fue, "Cualquiera que desee ser grande entre ustedes debe convertirse en el siervo de todos, y cualquiera que quiera ser el primero deberá ser el esclavo primeramente—de la misma manera en que el Hijo del Hombre no vino para ser servido, sino para servir, y para dar Su vida en rescate por muchos".

"Señor, Yo Te Voy a Seguir, Pero..."

Cuando comenzamos a hacernos la difícil pregunta a nosotros mismos si acaso realmente estamos buscando primero

Resplandece

el reino de Dios, o si no lo estamos haciendo, la tentación que aparece de inmediato es el hacer excusas a favor de nosotros. Jesús conoció un buen número de gente que dijeron que querían seguirlo—pero no en este momento, sino después.

> (Jesús) le dijo a otro: Sígueme. Pero él dijo: Señor, permíteme que vaya primero a enterrar a mi padre. Mas El le dijo: Deja que los muertos entierren a sus muertos; pero tú, ve y anuncia por todas partes el reino de Dios. También otro dijo: Te seguiré, Señor; pero primero permíteme despedirme de los de mi casa. Pero Jesús le dijo: Nadie, que después de poner la mano en el arado mira atrás, es apto para el reino de Dios.

Jesús conoce el corazón de la gente. El sabe que siempre hay otra excusa que podemos dar por no haber puesto Su reino en primer lugar.

De forma superficial, todas éstas parecen ser excusas legítimas. Sin embargo, Jesús conoce el corazón de la gente, y había mucho más en la vida de estas gentes, que aquello que podía ver solo con los ojos. Jesús no está diciendo que descuidemos a nuestras familias; Jesús está diciendo que siempre existe otra excusa que podremos dar para no poner Su reino en primer lugar en nuestra vida. La parábola del gran banquete nos ilustra esto en forma muy clara:

> Cierto hombre dio una gran cena, e invitó a muchos; y a la hora de la cena envió a su siervo a decir a los que habían sido invitados: "Venid, porque ya todo está

Haz Que Deseen Lo Que Tú Tienes

preparado." Y todos a una comenzaron a excusarse. El primero le dijo: "He comprado un terreno y necesito ir a verlo; te ruego que me excuses." Y otro dijo: "He comprado cinco yuntas de bueyes y voy a probarlos; te ruego que me excuses." También otro dijo: "Me he casado, y por eso no puedo ir." Cuando el siervo regresó, informó de todo esto a su señor. Entonces, enojado el dueño de la casa, dijo a su siervo: "Sal enseguida por las calles y callejones de la ciudad, y trae acá a los pobres, los mancos, los ciegos y los cojos." Y el siervo dijo: "Señor, se ha hecho lo que ordenaste, y todavía hay lugar." Entonces el señor dijo al siervo: "Sal a los caminos y por los cercados, y oblígalos a entrar para que se llene mi casa. "Porque os digo que ninguno de aquellos hombres que fueron invitados probará mi cena."

Nosotros hacemos excusas muy similares a éstas cuando Dios nos invita a participar en la vida del reino: "Yo voy a servir a Dios cuando acabe mis estudios y que no tenga que usar mi tiempo estudiando", o "Yo voy a servir a Dios cuando ya hayan crecido mis hijos", o "Yo voy a trabajar en mi negocio por unos años y después serviré a Dios, ya que tenga dinero".

Decimos todas estas cosas porque mal entendemos la naturaleza del reino. Estamos pensando que tenemos que *hacer* ciertas cosas para Dios, en lugar de estar pensando en lo que El quiere que nosotros *lleguemos a ser* en El. Cualquiera puede dedicarse y entregarse a vivir en el secreto del reino—permitiendo que la vida de Cristo resplandezca a través de nosotros a medida que nosotros disminuimos, mientras El crece en nosotros. Cuando hacemos esto, Jesús mismo nos capacita para producir una cosecha—no en nuestra fuerza, sino en Su poder.

Resplandece

Algunas veces no buscamos primeramente el reino de Dios porque nos encontramos distraídos con la vida, tal como la semilla sembrada entre los espinos. Mucha gente pone todo su interés en sus carreras y en hacer dinero. Se preocupan tanto acerca de ellos mismos, que muy difícilmente piensan acerca del reino de Dios. El autor Frederick Buechner dijo, "Hay gente que usa toda su vida para hacer dinero y poder disfrutar la vida que ya han gastado totalmente". Lo mismo se puede aplicar para cualquier cosa que nos distrae del reino de Dios. Cuando usamos nuestras vidas para preocuparnos, estamos desperdiciando nuestras vidas y punto.

> Estamos pensando que tenemos que *hacer* ciertas cosas para Dios, en lugar de estar pensando en lo que El quiere que nosotros *lleguemos a ser* en El.

Jesús dijo que Dios sabe que necesitamos las cosas, tales como el dinero, los trabajos, y la ropa para vestir. Pero si nos enfocamos en ellos exclusivamente, nunca vamos a estar libres para establecer las prioridades del reino. Nunca vamos a tener tiempo suficiente para ayudar para que crezca el reino. Debemos confiar que nuestro Padre Celestial va a proveer para nuestras necesidades temporales, de tal manera que nos podamos concentrar en los asuntos eternos. Jesús dijo que cuando buscamos primero el reino de Dios, *todas estas cosas nos serán añadidas.*

Cuando buscamos primero el reino de Dios, contamos con la promesa de Dios de que todas las cosas secundarias van a

Haz Que Deseen Lo Que Tú Tienes

aumentar también. Todas las cosas por las que acostumbramos preocuparnos serán resueltas por sí mismas. El vivir en esta verdad nos va a dar la confianza y la paz durante esta vida, en lugar de tener que vivir con preocupaciones y ansiedad. El Salmo 112 dice, "El justo será recordado para siempre. El no tendrá temor de malas noticias; su corazón está firme, confiando en el Señor". El corazón de un hombre justo sabe que no importa lo que suceda, él puede tener paz, porque Dios está con él.

Otra manera en que nos podemos distraer de las prioridades del reino es el hecho de permitirnos a nosotros mismos ser envueltos en tratar de impresionar a otra gente. Esto sucede más a menudo cuando somos jóvenes, pero esto puede ser un problema para las gentes de todas las edades. La gente joven tiende a absorberse mucho en su propio ego. Ellos están involucrados en descubrir su propia identidad y en tratar de resolver toda la presión de sus compañeros: ¿Acaso mi ropa se ve bien, estoy manejando el mejor carro, tengo a los mejores amigos?

El mundo nos dice que vayamos de acuerdo con la multitud. Tenemos que asegurarnos que no somos desviados al tratar de agradar a la gente que no tiene los intereses de Dios en su corazón. En lugar de esto, debemos mantener las prioridades de Dios como el eje central de nuestra vida. Continuamente hay prioridades que son arrojadas a nosotros por medio de la televisión y de las revistas, por lo que el consumismo dice que tenemos que ser, y que tenemos que hacer, para ser aceptados por la gente. Eternamente, todas esas cosas significan absolutamente *nada*. En un solo instante, todas ellas habrán desaparecido. ¿Entonces, con qué nos quedaremos?

El buscar primero el reino de Dios es la única cosa que es tanto perdurable como satisfactoria. Cuando ignoramos el

Resplandece

llamado del reino, a menudo intentamos llenar ese vacío con cosas materiales. Pero aun los últimos juegos de computadora y las últimas películas de moda sólo satisfacen por una cierta cantidad de tiempo, antes de que comencemos a buscar la siguiente cosa que va a salir. Un nuevo carro, un nuevo bote, o un sistema de sonido no nos van a satisfacer por mucho tiempo tampoco. Existe un lugar para muchas de estas cosas, pero ellas nunca van a llegar a llenar la necesidad tan profunda que solo Jesucristo y Su reino puede suplir. Ya sea que nos demos cuenta o que no, sólo podemos ser llenos por medio de una relación íntima y continua con Cristo Jesús, a medida que compartimos de Su vida.

Cuando uno de los escribas se acercó, los oyó discutir, y reconociendo que les había contestado bien, le preguntó: ¿Cuál mandamiento es el más importante de todos? Jesús respondió:

> El más importante es: "Oye, Israel; el Señor nuestro Dios, el Señor uno es; y amarás al Señor tu Dios con todo tu corazón, y con toda tu alma, y con toda tu mente, y con toda tu fuerza." El segundo es éste: "Amarás a tu prójimo como a ti mismo." No hay otro mandamiento mayor que éstos.

Esta es la esencia del reino de Dios. Amar a Dios con todo lo que somos y amar a nuestro prójimo como a uno mismo son las dos máximas prioridades del reino. Buscar primero el reino de Dios significa dedicar nuestras vidas a Dios—sin importar ninguna otra cosa. En otras palabras, sin importar lo que nos suceda en la vida, estamos decididos a poner a Dios primero y a servir a los demás en Su nombre, de tal manera que podamos decirle a El, "Cualquier cosa que Tú quieras de mí, eso es lo que yo quiero de mí mismo".

Haz Que Deseen Lo Que Tú Tienes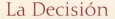

La Decisión

La decisión es nuestra. Nosotros podemos decidir buscar a Dios primeramente. Nosotros podemos verdaderamente tener hambre y sed por la justicia de Dios, buscar Su voluntad para nuestra vida, y llegar a ser quién El quiere que seamos, y alcanzar a otros a través del amor de Cristo Jesús.

> Buscar primero el reino de Dios significa dedicar nuestras vidas a Dios —sin importar ninguna otra cosa.

La otra opción que tenemos es esperar hasta que la vida acabe por estrellarnos y por quemarnos totalmente, hasta tal punto, que ya no tenemos ningún lugar adonde ir, y hemos sido arrinconados en una esquina de tal manera que ahora Dios cuenta con nuestra atención y finalmente llegamos a tener oídos para oír. La única manera de encontrar el propósito, la paz, y la completa realización, la única manera de tener una vida que verdaderamente funciona, es descubrir el secreto del reino invertido: "Cualquiera que salva su vida la perderá, y cualquiera que pierde su vida por mi causa la hallará".

Si tú tomas la decisión de ir hacia delante, te garantizamos que tú nunca volverás a ser el mismo.

El ideal cristiano no ha fallado
cada vez que ha sido probado.
Se ha visto que es difícil;
y no lo han querido probar.
—G. K. Chesterton

Llegué a un momento en mi vida cuando el grupo musical ya había obtenido tres o cuatro discos de oro, y yo había logrado mucho más de lo que jamás me había yo imaginado, como el poder tocar en el Madison Square Garden. Eso tal vez no sea mucho ante los ojos del mundo, pero yo había venido de una pequeña aldea de pescadores en Australia. También había logrado hacer suficiente dinero como para poder vivir el resto de mi vida. Pero yo no me encontraba satisfecho; yo no tenía verdadera paz.

No era como si yo siempre anduviera diciendo, "Tengo todo esto, pero no significa nada para mí". Pero yo había usado las cosas materiales como una forma de consuelo, pero de repente, yo ya me encontraba hasta el tope. Yo ya había comprado todo aquello que yo deseaba comprar. No existía nada más que yo deseara tener, así que ya no pude usar el hecho de comprar cosas como mi recurso para obtener felicidad. Yo sentía que el dinero era un área en mi vida que me había desilusionado por completo—gracias a Dios.

Es la vieja historia. Tú ya la has oído antes, pero aun así, sigue siendo cierto: "El dinero no lo es todo", y tal vez toda la gente conoce esta verdad y la cree. Sin embargo, si tú llegas a encontrar a alguien que lo ha tenido todo y que dice esto, esa persona realmente sabe de lo que está hablando, porque esta es realmente la verdad.

Así que yo lo había probado todo, todo bajo el nombre de Jesús, por supuesto, porque en ese entonces, yo pensaba que yo vivía para El. Pero finalmente, me llegué a dar cuenta que el centro de mi vida era solo yo mismo, y que todo alrededor de mi vida sólo giraba en torno de mi persona. Se necesita tener una esposa muy fuerte para que te ayude a darte cuenta de esto. Y entonces, se requiere de la gracia de Dios para que lo llegues a aceptar. Fue algo muy difícil el poder darme cuenta por mí mismo. Pero fue en ese momento—probablemente uno de los momentos más tristes de mi vida—que yo escribí el canto llamado "Joy" (Gozo) junto con Steve Taylor. El tiempo para hacer esto tal vez pueda sonar algo extraño, pero es precisamente en esos momentos, cuando podemos encontrar el gozo—cuando todos nuestros esfuerzos se han agotado, y no tenemos ningún otro lugar adonde ir, excepto el rendirnos a Jesús. En algunas maneras, yo extraño un poco esos momentos. Yo no quiero pasar por una de esas etapas tan tristes otra vez, pero una de mis oraciones ha sido que Dios me ayude a no olvidar donde me encontraba yo, porque fue justamente en ese lugar que yo pude encontrar el gozo.

Todo sucedió cuando puse a Jesús en el centro de mi vida, y a mi esposa a un lado de El, que *todo* cambió. De repente, toda esa agua sucia se fue y ese rocío limpio y puro llegó a mi vida. Yo tuve la paz verdadera. Antes yo acostumbraba preocuparme acerca de tener la publicidad adecuada en las revistas, o de dar las mejores entrevistas, o de lo que la gente pudiera pensar del grupo musical, y de todas estas cosas, pero ahora, yo tengo diferentes prioridades. He experimentado un cambio en mi paradigma. Mi objetivo primeramente, es agradar a Dios y a mi familia. Y el hecho de hacer esto, ha puesto todo lo que existe en mi vida en un orden completamente nuevo.

Una cosa que ha entrado en mí últimamente es el significado de, "Buscar primeramente el reino de Dios y Su justicia, y todas estas cosas les serán añadidas". Mateo 26 habla de lo maravillosos que son los lirios del campo, aunque ellos no se esfuerzan para serlo, y de cómo los pájaros en los aires no se preocupan acerca de dónde tendrán que conseguir su siguiente alimento, y como, si ellos no se preocupan, el Dios Todopoderoso provee para todos ellos, ¿con mucha más razón, cuanto más, no proveerá para nosotros?

Hay un par de libros que me han ayudado a entender estas cosas mucho mejor: *The Prayer Of Jabez (La Oración de Jabez)* por Bruce Wilkinson, y también su libro que continúa con el mismo tema, titulado, *Secrets Of The Vine (Los Secretos De La Vid)*. Existe una Escritura que dice que Dios desea que prosperemos así como nuestra alma prospera. La cosa más importante no es saber cuántos discos vendí o qué clase de automóvil voy a comprar. Yo creo que Dios desea todo ese tipo de bendiciones para nosotros. Si las llegamos a tener, está bien también. Pero todas las cosas temporales en las que ponemos tanto énfasis van a acabar por ser quemadas al final. La Biblia dice que esta vida es como un soplo de humo. Yo no quiero luchar y estar todo nervioso sobre un soplo de humo, siendo que yo tengo toda la eternidad por delante de mí. Y para mí, la verdadera prosperidad consiste en tener una buena relación con

Dios, y también con mi esposa y mis hijos. Estas cosas sí son eternas.

Yo también pienso que tenemos la responsabilidad como cristianos de crecer y de desarrollar nuestros talentos. Yo no quiero que Dios me diga, en aquel día en que yo esté enfrente de El, ¿"Qué hiciste con ese talento que Yo te di? ¿Te di ese talento, y fuiste, y lo enterraste? ¡Apártate de Mí, siervo malvado y perezoso"! En lugar de eso, yo quiero escucharlo a El decir, "Buen trabajo. Magnífico trabajo. Tú fuiste y desarrollaste ese talento que Te di, y lo convertiste en dos talentos o en tres talentos".

Esto es lo que yo he aprendido: No desprecies lo que Dios te ha dado. No seas flojo para desarrollar tus dones. Si El nos ha dado algo, tenemos la responsabilidad de hacerlo crecer. Y eso incluye a nuestra familia. La esposa que Dios te ha dado es como un talento, en cierto sentido. El te la ha confiado, o te lo ha confiado a ti. Podemos ayudar a nuestra esposa o esposo, y a nuestros hijos, por medio de orar por ellos, y por medio de animarlos y exhortarlos en sus dones y en sus habilidades, a fin de que lleguen a ser todo aquello para lo que Dios los creó. Esto significa darles nuestro tiempo. Yo le llamo a esto "el tiempo en el jardín, o el tiempo en el patio". El hecho de sentarme con mi familia, en el patio o en el jardín, cada noche, después de cenar, dándole a mi familia mi tiempo, y toda mi atención.

El andar manejando, perteneciendo a un grupo musical, y haciendo todas esas cosas que la gente cree que son muy lujosas—las cuales, a veces—sí lo son, puede ser un estilo de vida muy excitante. No lo puedo negar. En cierto punto de mi vida, esto fue algo a lo que yo realmente estaba aspirando, pero ahora me doy cuenta de que, aunque ha sido fantástico y excitante, no se puede comparar en nada con la vida real, la cual consiste en llegar a conocer bien a tu familia, conocer a tus vecinos, y en llegar a ser la persona que Dios ha designado que seas. Aquí es cuando el verdadero cambio comienza.

Yo me encuentro en medio de un proceso—y este proceso puede durar toda la vida—de crecer, y de pedirle a Dios que me haga como el hombre que El quiere que yo sea—y no solo como la persona que yo pienso que estoy supuesto a ser, o la persona, como otros suponen que yo tengo que llegar a ser. Mi prioridad es aprender la manera como El quiere darle forma a mi vida, y lo que El quiere hacer con mi vida en cada momento.

Lo único que yo deseo es lo que Dios quiere. Me estoy dando cuenta que han habido veces en mi vida cuando me he adelantado a Dios completamente, haciendo planes y realizando cosas que no necesariamente eran malas o pecaminosas, pero que simplemente no eran lo que El quería hacer. Yo realmente no pensé en lo que yo estaba haciendo, porque yo no le estaba dando a El las primicias de mi día.

Yo no estaba incándome sobre mis rodillas cada día, orando, "Señor, ¿qué es lo que Tú me quieres enseñar"?

Hoy en día, aparto un tiempo de quietud todos los días. Yo me levanto casi cuarenta minutos más temprano de lo acostumbrado para poder gozar de un buen tiempo de oración. Esto es tan importante. Antes, mis tiempos de oración eran más esporádicos. Yo solía pensar, "Si acaso llego a tener un tiempo libre, me pondré a orar, pero hoy no puedo. Estoy muy ocupado". O también decía, "Estoy tan cansado que yo creo que necesito ir a dormir. Tal vez yo pueda orar después en la tarde". Y muy a menudo, yo oraba en la tarde, pero existe una gran diferencia entre darle a Dios las primicias de tu día cada mañana, o hacer un breve estudio bíblico, orando en la tarde. El hecho de darle a Dios las primicias hace toda la diferencia.

Más Sabiduría del Reino Invertido
Mateo 5–7

El Sermón del Monte

Habéis oído que se dijo a los antepasados: "No matarás" y: "Cualquiera que cometa homicidio será culpable ante la corte." Pero yo os digo que todo aquel que esté enojado con su hermano será culpable ante la corte; y cualquiera que diga: "Raca" a su hermano, será culpable delante de la corte suprema; y cualquiera que diga: "Idiota", será reo del infierno de fuego. Habéis oído que se dijo: "No cometerás adulterio." Pero yo os digo que todo el que mire a una mujer para codiciarla ya cometió adulterio con ella en su corazón.

(Mateo 5:21-22, 27-28)

El espíritu del mundo dice que sólo importan las acciones externas o las apariencias. Dios mira a los pensamientos y a las intenciones de nuestro corazón.

Reconcíliate pronto con tu adversario mientras vas con él por el camino, no sea que tu adversario te entregue al juez, y el juez al alguacil, y seas echado en la cárcel.

Resplandece

En verdad te digo que no saldrás de allí hasta que hayas pagado el último centavo.

(Mateo 5:25-26)

Al espíritu de este mundo le encanta hacer demandas; busca su propio provecho e insiste en tener sus propios derechos. Pero Jesús nos indicó que evitemos toda discusión y todo pleito, y que arreglemos todos los asuntos por medio de la paz—o de otra manera, las cosas pueden llegar a muchos extremos. La Biblia dice, "Si es posible, en cuanto de vosotros dependa, estad en paz con todos los hombres".

También se dijo: "Cualquiera que repudie a su mujer, que le dé carta de divorcio". Pero yo os digo que todo el que repudia a su mujer, a no ser por causa de infidelidad, la hace cometer adulterio; y cualquiera que se casa con una mujer repudiada, comete adulterio.

(Mateo 5:31-32)

El espíritu del mundo toma los votos matrimoniales muy a la ligera. Pero Dios mira el matrimonio como algo sagrado y como un pacto que dura toda la vida entre la esposa y el esposo.

Haz Que Deseen Lo Que Tú Tienes

Habéis oído que se dijo: "Ojo por ojo y diente por diente". Pero yo os digo: no resistáis al que es malo; antes, a cualquiera que te abofetee en la mejilla derecha, vuélvele también la otra.

(Mateo 5:38-39)

El espíritu del mundo considera que la venganza es una digna respuesta cuando alguien nos ha hecho algún mal—y el vengarse es casi una obligación. Pero Dios dice que la única manera de romper el ciclo del odio y de la maldad es rehusar vengarse.

Y al que quiera ponerte pleito y quitarte la túnica, déjale también la capa. Y cualquiera que te obligue a ir una milla, ve con él dos.

(Mateo 5:40-41)

El espíritu del mundo dice que no debemos permitir que nadie tome ventaja de nosotros. Pero Dios dice que nosotros debemos de sorprender a aquellos que quieren maltratarnos por medio de tratarlos con bondad y con amor—mostrándoles que existe un mejor camino.

Resplandece

Habéis oído que se dijo: "Amarás a tu prójimo, y odiarás a tu enemigo". Pero yo os digo: amad a vuestros enemigos, y orad por los que os persiguen, para que seáis hijos de vuestro Padre que está en los cielos; porque El hace salir su sol sobre malos y buenos, y llover sobre justos e injustos. Porque si amáis a los que os aman, ¿qué recompensa tenéis? ¿No hacen también lo mismo los recaudadores de impuestos? Y si saludáis solamente a vuestros hermanos, ¿qué hacéis más que otros? ¿No hacen también lo mismo los gentiles? Por tanto, sed vosotros perfectos como vuestro Padre celestial es perfecto.

(Mateo 5:43-48)

El espíritu del mundo dice, "Debes ser bueno solo con aquellos que son buenos contigo. Está bien el odiar a tus enemigos". Pero Dios dice, en efecto, "Debes darle la misma gracia y perdón a tus enemigos que Yo he mostrado para con todos—para aquellos que odian, y para aquellos que me aman. Debes mostrar que tú eres Mi hijo o mi hija".

Cuidad de no practicar vuestra justicia delante de los hombres para ser vistos por ellos; de otra manera no tendréis recompensa de vuestro Padre que está en los cielos. Por eso, cuando des limosna, no toques trompeta delante de ti, como hacen los hipócritas en las sinagogas y en las calles, para ser alabados por los hombres. En verdad os digo que ya han recibido su recompensa. Pero tú, cuando des limosna, que no sepa tu mano izquierda

Haz Que Deseen Lo Que Tú Tienes

lo que hace tu derecha, para que tu limosna sea en secreto; y tu Padre, que ve en lo secreto, te recompensará. Y cuando oréis, no seáis como los hipócritas; porque a ellos les gusta ponerse en pie y orar en las sinagogas y en las esquinas de las calles, para ser vistos por los hombres. En verdad os digo que ya han recibido su recompensa. Pero tú, cuando ores, entra en tu aposento, y cuando hayas cerrado la puerta, ora a tu Padre que está en secreto, y tu Padre, que ve en lo secreto, te recompensará. Y cuando ayunéis, no pongáis cara triste como hacen los hipócritas; porque ellos desfiguran sus rostros para que los hombres vean que están ayunando. En verdad os digo que ya han recibido su recompensa. Pero tú, cuando ayunes, unge tu cabeza y lava tu rostro, para no hacer ver a los hombres que ayunas, sino a tu Padre que está en secreto; y tu Padre, que ve en lo secreto, te recompensará.

(Mateo 6:1-6, 16-18)

El espíritu del mundo dice que debemos tomar crédito y alabanza por todas aquellas cosas buenas que hacemos para servir a Dios y a los demás. Pero Dios dice que la motivación para nuestro servicio no debería ser el recibir la honra; debería ser solo el amor—amor hacia Dios y amor hacia los demás.

Y al orar, no uséis repeticiones sin sentido, como los gentiles, porque ellos se imaginan que serán oídos por su palabrería. Por tanto, no os hagáis semejantes a ellos;

Resplandece

porque vuestro Padre sabe lo que necesitáis antes que vosotros le pidáis.

(Mateo 6:7-8)

El espíritu del mundo prefiere las fórmulas religiosas y los ritos en lugar de una genuina relación con Dios, porque con esos ritos y fórmulas eliminan la necesidad que tenemos de rendirle cuentas verdaderamente a Dios. Dios desea una relación de mutua confianza y de mutuo amor con la humanidad, desarrollando una comunión más íntima y promoviendo nuestra responsabilidad personal.

No os acumuléis tesoros en la tierra, donde la polilla y la herrumbre destruyen, y donde ladrones penetran y roban; sino acumulaos tesoros en el cielo, donde ni la polilla ni la herrumbre destruyen, y donde ladrones no penetran ni roban; porque donde esté tu tesoro, allí estará también tu corazón. Nadie puede servir a dos señores; porque o aborrecerá a uno y amará al otro, o se apegará a uno y despreciará al otro. No podéis servir a Dios y a las riquezas.

(Mateo 6:19-21, 24)

El espíritu del mundo dice que no existe nada más allá de esta vida, así que, debemos de procurar obtener todo el dinero que podamos, y toda la fama, y toda la influencia que podamos

Haz Que Deseen Lo Que Tú Tienes

tener—mientras que podamos hacerlo. Dios dice que si sólo ponemos nuestra mira en las cosas temporales, perderemos nuestras recompensas eternas. Pero si ponemos nuestra mira en las cosas eternas, nadie podrá robárnoslas. Es imposible dedicarse a Dios y a las riquezas al mismo tiempo.

Por eso os digo, no os preocupéis por vuestra vida, qué comeréis o qué beberéis; ni por vuestro cuerpo, qué vestiréis. ¿No es la vida más que el alimento, y el cuerpo más que la ropa? Mirad las aves del cielo, que no siembran, ni siegan, ni recogen en graneros; y, sin embargo, vuestro Padre celestial las alimenta. ¿No sois vosotros de mucho más valor que ellas? ¿Y quién de vosotros, por ansioso que esté, puede añadir una hora al curso de su vida? Y por la ropa, ¿por qué os preocupáis? Observad cómo crecen los lirios del campo; no trabajan, ni hilan; pero os digo que ni Salomón en toda su gloria se vistió como uno de éstos. Y si Dios viste así la hierba del campo, que hoy es y mañana es echada al horno, ¿no hará mucho más por vosotros, hombres de poca fe? Por tanto, no os preocupéis, diciendo: "¿Qué comeremos?" o "¿qué beberemos?" o "¿con qué nos vestiremos?" Porque los gentiles buscan ansiosamente todas estas cosas; que vuestro Padre celestial sabe que necesitáis todas estas cosas. Pero buscad primero su reino y su justicia, y todas estas cosas os serán añadidas. Por tanto, no os preocupéis por el día de mañana; porque el día de mañana se cuidará de sí mismo. Bástele a cada día sus propios problemas.

(Mateo 6:25–34)

Resplandece

El espíritu del mundo se llena de ansiedad con relación a no tener suficiente y a siempre querer tener más. Dios dice que cuando hacemos que Sus prioridades sean nuestras prioridades, El va a proveer todo lo que necesitamos, de tal manera que podamos ser completamente libres de toda preocupación, y que nos podamos concentrar en las cosas eternas.

No juzguéis para que no seáis juzgados. Porque con el juicio con que juzguéis, seréis juzgados; y con la medida con que midáis, se os medirá.

(Mateo 7:1-2)

El espíritu del mundo nunca perdona. Dios dice que al final, seremos tratados en la forma en que nosotros tratamos a los demás.

¿Y por qué miras la mota que está en el ojo de tu hermano, y no te das cuenta de la viga que está en tu propio ojo? ¿O cómo puedes decir a tu hermano: "Déjame sacarte la mota del ojo", cuando la viga está en tu ojo? ¡Hipócrita! Saca primero la viga de tu ojo, y entonces verás con claridad para sacar la mota del ojo de tu hermano.

(Mateo 7:3-5)

Haz Que Deseen Lo Que Tú Tienes

El espíritu del mundo todo lo critica siempre. Siempre guarda la cuenta de las ofensas y de los defectos de todos los demás, pero nunca llega a reconocer los defectos y ofensas propias. Dios dice que debemos de reconocer y tratar con nuestras faltas antes de que tratemos de ayudar a otros—de otra manera, no tendremos nada que ofrecer a los demás, sino que también nos veremos muy ridículos en ese proceso.

Por eso, todo cuanto queráis que os hagan los hombres, así también haced vosotros con ellos, porque esta es la ley y los profetas.

(Mateo 7:12)

El espíritu del mundo dice que siempre debemos buscar ser el número uno. Dios dice que debemos considerar los intereses y el bienestar de los demás como si fuera el de uno mismo.

Tú no puedes amar
a ninguna otra creatura
hasta en tanto que ames a Dios.
—C. S. Lewis

Parte III

El Conocimiento de la Gloria

Pues Dios, que dijo que de las tinieblas resplandecerá la luz, es el que ha resplandecido en nuestros corazones, para iluminación del conocimiento de la gloria de Dios en la faz de Cristo.

—2a. Corintios 4:6

Cuando tú ya estás aburrido de todo que es apariencias
Cuando tus pensamientos tienen un vacío en medio
Cuando tú no puedes escapar de sentir que lo estás haciendo todo mal...
Todos tus planes a prueba de tontos parecen ser tan tontos
Toda tu condición se ha convertido en inquietud
Todo lo que tú necesitas es saber adónde perteneces.

Fija tus ojos en Cristo Jesús
Tan lleno de gracia y amor
Y lo terrenal, sin valor será
A la luz del glorioso Jesús

"Where You Belong/Turn Your Eyes upon Jesus"
Shine: The Hits

¿A quién tengo yo en los cielos, sino a ti?
Y fuera de ti, nada deseo en la tierra.
Mi carne y mi corazón pueden desfallecer,
pero Dios es la fortaleza de mi corazón
y mi porción para siempre.
—Salmo 73:25-26

> Existe una sola forma de felicidad: agradar a Dios.
> —Thomas Merton

Fue un momento muy raro. Era de noche y todo estaba en silencio. Peter estaba sentado en su estudio, pensando acerca de este repentino regalo de soledad que él había recibido. El silencio a esa hora del día no era muy habitual. En la mañana siempre existía mucha quietud, pero en la noche era una cosa totalmente diferente. Normalmente, siempre había alguna actividad. Pero de alguna manera, en esta noche todo estaba callado; la obscuridad del exterior parecía cubrir todo el ruido y todo el tumulto del día. Era un ambiente pacífico y agradable. Mientras que su esposa, Summer, trabajaba en un proyecto en el piso superior, Peter se sentó en oración silenciosa y en meditación delante de Dios por toda una hora. El describe la experiencia de esta manera:

> El silencio se sentía increíblemente pacífico. No había música, no había televisión, no había voces humanas. Solo estaba Dios. Y Dios está en el silencio. Recientemente, yo leí un versículo en 1a. Reyes que habla acerca del amable susurro de Dios. Elías estaba esperando que se manifestara la presencia del Señor, y hubo un torbellino poderoso y también un terremoto increíble. Entonces el versículo dice, "Después del terremoto vino un fuego, pero el Señor no estaba en el fuego. Y después del fuego, vino un susurro amable". Esta es la forma como Dios nos habla. Justamente en ese susurro amable. Pero debemos ser capaces de escucharlo.

Resplandece

La Biblia nos habla acerca de Dios caminando en el Jardín del Edén "en la frescura del día" para poder platicar con Adán y Eva. La experiencia de Peter fue algo muy similar a lo que ellos pudieron haber experimentado con Dios todo el tiempo, antes de que el pecado les impidiera tener esa vida compartida de intimidad con El, tal y como la habían tenido antes de la Caída.

Los hombres y las mujeres fueron creados para tener comunión con su Creador. Esta es la razón por la cual todos nosotros necesitamos ser refrescados por la presencia de

> Dios nos habla en un susurro amable. Pero debemos ser capaces de escucharlo.

nuestro Padre Celestial en forma continua. Sin ella, perdemos la conexión con nuestra Fuente de vida. El trabajo y el desgaste de la vida diaria debilitan nuestra fuerza espiritual y nuestro gozo. Comenzamos a luchar con nuestras propias fuerzas, pero entonces, ya no nos queda nada que podamos darle a los demás. Necesitamos tomar un tiempo para poder reorganizar nuestras prioridades y para aprender a relacionarnos de nuevo con el Padre Celestial.

Uno de los más grandes regalos que nos dio Cristo Jesús al traernos el reino fue el poder tener esta relación íntima con el Padre. El Apóstol Pablo escribió, "Pues Dios, que dijo que de las tinieblas resplandecerá la luz, es el que ha resplandecido en nuestros corazones, para iluminación del conocimiento de la gloria de Dios en la faz de Cristo". Y porque Cristo vive

Haz Que Deseen Lo Que Tú Tienes

en nosotros, El nos revela al Padre—iluminando nuestros ojos espirituales para que podamos ver y entender el "conocimiento de la gloria de Dios".

¡No existe mejor manera para comenzar a buscar el reino que por medio de buscar al Rey Mismo! El Hermano Lawrence dijo, "Podemos hacer de nuestro corazón una capilla donde podamos ir todo el tiempo para hablar con Dios en privado".

Algunas personas le llaman al tiempo que separan para estar con Dios sus "devocionales", mientras que otros le llaman "el tiempo de quietud". Ambos términos son igualmente buenos, pero debe de ser un tiempo de soledad, de silencio, poniendo nuestro objetivo en hacer todas las cosas a un lado para enfocarnos solo en Dios. Es entonces, que vamos a poder escucharlo, y que vamos a llegar a conocerlo. No en los vientos fuertes, ni en los terremotos de nuestras actividades y obligaciones sin fin.

Es vital que nos centremos en Dios, porque, de otra manera, nuestra vida espiritual puede caer en una rutina, de igual manera que el resto de nuestra vida. Por ejemplo, tal vez podemos estar asistiendo a la iglesia cada semana, podemos estar dando nuestros diezmos, estar haciendo una rápida oración por las mañanas, y la lista de estas cosas sigue y sigue, pero tal vez nunca nos detenemos para escuchar lo que Dios nos está diciendo, ni tampoco, para expresarle nuestro amor y nuestra gratitud hacia El. Podemos estar muy cómodos pensando que nuestra comunión y relación con Dios sólo consiste y está completa por medio de hacer ciertas cosas. Cuando esto ocurre, nos perdemos el gozo de la verdadera comunión con Dios. Nuestra comunión con Dios siempre está basada en lo que Cristo ha hecho por nosotros y no en lo que nosotros "hayamos hecho" por Dios. Cuando nos encontramos

Resplandece

satisfechos solo por medio de hacer cosas para Dios, en lugar de estar teniendo comunión con El, esto muestra que aún nos encontramos al mando del centro de nuestra vida, en lugar de que sea el Señor el centro de nuestra vida. Al final, todas esas obras no van a tener ningún significado si no las hicimos por la causa del reino.

En Isaías, el Señor dice, "Este pueblo de labios me busca, pero su corazón está lejos de Mí. La adoración que me dan, está constituida solamente de reglas que enseñan los hombres". Dios quiere algo más que una simple rutina religiosa de parte de nosotros. El desea que lo amemos desde lo profundo de nuestro corazón. A medida que buscamos primeramente el reino de Dios, nuestro deseo debe ser el mostrarle a Dios que El es nuestra primera prioridad, y que no permitamos que la vida nos ahogue el tiempo que debemos de pasar con El, lo cual realmente es una necesidad para nosotros.

> Cuando nos encontramos satisfechos solo por medio de hacer cosas para Dios, en lugar de estar teniendo comunión con El, esto muestra que aún nos encontramos al mando del centro de nuestra vida, en lugar de que sea el Señor el centro de nuestra vida.

Algunas veces, cuando las personas dan sus primeros pasos para comenzar a renovar su intimidad con Dios, tienen que luchar un poco al principio para poder lograrlo. Esta respuesta es natural toda vez que tratamos con cualquier cosa que se siente como un territorio nuevo o una experiencia nueva. Cualquiera nueva relación toma tiempo para desarrollarse y crecer. Cada uno de nosotros tiene una relación única con Dios

Haz Que Deseen Lo Que Tú Tienes

porque El nos ha hecho a todos como individuos diferentes. Tú debes darle tiempo a tu relación con Dios para que crezca a su propio ritmo, y debes de confiar que Dios te va a encontrar en cada paso de ese camino. El desea esta relación contigo mucho más de lo que tú la deseas, y El está esperando pacientemente por ti.

En esta sección del libro, te queremos dar algunas ideas que nos han ayudado en nuestra vida espiritual, acerca de cómo desarrollar una relación significativa con Dios.

"El Deseo de Anhelarlo a Él"

La mejor cosa acerca de vivir en el reino de Dios es que ¡El Rey es también nuestro Padre! El no es solo un Gobernador distante sentado en un trono, sino es Uno con el cual podemos tener un contacto íntimo diariamente. Y porque El es un Soberano Todopoderoso, El puede suplir todas nuestras necesidades; y debido que El es nuestro Padre Amoroso, El siempre tiene el mejor interés para nosotros en Su corazón. Jesús Mismo nos enseñó a iniciar nuestras oraciones por medio de referirnos a Dios como Padre. Y esta es la manera como debemos venir siempre a El.

Por varias razones—estar muy ocupados, por fatiga, temor, culpa, flojera—muchos de nosotros hacemos a un lado el apartar tiempo para estar con Dios. Parece que nos falta el deseo de querer estar con El. En esos momentos, necesitamos recordar la promesa de Dios para nosotros

> Yo les daré un solo corazón y pondré un espíritu nuevo dentro de ellos. Y quitaré de su carne el corazón de piedra y les daré un corazón de carne, para que anden en mis estatutos, guarden mis ordenanzas y los cumplan. Entonces serán mi pueblo y yo seré su Dios.

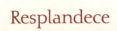
Resplandece

La idea se repite en Filipenses: "Es Dios el que obra todas las cosas en todos de acuerdo a Su buena voluntad". Como alguien dijo, "Aun el deseo de anhelar a Dios viene de El mismo". En otras palabras, todo lo que necesitamos—aun el deseo de amar, y de tener comunión con Dios—es algo que El nos debe de dar, porque la naturaleza de pecado que está dentro de nosotros resiste este anhelo. Sin embargo, el Espíritu de Jesucristo que está en nosotros es mucho más fuerte que nuestra naturaleza de pecado, y a medida que nos rendimos a Dios, El cambiará nuestro corazón. Tu oración puede ser tan simple como, "Padre, ayúdame a poder anhelarte a Ti". Mantente orando esta oración, poniendo tu fe en ello, y permítele a El que plante el amor dentro de tu corazón.

Gracia y Aceptación

Dios desea que nosotros le amemos. Esto es más importante para El que todos nuestros esfuerzos encaminados a agradarle por medio de hacer o de decir las cosas correctas. Muchos cristianos tienen una verdadera batalla tratando de vivir de acuerdo a las expectativas que ellos creen que Dios tiene de ellos. Tienen miedo de acercarse a Dios porque siempre están recordando todos sus errores y sus pecados, y no creen que Dios los va a aceptar. Debemos recordar que todos nosotros somos imperfectos. Todos nosotros tenemos problemas, y todos nosotros cometemos errores todos los días. Lo que Dios mira se nuestro deseo de amarlo y de servirlo.

Una vez, Jesús fue invitado a cenar en casa de un fariseo. Mientras El estaba ahí, una mujer que había vivido una vida lleno de pecado vino a visitarlo, porque ella había visto en El la aceptación y el perdón que ella necesitaba desesperadamente. Ella amó al Señor de tal manera que lloró sobre de El, y derramó un costoso perfume en Sus pies. El fariseo la criticó

Haz Que Deseen Lo Que Tú Tienes

por ser pecadora, pero Jesús dijo, "Sus muchos pecados le han sido perdonados—*porque ella amó mucho*". Entonces, El se volvió para decirle a ella directamente, "Tu fe te ha salvado; ve en paz". Fue su amor, así como una fe sencilla lo que Jesús aceptó.

El Apóstol Pedro le falló a Jesús por medio de negarlo tres veces la noche que fue arrestado. Después de que Jesús resucitó, El le preguntó a Pedro tres veces, ¿"Me amas"? Pedro le contestó, "Sí Señor, Tú sabes que te amo". Jesús lo restauró y le dijo, "Alimenta mis ovejas". Más adelante, Pedro escribió en su primera epístola, "Sobre todas las cosas, deben amarse los unos a los otros profundamente, porque el amor cubre multitud de pecados". Pedro tal vez estaba recordando su propia experiencia del perdón de Jesús cuando escribió esto. Aunque Pedro había cometido un error terrible, él fue restaurado a causa del amor sacrificado de Cristo por él, y a causa de su devoto amor por Cristo.

No importa lo que nosotros hayamos hecho, Dios quiere que sepamos que El está listo para aceptarnos, si nosotros venimos a El. Jeff había estado teniendo su propia lucha respecto a sentirse aceptado por Dios, y esperamos que al leer lo que él pudo aprender de esta experiencia, también te ayude a ti a entender lo mucho que verdaderamente Dios te ama.

Cada persona tiene una necesidad básica de ser aceptado, y esto es especialmente cierto en los jóvenes. Desafortunadamente, la sociedad en que vivimos no provee nada de esto para nosotros. Sólo sigue diciendo, "No puedes ser tú quien *realmente* eres, porque eso no es "buena onda". Tú necesitas este producto o tú necesitas tener tu cabello de este color, o debes mantener cierto peso, o debes de comer cierta comida para ser aceptado".

Yo pienso que muchas veces aplicamos esa misma perspectiva a nuestra relación con Dios, pensando que si no hacemos ciertas cosas, Jesús no nos va a amar. Pero Jesús dice, "Ven a mí tal como tú eres. Yo te acepto, así tal y como eres".

El poder creer realmente que esto es verdadero para mi vida es algo con que lucho cada día. Muchas veces, yo me digo a mí mismo, "Soy un perdedor. No puedo creer que hice esto", o también "No puedo creer que dije tal cosa" o también "No puedo creer que cometí este pecado", y sigo permitiendo que estos sentimientos negativos se interpongan en mi relación con Dios.

Cuando yo estaba creciendo, yo fui a una escuela cristiana que era extremadamente legalista. Yo recuerdo que me sentaba en medio de los llamamientos al altar, inclinando mi cabeza, mientras que el pastor hablaba por media hora, tratando de poner culpa en todos los que se encontraba en ese lugar. El Evangelio era presentado como una lista de reglas y ordenanzas. Esto no ayuda para nada cuando lo pones encima de todas las otras cosas que los niños tienen que atravesar. Es muy difícil cuando eres joven, porque todo se juzga a través de ciertas medidas. Tus amigos y tus compañeros te juzgan porque ellos están en tu grupo de amigos, así que siempre tienes que alcanzar un determinado nivel para vivir dignamente de acuerdo a su opinión. Tú eres juzgado a través de tus calificaciones y qué tan bien te desempeñas académicamente, así que existe presión con relación a eso. Tus padres tienen expectativas en cuanto a que ellos creen que tú debieras ser. Y entonces también tienes a tu iglesia, la cual tiene sus propias expectativas acerca de ti.

Así que, adicionalmente a todas estas presiones, yo estaba luchando con todo lo que esta escuela decía que yo necesitaba hacer para ser aceptable ante Dios. En el proceso, yo desarrollé el hábito de huir de Dios cada vez que yo sentía que había hecho algo malo. Fueron tantas las veces que yo traté "de esconderme" de Dios. Si yo estoy luchando con algo, entonces, yo voy a estar permitiendo que eso me aparte de El, pero en realidad, ¡El ya sabe todo acerca de eso!

Nunca nadie realmente me dijo que Dios me aceptaba tal y cual como yo era, sin legalismos ni reglas. Y esto es tan importante como para que todo el mundo lo sepa: Dios te acepta tal y como tú eres. Tú no tienes que cambiar *nada* para poder acercarte a El, aun si tú ya eres cristiano. Yo espero que aquellos que realmente necesitan escuchar este mensaje tengan una oportunidad de escucharlo a través de este libro.

La gracia de Dios es uno de los más importantes asuntos. Es mi deseo que yo lo hubiera podido haber entendido mucho antes. Yo hubiera deseado que hubiera habido alguien tomando tanto tiempo como fuera necesario para hablarme acerca de la gracia, así como tomaron tanto tiempo diciéndome que mis patillas eran muy largas o que yo no podía usar pantalones vaqueros en el tiempo de recreo, o tantas otras reglas locas como éstas.

Yo no aprendí lo que la gracia realmente significa hasta hace poco, y esto ha cambiado mi vida dramáticamente. Yo creo que esto asusta a mucha gente a mi alrededor, porque tal vez, yo me presento a mí mismo como lo que para mucha gente es algo inferior a un cristiano, siendo que realmente, yo estoy siendo más honesto y más transparente.

Resplandece

Si tú estás teniendo dudas acerca de tu aceptación para con Dios, debes recordar que cuando confesamos nuestros pecados a El, y le pedimos que nos limpie, y recibimos perdón a través de Cristo Jesús, El promete que no sólo nos perdona nuestros pecados, sino que también los olvida por completo. El autor Brennan Manning ha dicho que es un hijo perdonable de Dios—no es infalible, ni está libre de errores, pero es perdonable. La gracia significa que podemos acercarnos a Dios tal y como somos. El nos dará la bienvenida con todo entusiasmo y sin condición alguna. Entonces, en el contexto de Su amor, todo aquello que necesite ser cambiado en nuestras vidas, será transformado a medida que nos sometemos a la vida de Cristo Jesús que está dentro de nosotros. Jesús ilustró el amor incondicional de Dios para nosotros en la parábola del hijo pródigo:

Cierto hombre tenía dos hijos; y el menor de ellos le dijo al padre: "Padre, dame la parte de la hacienda que me corresponde." Y él les repartió sus bienes. No muchos días después, el hijo menor, juntándolo todo, partió a un país lejano, y allí malgastó su hacienda viviendo perdidamente. Cuando lo había gastado todo, vino una gran hambre en aquel país, y comenzó a pasar necesidad. Entonces fue y se acercó a uno de los ciudadanos de aquel país, y él lo mandó a sus campos a apacentar cerdos. Y deseaba llenarse el estómago de las algarrobas que comían los cerdos, pero nadie le daba nada. Entonces, volviendo en sí, dijo: "¡Cuántos de los trabajadores de mi padre tienen pan de sobra, pero yo aquí perezco de hambre! "Me levantaré e iré a mi padre, y le diré: Padre, he pecado contra el cielo y ante ti; ya no soy digno de ser llamado hijo tuyo; hazme como uno de tus trabajadores." Y levantándose, fue a su padre. Y cuando todavía estaba lejos, su padre lo vio, y sintió compasión por él, y corrió,

Haz Que Deseen Lo Que Tú Tienes

se echó sobre su cuello y lo besó. Y el hijo le dijo: "Padre, he pecado contra el cielo y ante ti; ya no soy digno de ser llamado hijo tuyo." Pero el padre dijo a sus siervos: "Pronto; traed la mejor ropa y vestidlo, y poned un anillo en su mano y sandalias en los pies; y traed el becerro engordado, matadlo, y comamos y regocijémonos; porque este hijo mío estaba muerto y ha vuelto a la vida; estaba perdido, y ha sido hallado."

> La prioridad número uno del reino es amar a Dios con todo nuestro corazón, con toda nuestra alma, y con toda nuestra mente, y con todas nuestras fuerzas—y esta devoción, nacida desde lo profundo de nuestro corazón, agrada a Dios.

La cosa más hermosa acerca de esta historia es que el hijo pródigo se encontraba a diez mil pasos de distancia de su padre, pero cuando él hizo la decisión de regresar a casa, en un sentido, era solo un paso que él tenía que dar para regresar. Esta es una verdad crucial que todos debemos de recordar: Ese paso es ir a Dios con confesión de pecados y con arrepentimiento.

Después de que confesamos nuestros pecados, estamos supuestos a no vivir más en ellos. En lugar de eso, debemos enfocarnos en amar a Dios con todo nuestro corazón, con toda nuestra alma, con toda nuestra mente, y con todas nuestras fuerzas. Esta es la prioridad número uno del reino, y es la devoción nacida del corazón que deleita y que agrada a Dios.

Resplandece

Thomas Merton escribió una oración que describe la confusión que sentimos a menudo en la vida, y cómo es que Dios acepta nuestra devoción por El, aun cuando en ocasiones entendemos muy poco acerca del resto de nuestra vida:

Señor, mi Dios, no tengo idea hacia dónde me dirijo. No puedo ver el camino delante de mí. No puedo saber hacia dónde me lleva y tampoco puedo conocerme realmente a mí mismo, y el hecho que yo creo que Te estoy siguiendo no significa que realmente lo estoy haciendo. Pero yo creo que el tener el deseo de agradarte, eso en sí, Te agrada a Ti. Y yo espero que yo tengo ese deseo en todo lo que estoy haciendo. Yo espero que nunca haré nada fuera de ese deseo. Y yo sé que si yo hago esto, Tú me guiarás en el camino correcto, aunque yo no sepa nada al respecto. Por lo tanto, yo confiaré en ti siempre, aunque parezca estar perdido y en la sombre de muerte. No temeré, porque Tú siempre estás conmigo, y Tú nunca me vas a abandonar a que yo me enfrente mis peligros solo. Amén.

Confianza

El entender la aceptación de Dios a nosotros es esencial para nuestra relación con El, porque sin ello, no podremos sentir que podemos confiar en El. Al contrario, nos sentiríamos con la tendencia de huir de El todo el tiempo. Sin confianza, no podemos tener fe en Dios, ni en Sus caminos. Por lo tanto, no vamos a crecer en el hecho de escuchar y aceptar Su Palabra, lo cual es algo que debemos hacer para poder crecer en El. Tampoco podemos darle a El el respeto que merece como nuestro Creador y como nuestro Padre. Cuando tenemos miedo del castigo de Dios, en lugar de confiar en Su amor y en Su perdón, no vamos a poder respetarlo—sino que vamos a estar resentidos con El debido a que sentimos que nunca podemos agradarlo.

Haz Que Deseen Lo Que Tú Tienes

John Donne, un poeta inglés y ministro, llegó a esta perspectiva cuando él fue confrontado con la pregunta de tener que confiar en Dios cuando estaba cara a cara con su inminente muerte: "La confianza representa el adecuado temor al Señor". La confianza es uno de los más grandes halagos que le podemos dar a Dios porque muestra que creemos que El es Quién El dice ser. Nuestra confianza está basada en lo que Dios dice en Su Palabra con relación a Quién es El. A medida que escuchamos y aceptamos la Palabra, nuestra confianza va a estar creciendo continuamente. Nuestra confianza honra la naturaleza de Dios y el carácter de Dios, y nos da un fundamento sólido para la fe y la oración.

El desear a Dios, sabiendo que somos aceptados por El, y el confiar en El, son áreas en que debemos crecer a medida que buscamos al Rey del reino. A través de ellas, podemos entrar en una relación con nuestro Padre Celestial, en la cual, El nos puede enseñar Sus caminos, y nosotros podremos recibirlos en amor y gozo.

"Costumbres Santas"

- El Hermano Lawrence lo llamó "practicando la presencia".

- Jonathan Edwards lo definió como "compromiso del corazón" y "santa estimación".

- Francis de Sales puso el término "agilidad espiritual".

- Juan de la Cruz lo llamó "ejercicios espirituales".

- Gregory de Nyssa dijo que era "convertirse en amigo de Dios".

Todas éstas son descripciones de las maneras en que adoramos, reverenciamos, amamos, aprendemos, nos sometemos, y

Resplandece

servimos a Dios. El Hermano Lawrence escribió, "Para estar con Él, debemos cultivar la santa costumbre de estar pensando en El frecuentemente". Mark Buchanan amplía esta idea cuando dice, "Las santas costumbres son ...*las disciplinas, las rutinas por medio de las cuales nos mantenemos vivos y enfocados en El*".

Nosotros hemos encontrado que la práctica de tener un tiempo de quietud, devociones, o "costumbres santas" es de alguna manera subjetivo para cada persona, pero lo más importante es que hagamos de esto una parte consistente de nuestras vidas.

Algunas personas han sido enseñadas a seguir cierto modelo de estudio bíblico y de oración, pero dado que no está funcionando bien para ellos, entonces, tienen cierta resistencia a hacerlo. Sin embargo, se están perdiendo de poder desarrollar una estrecha relación con Dios. Algunas veces, esto se debe a que ellos se están concentrando más en el método que en Dios mismo. Si tú estás experimentando una situación similar a ésta, queremos animarte a que te des un poco más de libertad para tratar diferentes métodos que funcionan para ti, y para que confíes que Dios te va a guiar al hacer esto. Date algún tiempo para que crezcas en tus costumbres devocionales. La oración y el amor por la Palabra de Dios son dones que vienen de Dios, los cuales a El le place darte cuando tú se los pides.

Soledad, Silencio, y Enfoque

Una relación con Dios es como cualquier otro tipo de relación: no sucede automáticamente. Tenemos que poner todo nuestro ser en ello para que se convierta en algo de significado y que llene nuestra vida. El mejor lugar para comenzar es con soledad, silencio y enfoque.

Haz Que Deseen Lo Que Tú Tienes

Elías descubrió que Dios está en el susurro apacible, y esta probablemente es la razón porque la mayoría de nosotros nos perdemos la oportunidad de poder escuchar a Dios—¡estamos haciendo mucho ruido! La soledad significa encontrar un lugar que está alejado del ruido y de las múltiples ocupaciones de cada día, de tal manera que podamos entregarnos completamente a nuestro Padre Celestial.

Cuando yo oro, yo oro a Dios de la misma manera como acostumbro platicar con mi compañera. Yo empiezo por medio de usar el Padre Nuestro. Yo no repito el Padre Nuestro palabra por palabra necesariamente, pero lo uso como mi guía. Entonces, llego a un punto donde de hecho yo le pido a Dios que se revele a mí, de la misma manera que lo hice cuando fui salvo. Yo digo algo así, ¿"Sabes una cosa, Dios? Yo he sido cristiano por un buen tiempo, pero yo quiero que Tú te conviertas en algo real para mí. Yo quiero que Tú me des una revelación de Ti mismo". Esta es la invitación tan tremenda que El está esperando que nosotros le hagamos. Yo nunca sé lo que El me va a mostrar, pero El siempre se revela a Sí Mismo. Esto es parte de buscar a Dios primeramente por encima de todo. Yo oro cada día, "Dios, ¿qué es lo que Tú quieres que yo haga? Revélate a mí. Con cualquier persona que yo hable hoy, guía mis palabras de tal manera que tal vez una sola frase que yo diga toque sus corazones para traerlos más cerca hacia Ti".

Este es un tiempo de "estar quietos y conocer que Él es Dios". Consiste en estar física y mentalmente en silencio para poder escuchar a Dios hablándonos a través de Su Palabra y la oración. Hacemos esto por medio de limpiar todas nuestras

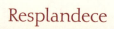

Resplandece

distracciones internas, tales como nuestro trabajo, o nuestros deberes en la casa, preocupaciones o enojos. El encontrar la soledad no es la misma cosa como el método del mundo de aliviar la atención nerviosa por medio de "poner tu mente en blanco y pensar en un lugar feliz". Si tú estás buscando a Dios, y esos pensamientos negativos vienen a tu mente, dáselos al Padre Celestial. Sólo tienes que mantenerte pasándoselos a El. Como dice en los Salmos, "Echa tus cargas en el Señor, y El te sustentará". Cuando te mantienes echando todas tus cargas en el Señor, tú vas a descubrir en algún punto, que de repente ya se desaparecieron, porque tú se los has pasado todas a Jesús.

La soledad también es un tiempo de espera. Es esperar en el Señor y aprender a reconocer el sonido de la voz del Pastor. Jesús dijo,

> El que entra por la puerta, es el pastor de las ovejas. A éste le abre el portero, y las ovejas oyen su voz; llama a sus ovejas por nombre y las conduce afuera. Cuando saca todas las suyas, va delante de ellas, y las ovejas lo siguen porque conocen su voz.

Esta es una parábola de Jesús Mismo como el Buen Pastor. Es crucial que aprendamos a distinguir Su voz de nuestras propias ideas, y de las ideas de otros, las cuales son contrarias al reino. La única manera que podemos aprender a conocer Su voz es por medio de conocer lo que El ya nos ha dicho en Su Palabra.

Mientras que estábamos en una gira en Nueva Zelandia, tuvimos la oportunidad de visitar el Agrodomo, que es una enorme exposición agrícola. Mientras que estábamos parados en medio de una ruidosa multitud, estábamos sorprendidos de la manera como los perros ovejeros respondían el silbido de sus amos. El conocía el sonido y obedecía los señales. Si cualquier

Haz Que Deseen Lo Que Tú Tienes

otro hombre trataba de comunicarse a él mediante diferentes silbidos, simplemente no funcionaba. El principio aquí es que todos somos guiados por alguien. Somos guiados ya sea por nosotros mismos, por otras gentes, o por el Pastor. Si tenemos oídos para oír, vamos a pasar tiempo aprendiendo a conocer la voz del Pastor.

> Todos somos guiados por alguien—ya sea nosotros mismos, otras gentes, o el Pastor. Si tenemos oídos para oír, vamos a dedicar tiempo aprendiendo a conocer la voz del Pastor.

Cuando el profeta Samuel era un niño, él estaba siendo entrenado para servir al Señor bajo el sacerdote Elí. Una noche, Samuel escuchó una voz que decía, ¡"Samuel"! Pensando que se trataba de Elí, Samuel se levantó de la cama y corrió hacia él diciendo, ¡"Aquí estoy"! Elí dijo, "No, yo no te llamé. Regresa a la cama". Esto sucedió tres veces hasta que Elí se dio cuenta de que Dios le estaba hablando a Samuel. El le dijo que se fuera a acostar y que cuando escuchara a Dios llamando su nombre, él tenía que contestar, "Habla Señor, que tu siervo oye". Samuel hizo esto, y entonces fue cuando Dios le habló acerca de lo que El estaba planeando hacer en la nación de Israel. Desde ese tiempo, Samuel conoció el sonido de la voz del Señor. El llegar a conocer la voz del Señor requiere algo de entrenamiento. Tenemos que estar muy familiarizados con la Biblia, porque cualquier cosa que verdaderamente recibamos de Dios va a estar de acuerdo con Su Palabra.

Resplandece

Otro beneficio de estar en silencio y enfocado en Dios es que nos permite colocar nuestra vida completamente en Sus manos, y poder confiar que El la va a poner en orden. Algunas veces la vida es similar a caminar en un laberinto. Necesitamos confiar en Dios para que nos guíe a través del sendero correcto. Cuando tratamos de hacer las cosas a nuestra manera, corremos hacia arriba y hacia abajo, buscando una salida que nos permita ir hacia delante, rebotando en todas las paredes a medida que lo intentamos. Cuando hemos perdido el camino por completo, comenzamos a andar en la jaula del laberinto que hemos creado nosotros mismos.

Pero si miramos arriba hacia Dios y le pedimos que ponga en orden nuestra vida, si le pedimos dirección, entonces, aunque no seamos capaces de ver exactamente hacia dónde nos dirigimos, aunque no seamos capaces de ver lo que está a la vuelta de la siguiente esquina, podemos confiar que El nos guiará en el sendero correcto. Tal vez parezca que no vamos a ningún lado a medida que nos movemos en ese laberinto. Pero nosotros tenemos solo una muy limitada perspectiva acerca de las cosas. Dios posee la perspectiva total y completa. El confiar en El para que nos guíe, es lo que significa tener fe en Dios y buscarlo primeramente por encima de todo.

Existen muchas recompensas espirituales en la práctica de la soledad. La cosa principal es que, cuando estamos en la quietud delante del Señor, El sabe que finalmente El tiene toda nuestra atención. Ahora, El puede animarnos, fortalecernos, guiarnos, y enseñarnos a medida que buscamos Su rostro.

"Oídos para Oír"

El tiempo que pasamos con Dios tiene mucho más que ver con el hecho de escuchar a Dios, que con cualquier otra

Haz Que Deseen Lo Que Tú Tienes

cosa. Cuando escuchamos y entendemos Su Palabra—cuando tenemos "oídos para oír", de la misma manera que Jesús dijo—es entonces, que vamos a ser capaces de orar en forma efectiva por Su reino, y para que Su voluntad sea hecha en la tierra, tal y como es hecha en el cielo.

La Biblia dice que el Espíritu Santo nos ayuda a orar: "El Espíritu nos ayuda en nuestra debilidad; porque no sabemos orar como debiéramos, pero el Espíritu mismo intercede por nosotros con gemidos indecibles". Tal vez estemos orando por cierta cosa, pero el Señor sabe que necesitamos algo diferente, y es entonces cuando el Espíritu Santo hace Su obra de intercesión por nosotros. Al final, lo que recibimos es de acuerdo con la voluntad de Dios. Las Escrituras nos dan esta seguridad: "Y Aquel que escudriña nuestros corazones conoce la mente del Espíritu, porque es el Espíritu Santo el que intercede por los santos de acuerdo a la voluntad de Dios".

Las Escrituras también dicen, "Si pedimos cualquier cosa de acuerdo a Su voluntad, El nos oye". Hay ciertas oraciones que podemos orar y *saber* que Dios siempre las contestará prestamente. Estas son oraciones en las que le pedimos a El que nos ayude a ser más como Cristo y a caminar en Sus caminos.

"Enséñame Tus Caminos"

Primeramente podemos pedirle a Dios de manera constante que nos enseñe Sus caminos a medida que oramos y que leemos Su Palabra. Podemos comenzar orando por sabiduría, porque, si entendemos la sabiduría del Señor, y la necesidad de permanecer siempre en El, vamos a orar cada día, vamos a leer Su Palabra cada día, y vamos a tratar a los demás con el amor con que Cristo nos ha tratado.

Resplandece

"Enséñame a Confiar en Ti"

También podemos orar, "Señor, ayúdame a confiar en Ti y a absorberte completamente". El aprender a confiar es un proceso. Hemos hablado acerca de confiar en el carácter y en la naturaleza de Dios como las bases para la oración y para la fe. La confianza es una gran cosa, porque, en un sentido, es como estar caminando en un alambre que está a gran altura, sin que tengamos ninguna red para protegernos. Es un total sometimiento de ti mismo. En otras palabras, tienes que entregarte completamente a ello para poder experimentarlo.

"Ayúdame a Recordarlo"

Adicionalmente, podemos pedirle a Dios que nos llene con alabanza para El. Cada día, necesitamos recordar lo que Cristo ha hecho por nosotros, porque esto nos va a ayudar a tener un corazón agradecido hacia Dios. El salmista dijo, "Entrad por Sus puertas con acción de gracias y por Sus atrios con alabanza. Bendecid Su nombre y dad gracias a Dios". Podemos estar agradecidos por el día que el Señor ha hecho; podemos estar agradecidos que El nos ha dado otro día para vivir. Como dijo G. K. Chesterton, "Aquí está otro día durante el cual yo he tenido ojos, oídos, manos, y todo este gran mundo en derredor de mí; y con el mañana va a venir otro. ¿Por qué me permiten ver dos"?

Deberíamos comenzar cada día con gratitud, como si este fuera un nuevo comienzo—¡porque realmente lo es! Las misericordias de Dios son nuevas cada mañana.

"Ayúdame a Amar Tu Palabra y a Entender Sus Verdades"

Necesitamos pedirle a Dios que nos ayude a amar Su Palabra, y que nos dé el deseo de leerla. También necesitamos

Haz Que Deseen Lo Que Tú Tienes

pedirle que nos revele Sus verdades. Unos de los problemas de nuestra generación es que nos hemos convertido en gente que no lee. Muchos de nosotros—incluyendo a muchos creyentes—no conocen la Palabra de Dios porque no la estamos leyendo, o, si lo hacemos, no tenemos oídos para oír lo que nos está diciendo. Pero la Palabra de Dios es nuestra guía para la vida, y debemos leerla para crecer en el Señor y para conocer la voz del Pastor. Jesús dijo, "Si permanecéis en mí, y Mis palabras permanecen en vosotros, pedid todo lo que quisiereis, y les será dado. En esto es glorificado mi Padre, en que deis mucho fruto, y así probéis que sois mis discípulos".

La Biblia dice que la Palabra es "viva y eficaz". Está viva. Si desarrollamos la costumbre de leer la Palabra de Dios diariamente debido a que Dios nos ha dado el amor de hacerlo, entonces, no va a pasar mucho tiempo antes de que esté impactando nuestra vida, o la vida de alguien más con quien hemos tenido contacto. Dios dijo en Isaías, "Mi palabra que sale de Mi boca, no volverá a Mí vacía, sino que hará aquello que es mi voluntad y para lo cual la he enviado".

Por lo tanto, deberíamos orar, "Señor, dame oídos para oír Tu Palabra". Todos tal vez hemos tenido la experiencia de haber estado leyendo la Palabra con oídos sordos. La hemos estado leyendo, pero realmente no hemos estado conscientes de lo que el Espíritu Santo estaba tratando de decirnos. Todo viene al punto de ser capaces de recibir la Palabra, y esto es algo que Dios obra para nosotros a través del Espíritu Santo. Existe un verdadero gozo en recibir revelación de Dios con relación a Su Palabra. Existe un gozo masivo cuando El nos revela Sus caminos por medio de Su Espíritu Santo. A. W. Tozer dijo que el Espíritu Santo toma el libro de apologética y lo transfiere al corazón humano. Esa

Resplandece

realmente es la clave. El Espíritu Santo toma las verdades de la teología y las hace que *cobren vida* para nosotros y *dentro* de nosotros.

Esta es la razón por la cual necesitamos escudriñar seriamente la Palabra de Dios—tanto como lo haríamos si se tratara de la última novela de moda, o del último juego de Nintendo. Podemos comprar manuales que nos ayuden a entender la Biblia un poco mejor. Los cristianos necesitan entender por qué es que creen lo que creen, o de otra manera, todo su fundamento espiritual va a ser muy débil. Tal vez tú estás en una posición donde tú ni siquiera estás seguro si crees en la Biblia. Tú tal vez solo estés yendo a la iglesia o a algún grupo de jóvenes porque siempre has acostumbrado hacerlo

> Esto es solo una cosa del espíritu. Algunas cosas celestiales no pueden ser explicadas.

así, o porque tu familia siempre lo ha hecho así. Tienes que encontrar a Cristo y al cristianismo por ti mismo. Realiza una búsqueda sincera. Si tú le pides a Dios que se revele a Sí Mismo hacia ti, El lo hará. Esto es algo en que tenemos que confiar. Cuando oramos pidiendo revelación a través de las Escrituras, Dios contesta.

"Enséñame la Sabiduría que Tú Le Has Dado a Tu Pueblo"

A través de los años, Dios ha dado a diferentes creyentes, revelaciones de Su Palabra, las cuales ellos han escrito para el beneficio de su propia generación, y de las generaciones

Haz Que Deseen Lo Que Tú Tienes

postreras. Creyentes tales como San Agustín, San Francisco de Asís, Charles Spurgeon, A. W. Tozer, C. S. Lewis, y Brennan Manning están entre aquellos, cuyos pensamientos innovadores e ideas inspiradoras acerca de Dios y de Su Palabra han beneficiado grandemente nuestro entendimiento de Dios y de Sus caminos. Algunas veces ellos nos proveen con puntos de vista que nunca hemos entendido por nosotros mismos, de tal manera que al entenderlos, después de haberlos leído, nuestra fe se fortalece verdaderamente.

Aunque sus palabras nunca pueden ser un sustituto para la Palabra viva y activa de Dios, nos podemos beneficiar espiritualmente de sus experiencias y de la sabiduría que Dios les ha dado. Cuando leemos sus libros, podemos orar, "Señor, ayúdame a obtener fuerza espiritual de lo que estos creyentes han aprendido acerca de Ti. Acércame más hacia Ti por medio de sus palabras".

Podemos darle gracias a Dios de que tenemos estos ricos tesoros de los cristianos clásicos, así como de los cristianos contemporáneos, cuyas verdades han sido bendición, y han podido ser disfrutadas por gente de todas las edades y épocas. Al final de este libro, hemos incluido una sección que se llama "Libros de Inspiración", la cual enlista libros que han tenido un significado muy especial para nosotros. Estamos orando que tú vas a tomar el tiempo para leer algunas de estas minas de oro de verdad espiritual.

"Permíteme Reconocer Tu Maravilla"

Otra cosa que podemos pedir es el don de maravilla. Los Salmos hablan frecuentemente acerca de la maravilla de la creación de Dios, dado que esto es algo muy importante para Dios. Tomamos con mucha indiferencia mucho de lo que Dios nos ha dado a través de Su creación. Pero Dios quiere que

Resplandece

conozcamos la belleza y la gloria del mundo que nos rodea, ya sea que trate de la naturaleza o de las cosas que los hombres han podido crear a través de los dones que Dios les ha dado—tales como la arquitectura y el arte. Por ejemplo, maravilla es ver la grandeza del océano y contemplar las profundidades de los mares, pensando en las creaturas que Dios ha creado para que vivan bajo su superficie, y que son todos esos animales raros y fascinantes que observamos en los programas de "National Geographic".

El reconocer las maravillas de Dios significa tener oídos para oír lo que el Espíritu Santo nos está revelando por medio de la creación. Esto no sólo significa maravillarse por la belleza del mundo natural, sino también poder aprender las lecciones escondidas que Dios ha creado dentro de la naturaleza.

Por ejemplo, cuando Jesús nos dijo, "Considerad los cuervos" y "Considerad como crecen los lirios del campo", El nos estaba exhortando a aprender acerca de Dios y de Sus caminos a través de las maravillas lindas y ordinarias que nos rodean. Salomón entendió esto cuando él meditó en las acciones de los hombres y de los insectos, diciendo, "Ve a la hormiga, tú que eres perezoso. ¡Considera sus caminos y sé sabio"!

La maravilla es una cualidad muy joven. En cierto sentido, Dios es mucho más joven de lo que somos nosotros. Somos nosotros los que tenemos cuerpos finitos y mortales que nacieron en cierto punto de tiempo y que van a morir en cierto punto de tiempo también. Dios nunca tuvo que nacer, y El jamás estará muriendo. El es eterno. Cuando El dice que debemos convertirnos como niños para entrar en el reino de Dios, esto es, porque Dios mismo posee una naturaleza joven eternamente, y nosotros debemos reflejar eso, dado que nuestro espíritu va a vivir eternamente con El.

Haz Que Deseen Lo Que Tú Tienes

Podemos ver un vislumbre de la forma como nuestro ser ha sido hecho a Su semejanza cada vez que vemos el entusiasmo y la alegría en los rostros de las gentes a medida que ellos ríen fuertemente, también, cuando vemos el torrente de adrenalina en una multitud que está echando porras a un jugador de fútbol americano a medida que él corre para hacer una anotación, también, cuando vemos la mirada en el rostro de los niños mientras que ellos están observando los fuegos pirotécnicos que están explotando en el aire, o también, cuando vemos esa chispa de humor y de vida en los ojos de una mujer de noventa y cinco años de edad. Podemos ver la gloria de Dios en todas estas cosas debido a que estamos viendo al espíritu humano, el cual fue hecho a Su imagen. Cuando tú comienzas a pensar de esta manera, tú podrás ver el reflejo de la gloria de Dios en todas partes.

> Tomamos con mucha indiferencia mucho de lo que Dios nos ha dado a través de Su creación. Pero Dios quiere que conozcamos la belleza y la gloria del mundo que nos rodea.

La maravilla y la gloria están conectadas muy estrechamente. G. K. Chesterton dijo con relación a que, cada día, cuando sale el sol, Dios todavía se emociona de todo lo que El ha creado. ¿Has notado que cuando tú le das de vueltas a un niño en el aire, y le das como veinticinco vueltas, cuando te detienes, él siempre dice, ¡"Hazlo otra vez, hazlo otra vez!"? Tú piensas, ¡*Ya me cansé*"!, pero tú le das vueltas otra vez, y él te vuelve a decir, ¡"Hazlo otra vez, hazlo otra vez"! Dios es

Resplandece

así, hablando en cierto sentido. El todavía toma placer al ver el sol cuando sale y cuando se mete, tal y como si El estuviera diciendo, ¡"Hazlo otra vez"! El placer que tiene en Su creación es un placer juvenil, y esa es la actitud que deberíamos reflejar nosotros también.

El poseer el don de maravilla también significa poder maravillarse ante Dios Mismo. Podemos estar llenos de maravilla con el hecho de que Dios pensó que valía la pena correr el riesgo de ser rechazado, cuando El le dio libre albedrío a la raza humana, y que valía el riego de ser totalmente vulnerable cuando El mandó a Su Hijo a morir por el mundo. Es admirable, cuando tú piensas acerca de todo esto. Pero esta no es la clase de maravilla que nos hace dudar acerca de Dios. La maravilla está basada en la confianza; está basada en la máxima confianza en Dios. No importa lo que los científicos digan acerca de la creación de la tierra, nosotros confiamos que Dios es Dios, que El es el Creador, y que El envió a Su Hijo al mundo para morir por nosotros.

Cuando confiamos en El y en Su Palabra, tenemos una libertad masiva para poder maravillarnos acerca de todos Sus caminos, y para tener un gran placer, y un gran gozo haciendo eso.

"Ayúdame a Vivir un Solo Día a la Vez"

Hay cosas muy grandes que podemos aprender del Padre Nuestro, pero una de ellas, que nos ayuda de forma muy especial el día de hoy es poder entender la frase que dice, "Danos hoy el pan de cada día". Tal parece que muy frecuentemente nos enfocamos más en el futuro, en lugar de enfocarnos en el día actual que vivimos. Tal vez hemos sobreenfatizado la idea de que "donde no hay visión, el pueblo perece", y eso

Haz Que Deseen Lo Que Tú Tienes

hace que estemos continuamente descuidando el significado del presente.

Las gentes creen que tienen que conocer por completo todo el plan de Dios para sus vidas. Pero olvidamos la segunda parte del versículo que acabamos de citar. El versículo completo dice lo siguiente, "Donde no hay visión, el pueblo perece; pero aquel que guarda la ley es bienaventurado". Esta Escritura indica que la visión a la que se está refiriendo es de la revelación de la ley de Dios como una guía para nuestra vida. Está hablando acerca de entender y aplicar los caminos de Dios, y no solo al hecho de tener una idea de los planes de Dios para nuestro futuro.

> Dios todavía toma placer en Su creación, al ver el sol cuando sale y cuando se mete, tal y como si El estuviera diciendo, ¡"Hazlo otra vez"!

Frecuentemente nos decimos unos a los otros, "Necesitas tener una visión para tu vida. ¿Cuál es la visión de tu vida"? El pan diario es lo que Cristo nos enseñó a orar, pero de alguna manera lo hemos cambiado de tal manera que ahora nos enfocamos en cosas como ir a la escuela, la carrera que vamos a tomar, y cosas por el estilo. Estas cosas son importantes, pero corremos el riesgo de dedicarnos tanto a ellas, que vamos a ignorar a toda la gente que nos rodea, los cuales son mucho más valiosos. Tal vez, el hecho de ver la visión no siempre significa ir viendo abajo en dirección del camino de nuestra vida terrenal. Tal vez significa poder ir viendo las cosas eternas. Este pensamiento es como para ponernos a pensar en ello. De nuevo, Cristo Jesús nos

Resplandece

instruyó que oremos por nuestro pan cada día. El no nos indicó que oráramos pidiendo saber lo que va a venir en el futuro.

Necesitamos mantener todo en forma diaria. Recuerda que las misericordias de Dios son nuevas cada mañana. ¿Por qué son nuevas cada mañana? ¡Porque las *necesitamos nuevamente* cada mañana! Cada día, podemos pedirle a Dios que nos revele qué tan especial es ese día en particular ante Sus ojos. Tal y como dice en los Salmos, "Este es el día que hizo Jehová; me gozaré y me alegraré en el".

Jesús Mismo dijo, "No se preocupen por el día de mañana, que el día de mañana traerá su propio afán y su propia preocupación". ¡Esta es una gran verdad! Por lo tanto, necesitamos regresar al pan diario de cada día y al principio diario de vivir solo un día a la vez—porque eso fue lo que hizo Jesús.

"Hazme Consciente de lo que Tú Estás Haciendo en el Mundo"

La Biblia nos instruye para "orar sin cesar". Esto es algo que también podemos practicar todos los días. Una parte de orar sin cesar es poder responderle a Dios a medida que estamos conscientes de El y de lo que El está haciendo en el mundo. Hay tantas cosas que están sucediendo alrededor de nosotros; el Espíritu Santo está obrando todo el tiempo en nuestra vida y en la vida de otras gentes, pero necesitamos tener oídos para oír lo que el Espíritu Santo está diciendo. Nuevamente, deberíamos orar, "Dame oídos para oír", porque muy a menudo estamos sordos con relación a todo aquello que Dios está haciendo. Perdemos las cosas que están sucediendo.

Por ejemplo, todo el tiempo escuchamos personas en la televisión que están expresando su admiración sobre ciertas

Haz Que Deseen Lo Que Tú Tienes

cosas que ellos están experimentando. Un chofer de una ambulancia tal vez puede decir, "Bueno, la ambulancia se volcó, y todos fuimos lanzados hacia fuera, y, sin embargo, el paciente está vivo. Por lo tanto, yo creo que Nuestro Buen Señor debió de haber tenido algo que ver con eso". ¡Por supuesto que El lo hizo! Esa tal vez fue una experiencia extraña para los tripulantes de esa ambulancia, pero si el chofer hubiera sido Billy Graham, él hubiera tenido una perspectiva completamente diferente de lo que sucedió. El hubiera estado mucho más consciente de lo que realmente pasó.

> Las misericordias de Dios son nuevas cada mañana. ¿Por qué? Porque necesitamos que sean frescas y nuevas cada mañana.

Existe otra área donde necesitamos estar muy conscientes, la cual es muy importante. Mientras busquemos a Dios, y mientras más tiempo lo hagamos, será más fácil para nosotros poder discernir que tenemos un enemigo espiritual. Tan cierto como es el hecho de que existe un Dios vivo y verdadero, de la misma manera, también existe un enemigo terrible, mentiroso y muy maligno. Satanás tratará de hacer su mejor esfuerzo posible para apartarnos de nuestro tiempo de comunicación con el Señor. Necesitamos estar conscientes de esto y estar en guardia contra ello.

Por supuesto, cuando apenas estamos comenzado a desarrollar un tiempo de quietud, parte de nuestra renuencia para orar y para leer la Palabra de Dios es solo nuestra

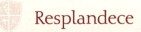 # Resplandece

propia resistencia a cualquier tipo de disciplina. No estamos acostumbrados a levantarnos por las mañanas diciendo, "Oh, no puedo esperar para tener un tiempo a solas con el Señor". Algunas veces tenemos que arrastrarnos a nosotros mismos para salir de la cama y poder hacerlo, pero al final, siempre acabamos muy contentos de haber podido hacerlo.

Nuestra renuencia para pasar tiempo con Dios va a cambiar a medida que nos acerquemos a El a través de "nuestras santas costumbres". Cuando tenemos un verdadero encuentro con el Dios Viviente, nunca volvemos a ser los mismos. Entonces, *deseamos* pasar tiempo con El. Por ejemplo, cuando verdaderamente nos enamoramos de alguien, experimentamos un acercamiento natural hacia esa persona. También existe una disciplina que viene inherente a ello, pero se trata de una disciplina de tipo natural. Hay ciertas cosas que sentimos con respecto a esa relación, y decimos, "Tengo que hacer esto, porque esta relación es tan importante para mí, que yo quiero mantenerla". Y no es el tipo de disciplina que se convierte en una carga muy pesada. Es solo algo que tenemos que hacer, a fin de que podamos tener una relación exitosa con esa persona. Lo mismo se aplica a nuestra relación con el Señor. Nos volvemos conscientes de los elementos que son esenciales para tener, y para mantener, nuestra comunión con El.

El hecho de tener oídos para oír es una habilidad espiritual tan esencial, que ahora debemos explorar dos áreas más, donde necesitamos ejercitar nuestra vida; El Reposo del Sábado, y Los Momentos Cruciales de Definición.

El Reposo del Sábado

La consciencia se manifiesta en la forma como caminamos. Si nos mantenemos "al paso con el Espíritu Santo", vamos

Haz Que Deseen Lo Que Tú Tienes

a permanecer en la presencia de Dios. Sin embargo, si tratamos de apresurarnos y adelantarnos a Dios, enredados en nuestras muchas ocupaciones, nos vamos a perder de nuestra relación con El, y de todas las cosas buenas que El está haciendo en el mundo, siendo que deberíamos estar conscientes de todo esto. Las muchas ocupaciones son un peligro y una tentación mayor para todos nosotros, dado que en nuestra sociedad estamos experimentando un ataque en nuestro tiempo.

La tecnología está siendo muy intrusiva en nuestra vida, tal y como lo hablamos en la primera parte de este libro. Los teléfonos celulares, el Internet, el correo electrónico, y los faxes nos ayudan a mantenernos en comunicación y en acción continua. Aunque disfrutamos lo práctico que son en la manera en que nos ayudan a estar en contacto con otras gentes, si les permitimos que metan distracciones y ruido constantemente a nuestra vida, no vamos a tener oídos para oír al Señor. Estas cosas nos pueden impedir de tener la soledad y el silencio que necesitamos para poder centrarnos y enfocarnos en Dios. También nos dejan completamente exhaustos e irritables, debido a que nuestras muchas ocupaciones nos impiden tomar el descanso que necesitamos. Es difícil que la luz de Cristo resplandezca a través de nosotros cuando nos encontramos tan molestos por el hecho de no tener suficiente descanso.

El reto para nosotros es que no le permitamos a la tecnología que coma el tiempo que necesitamos para estar con Dios y con nuestra familia, ni el tiempo que necesitamos para establecer relaciones y poder animarnos unos a otros en el Señor.

¿Cuál sería el efecto en tu familia si tú siguieras ciertos lineamientos que mantuvieron las muchas ocupaciones del

Resplandece

mundo lejos de sobrecargar tu vida? Por ejemplo, ¿qué tal si no hicieras más llamadas de negocios después de la seis de la tarde? ¿Qué tal si tú decidieras, "El trabajo se acabó. Voy a pasar tiempo con mi familia, y voy a suplir las necesidades de mi familia. Voy a desconectar el teléfono celular, porque de otra manera, me van a estar interrumpiendo continuamente"? Tal vez necesitamos el valor para tomar medidas como éstas, porque muchos de nosotros trabajamos a tal grado, que estamos a punto de morir.

Nuestro Creador nos ha dado ciertos principios para vivir, porque hay razones para ellos. El principio del reposo del sábado es uno de ellos. Dios les mandó a los israelitas que tomaran un día de descanso de su trabajo, y que lo honraran a El. El dio indicaciones similares para la tierra. Cada siete años, la tierra no debía de ser cultivada, sino que le debía permitir "descansar". Esto se debe a que al suelo se le extraen nutrientes cada año por medio de las cosechas, y necesita un tiempo para renovarlas. De forma similar, Dios nos diseñó de tal manera que necesitamos descansar, y necesitamos tener tiempos de quietud y de soledad, para que podamos ser renovados en cuerpo, en alma, y en espíritu. No fuimos hechos para enfrentar grandes cantidades de tensión nerviosa.

No estamos hechos de esa manera. A causa de la Caída del hombre, muchas cosas han entrado en juego que originalmente no habían sido designadas para estar aquí.

En nuestra cultura, sería un testimonio *muy poderoso* para el mundo, si los creyentes se convirtieran en gentes quienes están *descansados*, quienes entendieran el concepto del reposo del sábado. El contraste sería impresionante.

Cada quien tiene sus propias convicciones con relación a observar el sábado. Por ejemplo, algunas gentes van a hacer sus

Haz Que Deseen Lo Que Tú Tienes

compras el domingo; otras no. Temas como éste no son tanto el punto en sí mismos, sino que se convierten en el *principio* del reposo y en el hecho de que los cristianos, tanto como el mundo—o incluso tal vez más—no hacen el hábito de tomar días o períodos del muy necesitado descanso. Este es un tema verdaderamente muy serio que nos impide ser la luz del mundo.

Peter hizo un experimento para ver qué sucedería si se aplicaba el principio del reposo del sábado.

Podemos tener muchísimas ocupaciones, ¿o no? Nos envolvemos en muchas ocupaciones en esta vida. Yo he tenido que cancelar muchas cosas en las que me había involucrado para poder pasar más tiempo en el hogar, incluso para poder pasar más tiempo en mi jardín, para tener más tiempo para estar afuera y poder caminar por mi vecindario, y de esta manera poder encontrarme con personas y hablar con ellas. Cuando mi vecino que vive una casa más adelante de mí, quiere detenerse y platicar conmigo, yo necesito tener el tiempo para hablar con él, porque no hay nada más importante para mí que poderme comunicar y conectar con otro ser humano. Esto es tan importante. Yo he notado en los últimos años que yo he tenido que reacomodar mis prioridades que tienen que ver con la distribución de mi tiempo—aquello en lo que estoy dedicando mi tiempo para pensar, y con quién estoy pasando mi tiempo. Yo he tenido que hacer cambios completos. Y esto ha sido un tiempo purificador, bastante bueno, simplificando y poniendo todo en perspectivo.

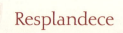# Resplandece

Hace un par de años, yo estaba desperdiciando mucho tiempo, mientras que yo trabajaba siete días a la semana en un disco, en medio del proyecto, pensando que yo lo podría terminar más pronto, pero me di cuenta que esto era una mentira. Un día, yo pensé, *voy a experimentar esto.* Así que comencé a tomar un día de descanso cada semana. De repente, yo fui doblemente productivo, yo pude pensar más claramente, yo estaba descansado, era más fácil tolerarme y estar cerca de mí, y el mundo se sintió como un mejor lugar para vivir. Ahora, uno o dos días a la semana, yo apago todo, y realmente yo puedo sentir descansado y renovado de poder, por medio de hacer esto.

A medida que le pedimos a Dios que nos enseñe Sus caminos y que nos dé oídos para oír con respecto a esta área del reposo del sábado, deberíamos recordar que Jesús hizo estas declaraciones tan importantes concerniente a ello: "El sábado fue hecho por causa del hombre, no el hombre por causa del sábado. Así que el Hijo del Hombre es Señor también del sábado". El sábado fue dado para nuestro beneficio para impedir que nos sobrecarguemos y que seamos dañados física, emocional, o espiritualmente. Dado que Cristo Jesús es Señor del sábado, y que estamos sujetos a Su vida dentro de nosotros, para que podamos ser la luz del mundo, cada uno de nosotros debería de pedirle cómo es que a El le gustaría que nosotros vivamos, y también en qué forma necesitamos incorporar el reposo del sábado a nuestra vida.

Momentos Críticos de Definición

Dado que el hecho de entender y estar consciente de la forma en que Dios obra en nuestra vida es tan importante, ahora queremos hablar acerca de las razones por qué tal vez nos estamos perdiendo de lo que El está tratando de decirnos.

Haz Que Deseen Lo Que Tú Tienes

Yo no he tenido un teléfono celular por varios años porque yo estaba teniendo más llamadas en mi teléfono celular que el mismo conmutador de la Casa Blanca. Ocasionalmente me retiré un poco, en medio de una crisis, pero tengo buenos amigos, y ahora pertenezco a Celulares Anónimos (sólo estoy bromeando).

Yo no creo que hay nada malo con los teléfonos celulares. Son muy prácticos. Pero para mí en lo personal, el tener un teléfono celular no fue una gran cosa, porque yo estaba abusando de ello. El deshacerme de mi teléfono celular fue muy difícil para mí, pero lo hice como una ofrenda hacia el Señor, y ha sido algo muy bueno para mí y para mi familia. Tú puedes ver hombres en los restaurantes a las 8:30 de la noche, con su esposa y su familia, hablando de negocios en su teléfono celular. Hace cinco años, la gente nunca hubiera hecho negocios en medio de la cena de esta manera.

Esto no es una crítica a los teléfonos celulares, sino que se trata del principio de poder apagar, el principio del reposo del sábado para la tierra, tal y como la Biblia lo menciona en Levítico. La idea es de permitirle a la tierra descansar por un año, para que otros tengan la oportunidad de venir y poder obtener algo de ella.

Pero si yo veo a alguien con un teléfono celular, yo no lo critico; en lugar de eso, yo siento, "Yo estaría igual que él si no fuera por la gracia de Dios". Si no fuera por la gracia, yo tendría un teléfono celular ahora mismo. Y esto es justamente lo que yo he decidido para mi propia vida. Yo no estoy diciendo que esto se debe aplicar a todos. Pero ha sido una excelente decisión para mí.

Resplandece

Nuestro amigo y maestro de estudio bíblico, el Pastor Ray McCollum, dio una plática titulada, "Momentos Críticos de Definición", en la cual él remarcó estas razones. Esta sección es un resumen de los puntos principales que él dio en este estudio.

En el número de fecha noviembre 12 del 2001, la revista *Christianity Today* tuvo como tema central la historia del Presidente Bush, titulándolo, "El Momento Crítico de Definición de Bush". La historia se trataba de la forma cómo los sucesos del 11 de septiembre transformaron todo su mandato presidencial. Poco menos de un año antes, había sido elegido para la presidencia por un mínimo margen de votos ganadores, y él tenía el reto de tratar de dirigir a un país que se encontraba divido exactamente en dos partes. Pero el ataque terrorista en los Estados Unidos transformó tanto al Presidente Bush que todos, aun sus enemigos pudieron notar la diferencia. El se movió hacia adelante con un propósito y con un objetivo, y todo el país por completo se movió tras de él en unidad. Uno de los consejeros de Bush, Timothy Goeglein, dijo que la tragedia de septiembre 11 fue "absolutamente un momento de definición espiritual para este país y para su líder".

Los momentos críticos de definición son aquellos que identifican momentos en el tiempo que cambian nuestra vida por completo y para siempre. Ellos forman parte de las exhortaciones de Dios a lo largo del camino de la vida. Debemos aprender a reconocerlos y a aceptarlos porque su propósito es modelar nuestra relación con Dios y nuestro futuro.

Un ejemplo excelente de alguien que tuvo estos momentos críticos de definición es Jacob. Aquí están los antecedentes de su historia: El fue el segundo hijo de un nacimiento de

Haz Que Deseen Lo Que Tú Tienes

gemelos. A medida que los gemelos estaban naciendo, Jacob tenía su mano en el tobillo de su hermano, como si tratara de hacer que se tropezara, para que pudiera ir delante de él. Esta fue la forma cómo él vivió durante toda la primera mitad de su vida. El hacía cualquier cosa a fin de obtener la bendición. A él no le importaba a quién tenía que hacer tropezar para poder obtenerla. El persuadió a su hermano Esaú, para que le diera su primogenitura a cambio de un plato de lentejas, y después, engañó a su propio padre para poder robar la bendición que le correspondía a su hermano. Después de hacer esto, él huyó para poder escapar de la ira de Esaú.

Veinte años más tarde, lo encontramos viajando a casa para confrontar toda esta situación. El sabe que se va a encontrar con su hermano al día siguiente. Es una crisis para su vida, pero en medio de ese momento de crisis, él va a tener un momento crítico de definición. Los momentos críticos de definición se pueden reconocer muy a menudo porque suceden en medio de una crisis. Vamos a entrar a la historia en este momento:

> Jacob se quedó solo, y un hombre luchó con él hasta rayar el alba. Cuando vio que no había prevalecido contra Jacob, lo tocó en la coyuntura del muslo, y se dislocó la coyuntura del muslo de Jacob mientras luchaba con él. Entonces el hombre dijo: Suéltame porque raya el alba. Pero Jacob respondió: No te soltaré si no me bendices. Y él le dijo: ¿Cómo te llamas? Y él respondió: Jacob.

El momento crítico de definición viene en el versículo siguiente:

> Y el hombre dijo: Ya no será tu nombre Jacob, sino Israel, porque has luchado con Dios y con los hombres, y has prevalecido.

Resplandece

Dios de hecho hasta cambió su nombre.

> Entonces Jacob le preguntó, y dijo: Dame a conocer ahora tu nombre. Pero él respondió: ¿Para qué preguntas por mi nombre? Y lo bendijo allí. Y Jacob le puso a aquel lugar el nombre de Peniel, porque dijo: He visto a Dios cara a cara, y ha sido preservada mi vida. Al salir el sol, Jacob estaba cojeando, porque el hombre tocó la coyuntura del muslo de Jacob en el tendón de la cadera.

Aquí tenemos un hombre que había sido un Jacob toda su vida, pero ahora Dios dice en este momento de crisis, "Yo te voy a redefinir a ti". Y él nunca vuelve a ser el mismo después de esto. El incluso hasta camina de forma diferente. Esta es la primera vez que leemos el nombre *Israel* en la Biblia. Este nombre se le dio a un hombre que se va a convertir en el padre de toda una nación. Al *redefinir* a Jacob, Dios también *definió* a la nación que iba a salir de él.

A medida que crecemos en nuestra relación con Dios y que aprendemos a entender y a aceptar Sus caminos, El nos redefine a nosotros también. El hace esto por medio de traernos a través de ciertas experiencias, o por medio de traer a ciertas gentes a nuestra vida, para cambiarnos, y que de esta manera, nunca volvamos a ser los mismos. El poder aprender y a abrazar estos momentos requiere oídos para oír lo que Dios está diciendo durante estos momentos. Existen cinco razones principales por las que podemos perdernos estos momentos de Dios.

Un Momento Crítico de Definición a Veces No Parece Ser una Experiencia Positiva

La primera razón por la cual nos perdemos un momento crítico de definición es que no siempre parece ser una

Haz Que Deseen Lo Que Tú Tienes

experiencia positiva en ese momento. La situación de Jacob inicialmente no parecía ser muy placentera. Era de noche. El estaba solo. ¡El estaba luchando con alguien que él creía ser un hombre, pero que resultó ser Dios Mismo! El hecho de luchar con Dios resultó en luchar con Jacob mismo, pero de ese encuentro salió una redefinición significante no solo de su nombre, sino de toda su vida. Al final, este fue un muy buen momento.

José también comenzó con una mala experiencia. El momento cuando lo pusieron inicialmente en camino a su destino fue cuando es traicionado y vendido como un esclavo por sus propios hermanos. ¿Cómo crees tú que él se sintió? El muy probablemente estaba luchando con mucha amargura. Y aunque este era un momento de Dios, esto lo llevó en una dirección completamente nueva, la cual dirigió su vida hasta convertirse en el segundo mandatario después de Faraón en Egipto. Esta posición le permitió proveer para su familia, a fin de que ellos no acabaran muriendo de hambre durante esta hambruna. Cuando José fue reunido con sus hermanos, él dijo, "Ustedes intentaron dañarme, pero Dios lo usó para bien, para que pudiera cumplirse lo que ahora ha sido hecho, y poder salvar a muchas vidas". Mientras más crecemos, más podemos ver hacia atrás y podemos reconocer cómo Dios transformó aun aquellas cosas malas, para que obraran a nuestro favor.

Un Momento Crítico de Definición Tal Vez No Va a Ser lo que Nosotros Esperamos

En segundo lugar, algunas veces nos podemos perder el momento crítico de definición porque llega en una forma que no esperamos.

Existen muchos ejemplos en la Biblia donde la gente perdió su momento, o casi lo perdió, solo porque no obtuvieron lo que

Resplandece

estaban esperando. Juan el Bautista vino del desierto, comiendo insectos, vistiendo con pieles de camello, y predicando un mensaje muy extraño. El no era lo que los líderes religiosos estaban esperando.

El más grande ejemplo en este punto es Cristo Jesús Mismo. Toda la nación de Israel estaba esperando al León de Judá, pero ellos recibieron al Cordero de Dios. La frustración que ellos tuvieron de Jesús no fue tanto el hecho de que El sanara a los enfermos o ministrara a las gentes que estaban lastimadas, sino que El no podría sacar a los romanos para restablecer el reino de David en el tiempo de ellos. Y como El no era lo que ellos esperaban, muchos se perdieron de El.

Un Momento Crítico de Definición Tal Vez No Suceda de Repente

En tercer lugar, un momento crítico de definición tal vez no suceda de repente. Parecía que el momento crítico de definición de Jacob había sucedido de repente, pero él se había estado preparando para este momento durante veinte años. Durante este tiempo, Dios había estado obrando en el carácter de Jacob. Dios estaba preparando a Jacob para que estuviera listo para regresar a casa, preparándolo para tener su momento crítico de definición.

Veamos el ejemplo de David. El no se convirtió en rey de repente. El fue ungido como rey tres veces. Tomó un buen número de años antes de que él estuviera gobernando verdaderamente el reino de Israel. Moisés fue llamado cuando tenía cuarenta años de edad. Abraham tuvo su hijo de promesa cuando tenía cien años de edad, siendo Sara de noventa años de edad. Podemos ir a través de una serie de eventos o a través de un período de tiempo, que pueda ser un momento crítico de definición. No necesariamente debe ser algo que sucede de repente. Esta es la razón porque la perspectiva es tan importante. No podemos entender ciertas cosas cuando están sucediendo, pero podemos voltear hacia atrás y ver el patrón de Dios en nuestras vidas. Es importante confiar en Dios en todas las situaciones porque no sabemos lo que El esté obrando en nuestras vidas, y que más adelante lo podremos descubrir.

Los Momentos Críticos de Definición No Siempre Son Espectaculares

En cuarto lugar, un momento crítico de definición no es siempre un evento espectacular. El Antiguo Testamento nos cuenta la historia de Naamán, quien era el jefe de un ejército, pero también era leproso. Cuando él escuchó que Eliseo el profeta podría ser capaz de ayudarlo, él vino a visitarlo. Eliseo escuchó que él había venido para ser sanado, y él envió a su sirviente a decirle que se tenía que sumergir siete veces en el lodoso Río Jordán, y que sería sanado. Naamán se ofendió con este consejo. El pensó que el hombre de Dios iba a salir, e iba a realizar un acto muy espectacular para sanarlo. Algunas gentes quieren que Dios se les aparezca en persona, o que les muestre alguna señal milagrosa cuando El está a punto de hacer algo en sus vidas. Pero la mayoría de los momentos críticos de definición en nuestra vida, no van a *parecer* muy espectaculares. La mayoría de ellos van a suceder en nuestros días comunes y corrientes.

Los Momentos Críticos de Definición Normalmente No Nos Suceden a Nosotros Solos

Los momentos críticos de definición casi siempre involucran a otras personas. Algunas veces el aspecto de relaciones con

Resplandece

otras personas será que ellos estarán tratando de ayudar a que estos momentos críticos de definición ocurren en tu vida. Pero de alguna manera o de otra, tu momento crítico de definición eventualmente afectará a otras gentes.

Otra vez, esto es lo que sucedió a Jacob. El llegó a su momento, y tuvo una experiencia con Dios, y Dios lo redefinió a él por medio de cambiar su nombre. Con este hecho, Dios no sólo estaba cambiando el nombre de Jacob, sino que El también estaba cambiando todos los descendientes de Jacob. Todo lo que sucedió a Jacob en ese momento, por extensión, afectó a la nación de Israel.

La última cosa que leemos acerca de Jacob en la Biblia está en Hebreos 11, donde él está enlistado en el salón de la fama de la fe. Dice, "Por fe, Jacob, cuando estaba muriendo bendijo a cada uno de los hijos de José. Y adoró a medida que se recostaba sobre su bastón". ¿Qué es lo que esto dice acerca de él? Dice que el momento crítico de definición de Jacob cambió la manera en que él caminó delante de Dios. Cambió la manera cómo él adoró por el resto de su vida.

Hay un dicho muy popular que dice, "Yo no caminaría con un hombre que no anduviera cojeando". Esto se refiere a un hombre que no ha sido tratado por Dios, un hombre que no ha sido redefinido por Dios. Cuando Jacob adoró, recostado sobre su bastón, ese fue un tipo profético de lo que es la verdadera adoración. Solo cuando tú sabes que es Dios El que te está sosteniendo en todas las cosas, es que tú puedes adorarle verdaderamente. Cuando alguien no ha tenido un momento crítico de definición de esta manera, su adoración sólo llega a un punto limitado.

Veamos ahora cómo es que Dios da estos momentos críticos de definición en nuestra vida y cómo podemos reconocerlos y apropiárnoslos.

Haz Que Deseen Lo Que Tú Tienes

El definir a alguien es una función de autoridad y responsabilidad. Dado que Dios es la máxima autoridad, El es el Único que tiene el absoluto derecho de definir a Su creación. Y eso nos incluye a nosotros. La principal manera de saber quiénes somos nosotros es a través de la Palabra de Dios, lo cual nos dice el propósito para el cual Dios nos creó.

Dios ha definido lo que se requiere para ser Su hijo. El ha definido lo que requiere para ser un discípulo. Cuando nos rendimos nuestras vidas a Cristo, ya no se trata de que nosotros hagamos nuestro propio parecer acerca de quién somos, sino que encontremos lo que Dios dice que somos. El más grande momento crítico de definición que jamás podemos tener es cuando encontramos a Cristo Jesús y somos llamados hijos de Dios.

Cuando Jacob estaba luchando con Dios, él le pidió a Dios que le bendijera. Dios le respondió por medio de preguntarle su nombre. No era que Dios no supiera el nombre de Jacob, sino que El quería que Jacob aprendiera algo significante. Cuando Jacob pronunció su propio nombre, el cual significa "suplantador", esta era su propia manera de depender en sus propios defectos de carácter. Fue a causa de que él reconoció que estaba con Dios, que él estaba pidiéndole a Dios que lo redefiniera, que le diera una vida diferente a la que él había tenido hasta este punto.

Aquí está la clave: cada vez que Dios se te revela a Sí Mismo, es para que tú realmente lo puedas ver a El en una manera nueva. Entonces te va a decir algo que te va a redefinir por el resto de tu vida. Por ejemplo, cuando Pedro fue capaz de reconocer quién realmente era Jesús, cuando él fue capaz de definir a Jesús, él dijo, "Tú eres el Cristo, el Hijo del Dios Viviente". La respuesta de Jesús fue para definir a Pedro en una

Resplandece

nueva forma: "Yo te digo que tú eres Pedro, y sobre esta roca Yo edificaré Mi iglesia, y las puertas del infierno no prevalecerán contra ella". Fue una revelación hermosa y mutua, y Dios quiere hacer lo mismo en nuestra relación con Él.

Cada vez que Dios se te revela a Sí Mismo, es para que tú realmente lo puedas ver a El en una manera nueva, Entonces te va a decir algo que te va a redefinir por el resto de tu vida.

La Luz de Su Gloria

A medida que aprendemos a tener oídos para oír, y a medida que descubrimos cómo tener comunión con nuestro Padre Celestial, nuestros encuentros con El, diariamente van a ser tiempos de verdadera transformación. El nos va a conformar continuamente a la imagen de Cristo por medio de redefinir quiénes somos, cambiándonos de ser gentes controladas principalmente por nuestra naturaleza de pecado, a convertirnos en gente quiénes somos controlados por el Espíritu de Cristo Jesús. Es entonces, cuando la luz de Su gloria verdaderamente va a ser vista en nosotros, de tal manera, que va a transformar a todo el mundo alrededor de nosotros.

Hasta que tú no te rindes,
tú eres "ego-ista";
cuando tú te rindes,
tú eres "Cristo-ista", o cristiano.
—E. Stanley Jones

Parte IV

El Fruto de la Luz

Porque el fruto de la luz consiste en toda bondad, justicia y verdad.

—Efesios 5:9

¿Por qué estás guardando rencores en viejas vasijas?
¿Por qué quieres mostrar todas tus cicatrices?
¿Qué es lo que necesitas para poder soltar algunas de tus cargas?
Es un sonido hermoso

Cuando todas ellas caen
Como un millón de gotas
Cayendo de un cielo azul
Despidiéndote de tus preocupaciones
Todas ellas caen
Como un millón de pedacitos
Como si arrojaras confeti
Y ahora estás libre para volar

"Million Pieces"
Thrive

Por esta razón también, obrando con toda diligencia, añadid a vuestra fe, virtud, y a la virtud, conocimiento; al conocimiento, dominio propio, al dominio propio, perseverancia, y a la perseverancia, piedad, a la piedad, fraternidad y a la fraternidad, amor. Pues estas virtudes, al estar en vosotros y al abundar, no os dejarán ociosos ni estériles en el verdadero conocimiento de nuestro Señor Jesucristo.

—2a. Pedro 1:5-8

> El ego no es cancelado cuando nos rendimos. Es remarcado. La mejor calificación se añade a todo lo que hacemos, decimos y somos, y se convierte en la calificación divina.
> —E. Stanley Jones

Cuando los niños plantan semillas en la tierra, ellos a menudo esperan ver una flor o una verdura completamente crecida para el día siguiente. Ellos no entienden que las semillas atraviesan por un proceso de crecimiento para que puedan madurar y dar fruto. Como hijos de Dios, muchos de nosotros pensamos de forma similar; esperamos tener nuestro crecimiento espiritual de la noche a la mañana. Buscamos la perfección en nosotros mismos, y a menudo esperamos verla en otros creyentes, aun, cuando ellos sean cristianos muy nuevos o recién convertidos.

Dios todavía está trabajando dentro de todos nosotros. Y aunque El hace cambios inmaculados cuando nacemos de nuevo, ese es solo el principio de un proceso de maduración que dura toda la vida, a medida que El nos desarrolla a la imagen de Su Hijo.

Temporadas Espirituales

El crecimiento espiritual que experimentamos sucede en "Temporadas". Todos nosotros nos encontramos en diferentes temporadas o diferentes épocas en nuestra vida espiritual, de la misma manera en que lo hacemos en nuestra vida natural. Charles Swindoll escribió, "Las temporadas o las épocas han sido diseñadas para llevarnos más profundo, para instruirnos en la sabiduría y en los caminos de Nuestro Dios".

Resplandece

Recuerda que el arrepentimiento nos trae "tiempos de refrigerio" a medida que cambiamos nuestro corazón y nuestra mente, y seguimos los caminos de Cristo Jesús. Vamos a experimentar muchos de estos tiempos de arrepentimiento y de refrigerio, a medida que Dios nos lleva a través de varias de esas épocas o temporadas de crecimiento. Nuestro Padre Celestial nos llama continuamente a un caminar más profundo con El, en el cual "ponemos nuestros ojos en Jesús, el autor y el consumador de nuestra fe". Nuestro viaje se debe convertir en, como lo dijo Eugene Peterson, "una larga obediencia que va en la misma dirección". Mientras viajamos en ese camino, vamos a tener subidas y bajadas. Duncan describe la forma cómo este proceso ha obrado en su propia vida, así como en la vida de todos los demás:

Habiendo sido un cristiano por aproximadamente veinte años, ahora, cuando miro hacia atrás, he podido notar diferentes temporadas en la vida de la fe. También hemos tenido diferentes temporadas en forma corporativa con el grupo musical, y de estas temporadas ha salido algo más que la música, ha resultado en una verdadera unión que se ha desarrollado entre nosotros. Yo he crecido realmente para admirarlos como hermanos, viendo el crecimiento en su fe personal con el Señor. Espero que cada uno de ellos pueda decir lo mismo acerca de mí. Yo sé que no soy el mismo hombre que era hace diez años, gracias a Dios. Necesitamos progresar, avanzar, desarrollarnos, y crecer. Si no lo hacemos, casi es seguro que vamos a ir para atrás, ¿o, no?

Haz Que Deseen Lo Que Tú Tienes

Hemos visto cómo Dios se mueve en nuestras vidas en forma personal y corporal. Se nos dice en 2a. Pedro que el hecho de convertirse en un cristiano maduro significa añadir más y más de las características de Cristo Jesús al fundamento de nuestra fe. A medida que pasamos por diferentes temporadas espirituales, a veces, nos vamos a sentir estirados hasta el máximo, más allá de nuestros límites, pero Dios sabe qué tanto es lo que podemos aguantar. El es nuestro Padre, y El no va a permitir que nos sobrecarguemos más allá de nuestras fuerzas. El siempre nos va a sostener en Su amor.

> El crecimiento espiritual tiene temporadas. Debemos recordar que el invierno es solo una temporada igual que lo es la primavera.

La Forma de Rendirnos

Es la meta de Dios el ayudarnos a ser cristianos maduros, en quienes el Espíritu Santo se manifieste claramente. Nuestro Padre Celestial nos alimenta durante nuestro tiempo diario de comunión con El. Mientras oramos, "Enséñame Tu camino", el camino que El nos va a mostrar es el camino de la total rendición. Esto se debe a que la esencia del carácter de Cristo Jesús es de total sumisión hacia el Padre. El se humilló a Sí Mismo, no solo por medio de convertirse en un hombre, sino por medio de convertirse en el *Siervo* de los hombres. Jesús dijo, "El Hijo del Hombre no vino para ser servido, sino para servir, y para dar Su vida en rescate por muchos".

Nuevamente, el escuchar y el aceptar el Evangelio del reino significa escuchar y aceptar una vida de total sumisión que le va a permitir a la naturaleza de Cristo Jesús ser vista en nuestra vida "de una forma creciente"—sometiéndonos no con el fin de agradar a los hombres o a nosotros mismos, sino en reverencia, como un sacrificio a Cristo Jesús. El camino de someterse es la clave para poder levantar una cosecha muy abundante para el reino—un tesoro abundando en amor, gracia, perdón, gozo, verdad, justicia, y paz. Todo este tesoro es el fruto de la luz en nosotros, a través del cual otros van a poder "probar y ver qué bueno es el Señor".

> Mientras oramos, "Enséñame Tu camino", el camino que El nos va a mostrar es el camino de la total rendición.

Dos Caminos de Transformación

"Enséñame Tu camino" es como esta oración de David, salida de lo profundo del corazón:

> Examíname, oh Dios, y prueba mi corazón; examíname y conoce mis pensamientos llenos de ansiedad. Mira si hay pecado en mí, y guíame en Tus caminos eternos.

En respuesta a esta oración, Dios, que conoce nuestro corazón, va a comenzar a mostrarnos áreas de nuestra vida que necesitamos rendir a El para que puedan ser transformadas. El hace esto en dos formas. Primero, el Espíritu Santo va a traer redarguimiento a nuestro corazón. En segundo lugar, Dios puede usar a otros en el Cuerpo de Cristo para mostrarnos formas en las que necesitamos crecer en El. Esto es especialmente cierto si estamos conectados a una

Haz Que Deseen Lo Que Tú Tienes

comunidad cristiana llena de vida y de gozo, y que entiende el proceso de la transformación por medio de la gracia. Cuando Dios usa otros creyentes para ayudarnos a crecer, El va a confirmar en nuestro corazón lo que El está tratando de enseñarnos.

Dios usa estos dos métodos, porque, en la vida cristiana, hay ciertas cosas que el creyente debe hacer por sí mismo, pero también hay otras cosas que El sólo lo puede hacer conjuntamente con otros creyentes. Como seres espirituales, cada uno de nosotros en lo personal somos responsables delante de Dios por la forma en que vivimos nuestra vida. Por ejemplo, los demás no se pueden arrepentir por nosotros, ni

> Fuimos hechos para vivir juntamente en un pacto con nuestros hermanos y hermanas en Cristo Jesús. No existen los "Llaneros Solitarios" cristianos.

pueden obedecer a Dios en lugar de nosotros. Sin embargo, también hemos sido hechos para vivir dentro de un pacto con nuestros hermanos y hermanas en Cristo Jesús. No existen los "Llaneros Solitarios" cristianos. La enseñanza, el discipulado, la comunión, la adoración y el servicio fueron hechos como actividades compartidas en la comunidad de Dios.

Al Apóstol Pablo nos dio una visión muy valiosa acerca de esta verdad cuando escribió lo siguiente:

Hermanos, aun si alguno es sorprendido en alguna falta, vosotros que sois espirituales, restauradlo en un espíritu

Resplandece

de mansedumbre, mirándote a ti mismo, no sea que tú también seas tentado. Llevad los unos las cargas de los otros, y cumplid así la ley de Cristo. Porque si alguno se cree que es algo, no siendo nada, se engaña a sí mismo. Pero que cada uno examine su propia obra, y entonces tendrá motivo para gloriarse solamente con respecto a sí mismo, y no con respecto a otro. Porque cada uno llevará su propia carga.

"Porque cada uno llevará su propia carga", pero de la misma manera, "debemos soportarnos los unos a los otros". La responsabilidad personal y la comunidad amorosa, ambas son esenciales para el crecimiento en la gracia y conocimiento de Cristo Jesús.

Perdiéndonos a Nosotros Mismos

Jesús dijo, "Si alguno quiere venir en pos de mí, debe negarse a sí mismo, tomar su cruz y seguirme. Porque cualquiera que quiere salvar su vida, la perderá, pero cualquiera que pierda su vida por causa de mí, la hallará". Para poder experimentar la vida abundante, debemos morir a nosotros mismos. Jesús explicó este misterio de morir para poder vivir cuando dijo:

> Si el grano de trigo no cae en tierra y muere, queda él solo; pero si muere, produce mucho fruto. El que ama su vida la pierde; y el que aborrece su vida en este mundo, la conservará para vida eterna. Si alguno me sirve, que me siga; y donde yo estoy, allí también estará mi servidor; si alguno me sirve, el Padre lo honrará.

Si un grano de trigo es mantenido a salvo, protegido en un frasco en la repisa de una cocina, realmente no le va a

Haz Que Deseen Lo Que Tú Tienes

ser bien a nadie. Para que pueda producir fruto que nutra vida en otros, el grano de trigo debe de ser enterrado en la tierra. Su "muerte" va a dar como resultado vida. De la misma manera, cuando morimos a nuestros deseos egoístas, permitimos que la vida de Cristo Jesús haga raíces en nuestro corazón.

Comenzamos este proceso de morir a nosotros mismos por medio de ser completamente honestos con Dios acerca de quiénes somos y de lo que hemos hecho. David dijo, "Ciertamente Tú deseas la verdad desde las entrañas; Tú me enseñas la sabiduría en lo íntimo".

> Comenzamos este proceso de morir a nosotros mismos por medio de ser completamente honestos con Dios acerca de quiénes somos y de lo que hemos hecho.

La verdad es parte de la santidad. David fue un hombre que pecó grandemente por medio de cometer adulterio y de matar a otro hombre, pero él también fue calificado que era un hombre hecho como el corazón mismo de Dios. Lo que Dios parecía amar acerca de él era el hecho de que él era rápido para arrepentirse cada vez que fue confrontado con su pecado. El hablaba la verdad con Dios acerca de eso, en lugar de tratar de negarlo.

La honestidad con Dios es un paso crucial que se debe de tomar, porque si no estamos siendo honestos con Dios, entonces tampoco estamos siendo honestos con nosotros

Resplandece

mismos. Cuando no somos honestos con nosotros mismos, es muy difícil ser honestos con otras personas. Y de la misma manera, no vamos a tener una opinión honesta acerca de *ellos*. En lugar de esto, vamos a tener una opinión muy crítica. La mayoría de nosotros podemos reconocer que somos muy rápidos para criticar a los demás en las mismas faltas que nosotros cometemos.

¿Cómo vamos a vencer el dilema de necesitar ser honestos con Dios pero no querer admitir nuestro pecado delante de El? Es la gracia la que nos da la libertad para ser verdaderos y reales. Pablo escribió, "Por consiguiente, no hay ahora condenación para los que están en Cristo Jesús, los que no andan conforme a la carne, sino conforme al Espíritu. Porque la ley del Espíritu de vida en Cristo Jesús te ha libertado de la ley del pecado y de la muerte". Cuando somos motivados por temor o por condenación, nos vamos a convertir muy defensivos. Pero cuando entendemos Su amor incondicional por nosotros, podemos estar totalmente abiertos con relación a nuestras faltas, sin tener que sentirnos aplastados por ellas. La confesión ante Dios nos lleva al arrepentimiento, a la restauración, y al refrigerio—y nunca nos lleva a la condenación.

Frecuentemente, contemplamos a la muerte de uno mismo desde un punto de vista negativo. Aunque es cierto que el hecho de perdernos a nosotros mismos requiere el rendir ciertas cosas, necesitamos verlo como el proceso espiritual normal que es. Mientras más nos convirtamos como Cristo Jesús, más disminuimos nosotros. En esencia, comenzamos a morir. A medida que continuamente somos conformados en aquello que el Señor quiere que seamos, Su naturaleza en nosotros va a aumentar, mientras que nuestra naturaleza de pecado disminuye.

El morir a uno mismo no es algo de lo que necesariamente estamos conscientes. Nunca pensamos de nosotros mismos,

Haz Que Deseen Lo Que Tú Tienes

"Estoy muriendo a mi ego en este momento". Pero en cierta manera, sabemos que está sucediendo. El morir a uno mismo involucra el sacrificar nuestra propia manera de hacer las cosas y el no hacer este sacrificio motivados por llamar la atención de los demás, o para obtener la aprobación de los demás, sino como algo hacia el Señor solamente, como un sacrificio para El. Cristo Jesús sacrificó Su derecho a la gloria para convertirse en el Siervo de los hombres, y El es nuestro ejemplo. Por lo tanto, mucho de lo que involucra el ser seguidor de El, significa rendir totalmente nuestra manera de hacer las cosas y adoptar la actitud de Cristo Jesús. Mientras más nos llenamos con Cristo Jesús, con lo que El es, y con lo que El quiere, y mientras más sensitivos nos volvemos verdaderamente a lo que el Espíritu Santo nos está enseñando de nosotros mismos, mucho más será lo que disminuiremos.

> Ser seguidor de Cristo Jesús, significa rendir totalmente nuestra manera de hacer las cosas y adoptar la actitud de Cristo Jesús.

El Ojo de la Aguja

Jesús usó otro ejemplo para describir lo que significa morir a uno mismo para poder vivir en "novedad de vida". El dijo, "Es más fácil que un camello pase por el ojo de una aguja, a que un hombre rico entre en el reino de Dios". ¿Puedes tú imaginarte a un camello tratando de pasar por la pequeña apertura en una aguja? La idea parece ridícula. Nos deja con una muy clara conclusión: ¡es imposible!

Resplandece

Jesús estaba diciendo que las posesiones de la gente pueden llegar a ser tan valiosas para ellos, que los hagan perder la perspectiva eterna y la verdadera realidad. Ellos prefieren retener sus riquezas en lugar de abandonarlas para seguir a Jesús—aun al precio de la vida eterna. Pero, como dijimos anteriormente, no sólo son los ricos quiénes tienen problemas para entrar al reino de Dios. Todos nosotros luchamos de alguna manera al querer hacer nuestra propia voluntad. Pensamos que podemos idear algún plan que puede empujar a ese camello a través de esa apertura. Pero nuestros esfuerzos para salvarnos a nosotros mismos son completamente en vano. Finalmente, tenemos que hacer la misma pregunta que hicieron los discípulos: ¿"Quién entonces podrá salvarse"? Y escuchamos la respuesta de Jesús, llena de gracia, "Para los hombres es imposible, pero para Dios, todas las cosas son posibles".

Cuando nos rendimos a Cristo Jesús, El será quién nos pase a través del ojo de la aguja.

Esta es la clave: esto puede ser realizado solo a través de Dios, no a través de nuestro propio esfuerzo. El conocer esta verdad nos capacita para dejar de luchar con nuestras propias fuerzas al tratar de morir a nosotros mismos. Podemos descansar en el hecho de que cuando nos rendimos a Cristo Jesús, El será quién nos pase a través del ojo de la aguja.

¿Acaso no es todo un misterio el poder entender lo que significa servir en un reino invertido? Este concepto de pasar a través del ojo de la aguja va a tener sentido para nosotros solo cuando experimentemos en forma viva en abandonarnos a nosotros mismos, y el pasar a través de el en Cristo Jesús.

Haz Que Deseen Lo Que Tú Tienes

Aunque Su gracia nos pasa a través del ojo de la aguja, primeramente tenemos que estar dispuestos a abandonar nuestra naturaleza carnal completamente a un lado. Aun después de que nos hemos convertido en cristianos, todavía vamos a tener que luchar con la tendencia que tenemos a la auto-preservación y a la promoción de uno mismo. La gente que hace una verdadera diferencia en este mundo, son aquellos que se han perdido a sí mismos, quienes se han movido a través del ojo de la aguja, y se han abandonado a sí mismos a un lado.

Como para el Señor

Lo que realmente significa perderse a uno mismo por la causa de Cristo Jesús comenzó a aparecer claramente para Peter cuando Dios le mostró la manera que debía de aplicarlo en su relación con su esposa:

> Yo siempre luchaba con la escritura que dice, "Maridos, amad a vuestras esposas, de la misma manera que Cristo amó a la iglesia", porque yo no soy Cristo, así que, ¿qué es lo que esto quería decir? Esto es lo que Dios me reveló. Yo no estoy diciendo que esta es la forma para todos, pero esto es lo que El me reveló a mí: cada vez que yo siento que tengo que comprometerme a esto, es que yo tengo que perderme a mí mismo con relación a algún asunto, lo que El me enseñó fue lo siguiente, "No lo hagas para tener un gran matrimonio. No lo hagas para hacer feliz a tu esposa. Hazlo como un sacrificio *"para Mí."* Y este es un secreto que abrió completamente mi vida matrimonial. He estado casado por once años ahora, y esto lo ha renovado completamente. Ahora es lo mejor que pudo haber sido.

> Los esposos pueden aferrarse a esta idea de, "Bueno, yo salgo y gano un buen dinero, así que merezco todo mi

Resplandece

espacio". El Señor me ha ayudado a rendir esa barrera que yo solía levantar entre nosotros dos. Por los últimos dos años, frecuentemente, mi esposa ha estado en la carretera de viaje con nosotros. Ha sido excelente porque, antes, yo necesitaba mi propio espacio. Pero Dios ha cambiado eso, y mi propio espacio ya no existe. Se ha disipado lentamente, y eso ha sido excelente. Hay un gozo mucho mayor en eso.

La manera como nos perdemos a nosotros mismos, o como nos rendimos a nosotros mismos, es haciendo todo "como para el Señor". Nuestra actitud no debe de ser, "Yo lo voy a rendir porque si no lo hago me voy a meter en serios problemas", o "Ella va a estar enojada conmigo y yo no quiero tener que aguantarla". Esta no es la manera. Todo el enfoque del servicio es hacerlo como si lo estuviéramos haciendo como para el Señor.

> Un corazón rendido no es defensivo. Cuando se caen tus barreras, Dios te puede dar verdadera comunicación con los demás.

Tal vez nos podemos detener y decir, "Está bien, Señor, esto es bastante duro. Yo necesito tu ayuda para deshacerme del egoísmo y para hacer esto como para Ti", pero Dios siempre contesta esa oración. El va a venir en medio de todo esto con gracia y con paz y nos va a dar la habilidad para pasar a través de ello.

Frecuentemente, Dios nos va a mostrar nuestras lecciones a medida que hacemos el esfuerzo por poner a los demás primero. Por ejemplo, supón que tú llamas a tu esposa diciendo,

Haz Que Deseen Lo Que Tú Tienes

"Voy a ir a la tienda", y ella te devuelve la llamada diciendo, ¿"Qué es lo que vas a hacer ahí"? Esto puede desencadenar una reacción en ti, tal como, ¿"Qué te importa adónde voy? Sólo voy a la tienda. ¿Por qué te tienes que meter en esto"? Pero un corazón rendido no es defensivo, y cuando todas esas barreras personales son derribadas, Dios puede revelar lo que realmente está diciendo la otra persona. Tú vas a poder entender que tu esposa sólo quiere estar involucrada en lo que tú estás haciendo. Mientras que tú estás pensando, "Yo voy a la tienda a comprar un martillo", ella ve esto como una oportunidad para pasar un tiempo juntos. Tal vez ella quiere platicar algo contigo—como la pintura que ella vio para una de las recámaras, o de alguna luz que quiere arreglar en el patio.

> No todas las formas de servicio representan el verdadero servicio. ¿Sinceramente queremos servir a Dios y alcanzar a Sus hijos?

Otra lección acerca de rendirse es que no todas las formas de servicio representan el verdadero servicio. Es muy fácil servir a la gente que nosotros queremos servir, mientras ignoramos a aquellos que requieren que nos entreguemos completamente a ellos. De hecho, frecuentemente es más fácil para nosotros servir a gente completamente extraña que servir a nuestros propios familiares y amigos. Por ejemplo, si tú ves a un hombre pobre en la calle y él te pide dinero, es muy fácil dárselo. Tú puedes tirarle unas monedas y comenzar a pensar muy alto acerca de ti mismo, en tal forma que tú realmente estás sirviendo a tu ego en lugar de estar sirviendo "como para el Señor". Cuando hacemos algo como esto, nos perdemos por competo el corazón y la esencia de lo que

Resplandece

significa perdernos a nosotros mismos por la causa de Cristo Jesús.

Esto no significa que no podamos sentir algo bonito cuando hacemos algo para ayudar a alguien. La pregunta que surge es, ¿cuál fue nuestra motivación para hacerlo? ¿Lo hicimos para impresionar a alguien? ¿Lo hicimos para compensar alguna acción egoísta que cometimos ayer? ¿O lo hicimos porque sinceramente queremos servir a Dios, y que queremos alcanzar a Sus hijos, porque creemos lo que dijo Jesús cuando enseñó,

"Porque tuve hambre, y me disteis de comer; tuve sed, y me disteis de beber; fui forastero, y me recibisteis; estaba desnudo, y me vestisteis; enfermo, y me visitasteis; en la cárcel, y vinisteis a mí." Entonces los justos le responderán, diciendo: "Señor, ¿cuándo te vimos hambriento, y te dimos de comer, o sediento, y te dimos de beber? "¿Y cuándo te vimos como forastero, y te recibimos, o desnudo, y te vestimos?" ¿Y cuándo te vimos enfermo, o en la cárcel, y vinimos a ti?" Respondiendo el Rey, les dirá: "En verdad os digo que en cuanto lo hicisteis a uno de estos hermanos míos, aun a los más pequeños, a mí lo hicisteis."

El servir con la correcta motivación es fundamental. Hay una gran diferencia entre servir a los demás porque sentimos lástima por ellos y en servirlos por compasión. Algunas veces sentimos lástima por la gente y esto significa que los quieres ayudar solo porque te están haciendo sentir muy mal, y tú ya no quieres sentirte de esta manera, en lugar de servirlos motivados por estar genuinamente preocupados por ellos.

A final de cuentas, el servicio empieza en el hogar. Ahí es dónde realmente aprendemos lo que significa negarse a sí

Haz Que Deseen Lo Que Tú Tienes

mismo. Peter describe la forma en que él llegó a entender esta verdad:

> El matrimonio es un buen lugar para aprender a morir a uno mismo. Es fantástico para esto. Yo digo esto con mucho gozo. Yo estaría en un lugar tan malo si yo no estuviera casado.
>
> Yo entendí el principio de perderse a uno mismo, y lo practiqué con la gente con la que era más fácil practicarlo, hasta que finalmente me di cuenta, "Yo estaba pensando que soy algo muy grande porque lo estoy haciendo un favor a esta persona". Ha venido hasta el punto de ser capaz de servir a cualquiera, y no solo a aquellos a quienes queremos servir.
>
> Mi momento crítico de definición para poder entender todo esto llegó cuando mi relación con mi esposa no estaba funcionando; todo iba cuesta abajo. Yo estaba pensando que yo me estaba convirtiendo en siervo por medio de estar allá afuera "sirviendo" a otros, mientras que al mismo tiempo, estaba descuidando a mi esposa, quien es la persona a la que debería de estar sirviendo mucho más.

Esto nos lleva a otro punto muy importante. Si el hecho de que sirvamos a una persona provoca lastimar a otra persona, entonces, necesitamos mirar muy cuidadosamente lo que estamos haciendo. Dios no nos llama a servir al mundo y descuidar a nuestra familia. Aquí está la forma cómo podemos encontrar el equilibrio: la sabiduría tiene que caminar mano a mano con la compasión, para que no estemos sirviendo a una persona al precio de otra persona. Por lo tanto, tenemos que ver la forma en que nuestras acciones—aun las acciones de servicio y de compasión—nos pueden estar causando que descuidemos o que lastimemos a otros. G. K. Chesterton dijo, "El tener derecho de hacer algo no es lo mismo que estar correcto al hacerlo".

Muriendo a Nuestros Derechos

El morir a uno mismo no sólo nos permite servir mejor a los demás, sino que también trae paz y contentamiento a nuestra propia vida. En rendirnos a Cristo Jesús nos liberta de tener que estar sintiendo siempre que no tenemos suficiente, que no somos tratados justamente, que deberíamos demandar por nuestros derechos. La gente más infeliz en el mundo son aquellos que sienten que el mundo les debe algo.

Por ejemplo, los Estados Unidos de América fueron fundados en la idea de libertad, pero hemos llevado eso hasta el extremo. Originalmente, la palabra significaba, "el derecho de hacer aquello que es correcto". Pero esta sociedad postmodernista ha cambiado su significado de tal forma, que para mucha gente hoy en día, *la libertad* se define como "el derecho a hacer lo que se me dé la gana". Aun muchos cristianos han adoptado esta idea. Sin embargo, la verdadera libertad no le va a costar a otros *su* libertad.

El área en el cual muchos de nosotros parecemos aferrarnos a nuestros derechos más fuertemente es el área del perdón. Cuando la gente hace algo que nos lastima, sentimos que tenemos el derecho de aferrarnos al resentimiento. Pero, como seguidores de Cristo Jesús, debemos entender que la gente, quienes son más bendecidos y felices, son aquellos quienes están continuamente llenos de gratitud por su propio perdón, y quienes de manera muy fácil perdonan a otros, por la simple razón de que ellos mismos han sido perdonados.

Cuando Pedro le preguntó a Jesús cuántas veces debería perdonar a su hermano que pecara contra de él, y preguntó

Haz Que Deseen Lo Que Tú Tienes

si siete veces era suficiente, Jesús contestó, "No te digo siete veces, sino setenta veces siete". Entonces, El le contó a Pedro la siguiente historia:

> La gente, quienes son más bendecidos y felices, son aquellos quienes están continuamente llenos de gratitud por su propio perdón, y quienes de manera muy fácil perdonan a otros, por la simple razón de que ellos mismos han sido perdonados.

Por eso, el reino de los cielos puede compararse a cierto rey que quiso ajustar cuentas con sus siervos. Y al comenzar a ajustarlas, le fue presentado uno que le debía diez mil talentos. Pero no teniendo él con qué pagar, su señor ordenó que lo vendieran, junto con su mujer e hijos y todo cuanto poseía, y que se le pagara la deuda. Entonces el siervo cayó postrado ante él, diciendo: "Ten paciencia conmigo y todo te lo pagaré." Y el señor de aquel siervo tuvo compasión, y lo soltó y le perdonó la deuda. Pero al salir aquel siervo, encontró a uno de sus consiervos que le debía cien denarios, y echándole mano, lo ahogaba, diciendo: "Paga lo que debes." Entonces su consiervo, cayendo a sus pies, le suplicaba, diciendo: "Ten paciencia conmigo y te pagaré." Sin embargo, él no quiso, sino que fue y lo echó en la cárcel hasta que pagara lo que debía. Así que cuando vieron sus consiervos lo que había pasado, se entristecieron mucho, y fueron y contaron a su señor todo lo que había sucedido. Entonces, llamándolo su

Resplandece

señor, le dijo: "Siervo malvado, te perdoné toda aquella deuda porque me suplicaste. ¿No deberías tú también haberte compadecido de tu consiervo, así como yo me compadecí de ti?" Y enfurecido su señor, lo entregó a los verdugos hasta que pagara todo lo que le debía. Así también mi Padre celestial hará con vosotros, si no perdonáis de corazón cada uno a su hermano.

Tal vez podemos leer esta historia y decir, *¿Qué corazón tan duro, qué ingrato, qué indiferente pudo ser este hombre? El fue perdonado de una deuda gigantesca, y después volteó y echó en la cárcel a una persona que le debía muy poquito. ¿Cómo es que él pudo ser tan indiferente ante la misericordia que él mismo había recibido?*

Pero si nos ponemos a pensar en esto, entonces habremos perdido totalmente el punto de la historia. Somos nosotros a los que se nos ha perdonado mucho. Deberíamos estar preguntándonos a nosotros mismos, ¿"Acaso yo estoy perdonando a otros"? Todos nosotros hemos recibido una gracia tan grande. Somos llamados a tratar a los demás con la misma gracia que Jesús nos mostró a nosotros. Hay tantas cosas que Dios nos ha dado por medio de Cristo Jesús, y que no las merecemos. El nos ordena mostrar la misma misericordia a los demás—perdonar tantas veces como ellos necesitan ser perdonados.

Sabemos de las experiencias personales que esto no siempre resulta fácil. Es muy difícil en el matrimonio, pero la vida en el grupo musical es como si estuviéramos casados con otras *cuatro* personas. Después de diez años de estar trabajando y viajando juntos, algunas veces es muy difícil decir, "Lo siento". Algunas veces es muy difícil mantener nuestras bocas cerradas, pero tenemos que darnos los unos a los otros la misma gracia que nos ha sido dada.

Haz Que Deseen Lo Que Tú Tienes

Puede ser todo un reto el tener que vivir aquello que creemos, pero cuando se vuelve difícil, siempre podemos ver el ejemplo de Jesús. Su total entrega para perdonarnos lo llevó al camino de la cruz.

El nos amó de tal manera que literalmente escogió morir por nosotros. Fue tan difícil para El que dos veces, tuvo que clamar a Dios para ver si era posible que no tuviera que pasar por ello. Pero dado que nuestro perdón requería que Jesús lo hiciera, El lo hizo.

> Somos llamados a tratar a los demás con la misma gracia que Jesús nos mostró a nosotros.

Si El estaba dispuesto a hacer esa clase de sacrificio por causa del amor, nosotros deberíamos estar dispuestos a hacer lo mismo. Nuestra reacción natural es enojarnos y quedar resentidos cuando nos hacen algo malo. Pero si nos dedicamos a trabajar en nuestras diferencias con las otras personas, como si fuera un sacrificio hacia Cristo Jesús, frecuentemente tendríamos relaciones mejores y más fuertes como resultado de esto.

Nuestra canción "Un Millón de Pedacitos" habla acerca de la amargura y de las otras cargas que se pueden crear dentro de nosotros, y de cómo nosotros debemos deshacernos de ellas en lugar de permitirles que se abriguen en nuestro corazón. Podemos hacer esto por medio de entregar el problema a Dios, pidiéndole a Cristo que nos dé Su corazón de perdón, y haciendo una decisión consciente de amar en la misma

 **Resplandece**

forma que El amó. Entonces, seremos capaces verdaderamente de deshacernos de estas cosas y de encontrar una verdadera libertad.

La Otra Cara del Sacrificio: Gozo Inefable

Si la vida es agua, yo estaba más seco que el polvo de Tuscán
Si es una apuesta, yo ya perdí hasta mi camisa
Si es un viaje, yo estaba atontado sin tener una sola idea
Me di la vuelta en "U" para regresar al primer amor que conocí

Tú me diste un gozo inefable
Tu amor por mí es irresistible
Tú llevaste la cruz y tomaste mi vergüenza
Tú haces resplandecer tu luz de asombrosa gracia

Doblado y roto, todo es nuevo
Todo lo que yo necesito, Tú eres como agua para la semilla
Y en qué forma tu amor, corrige todo lo que está mal
En mi debilidad
Tú siempre eres fuerte y tú me regresas
Adonde me pertenezco

"Joy", *Shine, The Hits*

Hay gozo esperando al otro lado de la aguja, una vez que hemos pasado a través del punto de rendir totalmente nuestros derechos y de perdernos a nosotros mismos. Cuando finalmente nos hemos estrechado a través de ese agujero imposible, lo cual es hecho posible solo por la gracia de Dios, entonces hay un gozo mucho mayor esperándonos del otro

Haz Que Deseen Lo Que Tú Tienes

lado. Jesús nos prometió en Su Palabra, que ninguno que haya hecho sacrificios por la causa del reino "no recibirá multiplicado mucho más en esta vida, y en la vida venidera, la vida eterna".

El gozo es tal vez el más grande secreto cristiano. Es nuestro más grande secreto porque es inefable. No podemos describirlo. Podemos decir la palabra, pero es algo que sólo puede ser experimentado del otro lado de la aguja. El gozo no se encuentra dentro de nosotros; se encuentra a medida que nos vaciamos de nosotros mismos, a fin de ser llenos con Cristo. Se encuentra a medida que buscamos primeramente Su reino. El gozo es una "de todas esas cosas" que es añadido a nosotros.

La Biblia dice que Cristo vino para hacer nuestro gozo "cumplido o completo". Hablamos acerca de Cristo viniendo y muriendo por nuestros pecados, acerca de cómo El es el Gran Mediador, y cómo El es "el Camino, la Verdad, y la Vida", pero El también vino para hacer que nuestro gozo fuera cumplido y completo. Esto significa que nuestro gozo siempre va a estar incompleto sin El. El gozo viene de llenarnos con Cristo, porque mientras más nos llenamos con El, tenemos menos lugar para nosotros mismos.

Todos queremos gozo, pero parece que queremos obtenerlo por medio de promovernos a nosotros mismos en lugar de humillarnos a nosotros mismos. Cuando Jesús dijo que aquellos que amen su vida, la perderán, y que aquellos que pierdan su vida, la hallarán, tal vez parte de lo que El quiso decir era que la gente va a encontrar o a perder su gozo en esta vida, dependiendo si se rinden o no a Cristo Jesús. El gozo es un regalo que nuestro Creador quiere darnos a través de Su Hijo. No tenemos un Padre que quiere que nos sacrifiquemos para entristecernos. El quiere que nos sacrifiquemos porque El sabe que esto nos va a traer el gozo. Es ese reino invertido otra vez. C. S. Lewis dijo, "Ninguna alma que desea seriamente y constantemente el gozo lo va a perder. Aquellos que buscan, lo encontrarán. A quien toca, se le abre".

> Dios no quiere que nos sacrifiquemos para entristecernos. El quiere que nos sacrifiquemos porque El sabe que esto nos va a traer el gozo.

Una Parte Natural de la Vida

El principio de rendirnos a nosotros mismos puede ser aplicado a todas nuestras relaciones. Cuando lo practicamos y lo aprendemos primero en nuestro hogar, se convierte en una parte natural de nuestra vida. La Escritura dice, "Así brille vuestra luz delante de los hombres, para que vean vuestras buenas obras, y glorifiquen a vuestro Padre que está en el cielo". Para hacer buenas obras, tú tienes que haber llegado a cierto grado en tu propia vida. Tú tienes que ser un siervo, ¿y qué es lo que eso significa? Significa rendir tu propia manera de hacer las cosas, y servir a alguien más por reverencia a Cristo Jesús.

A medida que este proceso se da en nuestra vida, nuestros familiares y amigos van a notar la diferencia. No te sorprendas si te dicen, "Tú has cambiado. ¿Qué te ha sucedido? Tú eres mucho más tranquilo ahora. Tú eres menos enojón, más consistente, y parece que estás en verdad,

Haz Que Deseen Lo Que Tú Tienes

en verdad, muy feliz". Aquellos que no conocen a Cristo Jesús probablemente no van a entender lo que está sucediendo. Lo van a atribuir a varias cosas, pero sabemos que es Cristo viviendo en nosotros, el cual nos está transformando en una nueva creación.

Phil describe la forma en que el proceso de rendirse ha sido manifestado en su propia vida.

A medida que me parezco más a Cristo, mi esposa me ama más. Es un poco raro el considerar que yo estoy disminuyendo. Pero ella me ama más puesto que ella puede ver que estoy aumentando en una forma diferente. Se trata de seguir a Cristo y de convertirse en la persona que El quiere que tú seas. Es muy difícil de explicar. Es tan dulce, y tan raro, y parece que está al revés.

El rendirse es un proceso continuo. Tal vez dentro de algunos años miraremos hacia atrás al punto dónde nos encontramos hoy, pensando, ¡"Wow! Yo era tan inmaduro entonces. Yo no conocía al Señor en la forma en que lo conozco ahora". Y eso está bien. Esperemos, que ese será el caso, porque esa es la manera que Dios quiere que obre en nosotros, a medida que crecemos en El y damos fruto para el reino. Aun al final de nuestra vida, podremos decir, "Todavía hay tantas cosas que el Señor quiere enseñarme".

Viviendo y Creciendo en la Comunidad de los Creyentes

Como lo dijimos anteriormente, no es solo nuestra relación de uno a uno con el Señor la que nos permite rendirnos a Cristo y crecer en Su gracia, sino que también el amor de una comunidad cristiana que nos está alimentando. Pablo

Resplandece

escribió en Romanos, "De la misma manera en que cada uno de nosotros tiene un cuerpo con muchos miembros, y todos los miembros no tienen la misma función, así en Cristo Jesús, somos muchos, pero solo un cuerpo, y cada miembro pertenece a los demás". Pablo estaba diciendo que todos los creyentes *pertenecen* los unos a los otros como parte del mismo cuerpo de Cristo, de la misma manera que un brazo o un pie pertenece al cuerpo de esa persona. Paul continúa describiendo la naturaleza de la comunidad de creyentes del pacto:

Hemos estado juntos como un grupo musical por más de diez años. Somos hermanos, y amamos el hacer cosas juntos, como pasear en las motocicletas. Algunas veces, cuando estamos en el autobús, comenzamos a hablar de cierto viaje que tomamos hacia la Península de Baja, o cuando una de las motocicletas se descompuso, y cosas como éstas. Todas estas cosas son preciosas para mí, a causa de las increíbles memorias tan maravillosas que tengo de estos hombres, por los cuales yo haría cualquier cosa. Me quitaría mi propia camisa por ellos. Dentro de mil años, vamos a estar diciendo, ¿"Recuerdas aquella vez en la Península de Baja cuando fuimos..."?

Haz Que Deseen Lo Que Tú Tienes

Cuando la gente dice, "Lo único que tú necesitas es Dios", o "Lo único que tú necesitas es Jesús", es muy cierto con relación a tu salvación. Pero yo creo que hay algo que falta en esa declaración. Nos necesitamos los unos a los otros. ¿Por qué el Dios Todopoderoso, nuestro Creador, formó a los seres humanos? El no tenía que hacerlo. El era Dios. El podía haber hecho cualquier cosa. El podía haber creado robots. ¿Por qué creó seres humanos que tienen voluntad propia? El quería gente. El quería seres hechos a Su propia imagen con los cuales El pudiera compartir el resto de la eternidad. El Dios Altísimo quiere parejas. El quiere amigos. Yo realmente creo esto. El quiere compartir Su vida con seres similares que tienen libertad propia. El quiere una relación. Y si eso es lo que es bueno para mi Creador, entonces, eso es bueno para mí también, siendo un ser creado a Su propia imagen.

Pero teniendo dones que difieren, según la gracia que nos ha sido dada, usémoslos: si el de profecía, úsese en proporción a la fe; si el de servicio, en servir; o el que enseña, en la enseñanza; el que exhorta, en la exhortación; el que da, con liberalidad; el que dirige, con diligencia; el que muestra misericordia, con alegría. El amor sea sin hipocresía; aborreciendo lo malo, aplicándoos a lo bueno. Sed afectuosos unos con otros con amor fraternal; con honra, daos preferencia unos a otros; No seáis perezosos en lo que requiere diligencia; fervientes en espíritu, sirviendo al Señor, gozándoos en la esperanza, perseverando en el sufrimiento, dedicados a la oración, contribuyendo

Resplandece

para las necesidades de los santos, practicando la hospitalidad. Bendecid a los que os persiguen; bendecid, y no maldigáis. Gozaos con los que se gozan y llorad con los que lloran. Tened el mismo sentir unos con otros; no seáis altivos en vuestro pensar, sino condescendiendo con los humildes. No seáis sabios en vuestra propia opinión. Nunca paguéis a nadie mal por mal. Respetad lo bueno delante de todos los hombres. Si es posible, en cuanto de vosotros dependa, estad en paz con todos los hombres.

Esta es una imagen de un cuerpo de creyentes que están entregados tanto a Cristo Jesús, como los unos a los otros. El amor y todos los otros frutos del Espíritu Santo son sobresalientes. Cada miembro tiene una función muy valiosa que desempeñar para fortalecer a los otros en el Señor y para suplir las necesidades de la comunidad. El ánimo y la enseñanza en el Señor son provistos para que los creyentes puedan crecer y madurar en su fe. Los miembros no sólo apoyan las debilidades de unos y otros, sino que también alimentan las cualidades de unos y otros.

Lo que aprendemos de este pasaje de Escritura es que nuestras relaciones con Dios no se llevan a cabo en aislamiento. Necesitamos a los demás para expresar el amor de Dios que está en nosotros, y para que podamos llegar a ser todo aquello que Dios quiere que seamos. Adicionalmente, la forma principal en que aprendemos a amar a Dios mismo es por medio de amar a los miembros de Su cuerpo. El Apóstol Juan enfatizó esto cuando escribió:

> Si alguno dice: Yo amo a Dios, y aborrece a su hermano, es un mentiroso; porque el que no ama a su hermano, a quien ha visto, no puede amar a Dios a quien no ha visto. Y este mandamiento tenemos

Haz Que Deseen Lo Que Tú Tienes

de Él: que el que ama a Dios, ame también a su hermano.

Siete Necesidades de Cada Cristiano

Una de las cosas que hemos aprendido como grupo musical es que una cosa es que nosotros seamos un ministerio, pero nosotros no somos una iglesia para nosotros mismos. Como individuos, necesitamos estar conectados a una comunidad de creyentes por medio de participar en una iglesia local. De esta manera, podemos ministrar a otros, de uno a uno, y ser ministrados también nosotros. Entonces, podemos compartir los dones que Dios nos ha dado, pero también podemos ser discipulados, para que sigamos creciendo y madurando en nuestra fe.

Nuestro creciente entendimiento de la necesidad que tenemos de estar en relación con otros hermanos, ha venido como fruto de participar en varios estudios bíblicos dados por nuestro amigo y pastor Ray McCollum. El tituló uno de los estudios, "Siete Necesidades De Un Newsboy", las cuales son necesidades que de hecho aplican a todos los creyentes. El compartió también una serie de estudios titulada, "Destino Corporativo". Lo que sigue a continuación es la esencia de esas enseñanzas.

Necesidad #1
Una Familia Espiritual

Primeramente, todos necesitamos una familia espiritual. Hebreos 11:8-10 nos dice lo siguiente:

> Por la fe Abraham, al ser llamado, obedeció, saliendo para un lugar que había de recibir como herencia; y salió sin saber adónde iba. Por la fe habitó como

En los dos últimos años, yo realmente comencé muy sólidamente a involucrarme en mi iglesia y a reconocer honestamente a mi pastor como mi pastor. Eso ha provocado un enorme cambio. Existe una fuerza, un poder, en reconocer a las autoridades delegadas que Dios ha puesto en tu vida para alimentarte, para ministrarte, para nutrirte y para hacerte crecer. Estar involucrado en una iglesia, convertirme en miembro de mi iglesia, lo cual no había hecho antes, ha sido un verdadero instrumento de cambio. Parte de este cambio ha venido porque nuestra iglesia tiene un programa en el cual leemos escrituras específicas todos juntos. Ha sido realmente bueno. Me ha ayudado a formar la disciplina de tener mis devociones. Al ir a través de este programa, aprendiendo y estudiando la Biblia con mi iglesia, la cual es la parte del cuerpo en el que yo he sido colocado, ha sido un tiempo de un gran asombro por el crecimiento que me ha traído.

Haz Que Deseen Lo Que Tú Tienes

extranjero en la tierra de la promesa como en tierra extraña, viviendo en tiendas como Isaac y Jacob, coherederos de la misma promesa, porque esperaba la ciudad que tiene cimientos, cuyo arquitecto y constructor es Dios.

Una de las marcas de un verdadero cristiano es el deseo de estar con otros cristianos. Abraham salió para buscar "una ciudad con fundamentos". Esta ciudad se refiere al pueblo de Dios, a la "ciudad asentada sobre un monte" cuya luz no puede ser escondida. Abraham tal vez no sabía hacia dónde se dirigía, pero él sí sabía lo que estaba buscando y quién lo estaba guiando.

Nosotros también deberíamos estar buscando una familia espiritual con la cual relacionarnos. Cuando Dios creó al mundo, El dijo que todo era bueno excepto por una cosa. Leemos en Génesis, el Señor Dios dijo, "No es bueno que el hombre esté solo. Haré ayuda idónea para él". Los seres humanos necesitan tener relación con otros seres humanos. Esto es especialmente importante en el mundo de hoy en día, donde las relaciones desechables son más comunes cada día, ya sea que se trate de matrimonio o de amistad. Es una bendición tener amigos de toda la vida. Esto puede suceder cuando estamos en una familia espiritual. De hecho, es ahí donde ganamos esas amistades eternas.

¿Cómo podemos saber cuál es la mejor familia espiritual para nosotros a la cual podamos formar parte, siendo que hay tantas iglesias de donde escoger? Escoger una iglesia local algunas veces puede ser un proceso difícil. No pudimos escoger la familia natural en la que nacimos. Aprendimos quiénes eran nuestras familiares por medio de nuestros sentidos físicos—por medio de ser sostenidos y nutridos a través de ellos, de escuchar sus voces, y de ver sus

Resplandece

rostros. Pero el poder encontrar nuestra familia espiritual requiere discernimiento, porque esto va a jugar un papel muy significante en nuestro crecimiento y en nuestro desarrollo como hijos de Dios. Aquí hay seis claves para poder encontrar tu lugar en un cuerpo local de creyentes.

Entendiendo el Llamamiento Hacia la Comunidad

Algunas personas fueron prácticamente "nacidas" en sus familias espirituales. Sus padres asistieron a la misma iglesia toda su vida, y por lo tanto también se convirtió en su iglesia local. Sin embargo, nuestra sociedad se ha vuelto una sociedad

> El formar parte de una iglesia local significa una entrega, una conexión de pacto con otros creyentes.

nómada, y lo anterior ya no se aplica para mucha gente. Cuando se cambian de casa, están en la posición en que necesitan encontrar una nueva familia espiritual. Otras gentes han venido a conocer a Cristo en los años posteriores de su vida o tal vez se había ido de la iglesia por un tiempo, y ellos también están es busca de iglesias locales. La primera pregunta que debemos hacernos es, ¿"Acaso entiendo lo que significa el ser unido con otros de esta manera"? Porque ser parte de una iglesia local significa dedicación. Es una conexión de pacto con otros creyentes. Cuando tú te das cuenta que Dios te está llamando a entrar a esta dedicación con otros, ese es el momento correcto para que tú formes parte de una familia espiritual.

Haz Que Deseen Lo Que Tú Tienes

El Sentir de Hogar

¿Alguna vez has andado buscando una casa para comprarla? Tú visitas casa tras casa. Muchas de ellas tienen buenas características y malas características, pero si eres afortunado, cuando entras en una de ellas, se va a *sentir* como tu hogar. No es perfecta. Tú desearías que estuviera ubicada en una zona residencial y no lo está. Tú querías estacionamiento para dos automóviles, pero tiene estacionamiento solo para uno. Tú cambiarías otras cosas si tú pudieras, pero tú sabes desde que la viste, y cuando caminaste por dentro de ella, que ésta era la casa. Tú encontraste tu lugar.

Una cosa similar sucede al encontrar la iglesia local correcta. Tú visitas una iglesia particular y tú piensas que tal vez la música está muy fuerte o que es muy tradicional. Tal vez tiene sillas plegables, y tú estabas buscando bancas acojinadas. Sin embargo, cuando tú caminaste dentro de ella, tú sentiste la presencia del Señor. Tú puedes aguantar las diferencias de estilo porque tú has encontrado la *sustancia*. El Señor está ahí.

Visión y Valores Compartidos

Cuando tú has abordado un avión, ¿alguna vez has escuchado los anuncios iniciales? La sobrecargo dice algo como esto, "Damas y caballeros, bienvenidos a bordo del vuelo 1347 de American Airlines, con servicio sin paradas a Los Angeles". ¿Por qué las aerolíneas siempre hacen esto? Lo hacen porque tienen que hacerlo. La FAA requiere que ellos recuerden el destino final del vuelo. Es la última oportunidad para que alguien se dé cuenta, "Hey, este avión va en una dirección diferente a la que yo quiero ir. ¡Déjenme bajar"! De manera similar, tú necesitas saber en qué dirección se dirige tu iglesia. ¿Cuál es su visión? ¿Cuáles son sus valores básicos?

Resplandece

Cada familia tiene su propio conjunto de valores. Tal vez tu familia te enseñó a no mentir jamás. Tal vez tú tenías que reportarte a cierta hora. Cuando tú ibas a un juego de fútbol, y el grupo quería ir a tomar pizza después del juego, tú tenías que llamar a casa. Cuando tus amigos se burlaban de eso, acaso les decías, "Ustedes se pueden burlar de mí, pero si yo no llamo a casa, mis padres me van a matar. Por lo tanto, ¡voy a llamar a casa"!? Tú lo hacías porque fue uno de los principios que te enseñaron y que se seguían en tu familia.

Las iglesias también tienen valores esenciales. Si tú vas a participar en la vida de la comunidad, tú necesitas saber que tú puedes adoptar y apoyar la visión y los valores de la iglesia. Si tú no estás de acuerdo con ellos, entonces es el hogar espiritual equivocado para ti.

Confianza y Respeto hacia el Liderazgo

Como cristianos, somos llamados a amar a todos, pero no necesariamente somos llamados a *confiar* en todos. La confianza es algo que se merece. La gente no puede hacer una vida conjuntamente sin confianza. El amor ciertamente es vital para las relaciones, pero la confianza nos permite tener una dedicación a largo plazo hacia los demás, la cual va a perdurar.

Vivimos en un tiempo cuando es más difícil confiar en la gente que está en el liderazgo porque muchos de nuestros líderes han traicionado nuestra confianza. Sea que se trate de empleados de gobierno que han vendido secretos a otro país, o políticos que han sido infieles a su esposa, o líderes de iglesias que rompieron sus votos hacia Dios y hacia el cuerpo de Cristo, todos nosotros somos afectados por infieles actos de traición. El enemigo ha usado estas traiciones de

Haz Que Deseen Lo Que Tú Tienes

nuestra confianza para hacernos sospechosos de liderazgo en general. Sin embargo, no podemos funcionar en la comunidad si no tenemos confianza. Aun con el riesgo de ser lastimados, debemos aprender a confiar en nuestra iglesia local—especialmente en aquellos que están en liderazgo. Esto no significa que debemos poner nuestra confianza ciegamente. Debemos revisar los antecedentes de "la historia de crédito de las relaciones" de los líderes.

> El amor ciertamente es vital para las relaciones, pero la confianza nos permite tener una dedicación a largo plazo hacia los demás, la cual va a perdurar.

¿Alguna vez has intentado pedir dinero prestado? Para poder obtener un préstamo, tú tienes que tener una historia de crédito. Tú no puedes decirle al gerente del banco, "Lo siento. Esa información es confidencial. No le importa a usted qué tanto dinero gano yo o cuánto es lo que debo". No debería ofendernos cuando nos hacen esas preguntas. Esa información es necesaria para que el banco pueda determinar si hemos sido fieles en pagar préstamos anteriores o si somos un alto riesgo debido a que somos malos para pagar.

De la misma manera, tú necesitas conocer los antecedentes de tus líderes. ¿Han sido fieles a su familia, a los miembros de su iglesia, a su dedicación a Dios? Nadie es perfecto; todos tenemos debilidades. Sin embargo, es esencial saber

Resplandece

si en los grandes asuntos de la vida, tus líderes pueden ser confiados.

Acuerdo en Doctrina

No tenemos que estar de acuerdo con nuestra iglesia local en cada pequeño detalle de la doctrina. Sin embargo, es esencial que estemos de acuerdo con "las verdades mínimas que no pueden ser reducidas", o con las verdades fundamentales de la fe, tales como el Nacimiento Virginal; la Trinidad; y la Muerte, Resurrección y la Segunda Venida de Jesús. Algunas cosas son fundamentales para nuestra fe, y nunca nos vamos a sentir en casa en nuestra familia espiritual si no estamos de acuerdo en esos puntos. Algunas cosas no son esenciales, y podemos estar en unidad con otros aunque no veamos cada uno de los aspectos de nuestra fe desde la misma perspectiva. Por ejemplo, el bautismo es esencial, pero no es esencial el estar de acuerdo en los *detalles* del bautismo, tales como si hay que bautizar en el nombre de Jesús, o en el nombre del Padre, del Hijo y del Espíritu Santo. No es que algunas de estos puntos sean irrelevantes, pero no pueden apartarnos de tener comunión los unos con los otros.

Un Ambiente que Conduce al Crecimiento

Cuando tú estás en tu verdadera familia espiritual, tu fe se va a ensanchar. Tú vas a ser retado por medio de los mensajes que vas a escuchar de la Palabra de Dios. Es dentro del Cuerpo de Cristo que deberíamos ser capaces de "crecer a la estatura de Aquel, que es la Cabeza, El cual es Cristo Jesús". Entre nuestra familia espiritual, vamos a ser alimentados de la Palabra de tal manera que podamos "crecer en la gracia y en el conocimiento de nuestro Señor y Salvador Cristo Jesús". Esto no significa que no tenemos una responsabilidad personal de estudiar la

Haz Que Deseen Lo Que Tú Tienes

Palabra de Dios y de dedicar un tiempo diariamente para estar en comunión con El. Sin embargo, deberíamos recibir comida de Su mesa cada vez que nos reunimos con nuestra comunidad de creyentes.

Necesidad # 2
Definición

Adicionalmente a necesitar una familia espiritual, todos los creyentes necesitan saber quiénes son en Cristo Jesús. En la Parte III de este libro, pudimos hablar acerca de los momentos críticos de definición, y eso es parte de lo que estamos hablando ahora. Pero de forma más específica, esta definición se refiere a los medios que Dios usa para ayudarnos a descubrir nuestra identidad espiritual.

Su Palabra

Primeramente, La Palabra de Dios nos revela quiénes somos. Por ejemplo, 1a. Juan 3:10 nos dice que somos hijos de Dios si acaso hacemos lo que es recto y si amamos a nuestros hermanos. Romanos 8:17 nos dice que somos "herederos de Dios y coherederos con Cristo Jesús". Efesios 2:10 nos explica que "somos obra de Dios, creados en Cristo Jesús para buenas obras, las cuales Dios preparó desde antes de la fundación del mundo".

Su Familia

Dios también hace clara la imagen de nosotros mismos por medio de nuestra familia espiritual. De la misma manera como nosotros nos identificamos a nosotros mismos en la familia natural como padres, madres, hermanos, o hermanas, nuestra familia espiritual nos ayuda a entender nuestra posición

Resplandece

dentro del Cuerpo de Cristo, tal y como lo aprendemos en 1a. Corintios 12.

Algunas personas sienten, "Yo soy cristiano, y eso me hace parte de la familia de Dios. Yo no necesito conectarme con ninguna comunidad de creyentes". Esto es como decir que tú no necesitas una familia natural porque tú eres parte de la familia del hombre. La segunda parte de esta declaración es cierta. Todos nosotros pertenecemos a la gran familia humana. Sin embargo, eso por sí solo es un muy pobre sustituto de conocer al padre y madre, hermanos y hermanas de uno mismo.

> Nuestra necesidad de ser parte de la familia de Dios es tan real y tan importante como nuestro lugar en la familia terrenal.

La definición requiere todo el contexto. Por ejemplo, tú tal vez seas un padre, pero cuando vas a tu trabajo, tal vez eres el jefe. Tú tal vez seas una esposa, pero cuando vas a visitar a tus padres, tú eres su hija. Entendemos quiénes somos por medio del lugar en que nos encontramos, por medio de lo que hacemos, y por medio de aquellos con quiénes tenemos relación. Por lo tanto, dentro del contexto de la familia de la iglesia, tú puedes descubrir y desarrollar los dones que Dios te ha dado para ser usados más adelante en Su reino en esta tierra.

Padres Espirituales

El Nuevo Testamento nos cuenta de un centurión que se acercó a Cristo Jesús para pedir que el Señor sanara a su sirviente, quien estaba paralítico. Este centurión entendió la autoridad. El era un hombre de autoridad puesto que él tenía cien hombres bajo su mando. El no solo tenía fe en Cristo, pero él también tenía fe en el hecho de que Cristo era un delegado de Dios. En otras palabras, él entendió que Jesús tenía autoridad por Sí Mismo. Pero de la misma forma, él estaba también bajo la autoridad de Dios. Debido a que este centurión aceptó la autoridad de Cristo y creó en ella, Jesús pudo sanar a su sirviente sin siquiera tener que ir adónde él se encontraba.

En contraste, cuando Jesús fue a Su pueblo natal, la gente ahí no creía que El era un delegado de Dios. Ellos lo veían solamente como el hijo de José, el hijo de un carpintero. La Biblia dice, "El no pudo hacer muchos milagros ahí a causa de su incredulidad".

En el cuerpo de Cristo, Dios usa a los padres espirituales, los cuales son Sus representantes o delegados para ayudarnos a madurar en nuestra fe y descubrir nuestros dones espirituales. Para poder aceptar su guía, tenemos que creer que ellos han sido traídos a nuestras vidas para ministrarnos y para ayudarnos a crecer. Esto es algo que Dios nos va a confirmar a medida que descansemos en Su liderazgo. Otra vez, el hecho de confiar es muy importante aquí. Tenemos que darle a nuestros líderes el respeto que ellos merecen, pero también tenemos que probar su vida y su carácter antes de confiar en su liderazgo.

Necesidad #3
Inspiración

En tercer lugar, cada creyente necesita inspiración espiritual. ¿Recuerdas la historia de David, cuando mató al filisteo Goliat con una honda y una piedra? Cuando el

Resplandece

joven pastor fue traído ante el Rey Saúl, él todavía tenía la cabeza del gigante en sus manos. Después de que David había terminado de hablar con Saúl, el hijo de Saúl, llamado Jonatán, "vino a ser un solo espíritu con David, y amó a David como a sí mismo". Jonatán fue inspirado por David, y creció un vínculo entre ellos que fue tan cercano como el vínculo de hermanos.

Hay algo muy importante acerca de ser inspirado por alguien que puede hacer las cosas mejores o en una mejor manera de lo que nosotros podemos. Esta es una razón por la que el observar deportes es tan popular. Somos movidos por medio de ver el nivel de habilidad que alguien ha alcanzado, el cual está más allá de cualquier cosa que podamos hacer nosotros mismos. Frecuentemente, cuando vemos a un atleta alcanzar tales niveles, eso nos inspira para tratar más fuertemente en nuestro propio esfuerzo.

Cuando somos parte de una familia espiritual, podemos inspirar a otros en su servicio hacia Dios, de la misma manera en que podemos ser inspirados por ellos. Necesitamos estar cerca de gente que aman a Dios y que hacen grandes cosas para El. El escritor de Hebreos dijo, "Recordad a vuestros líderes, quienes le hablaron la palabra de Dios. Consideren el fruto de su conducta para que puedan imitar su fe".

Deberíamos buscar modelos en la iglesia que han seguido bien a Dios, y cuyas vidas han sido bendecidas a causa de su obediencia inamovible. Por ejemplo, deberíamos buscar parejas que tienen matrimonios amorosos y muy duraderos, e deberíamos buscar gente de negocios que han podido mantener su integridad. Necesitamos toda la inspiración que podemos encontrar dentro de nuestra propia familia espiritual.

Haz Que Deseen Lo Que Tú Tienes

Necesidad #4
Responsabilidad Moral

En cuarto lugar, todos los creyentes necesitan tener responsabilidad moral. Cuando Adán y Eva pecaron, ellos se escondieron de Dios, pero El los llamó y les dijo, ¿"Dónde estás"? El no se estaba refiriendo a su ubicación geográfica. El hecho de que se escondieron detrás de un arbusto jamás confundió a Dios. No, El estaba diciendo, ¿"Acaso sabes tú dónde estás ahora con relación a Mí? ¿Acaso sabes tú lo que has hecho? Dame cuentas de tus hechos. Dime lo que sucedió". Por supuesto que El sabía lo que ellos habían hecho, pero El quería que ellos se lo confesaran a El. Sin embargo, en lugar de ser transparentes acerca de sus acciones, Eva culpó a la serpiente, y Adán culpó a Eva. Y desde entonces, la raza humana ha seguido su ejemplo. Nos esforzamos muy duro, tratando de justificar nuestros pecados, siendo que Dios quiere que tengamos verdadera responsabilidad por nuestras acciones.

Por nuestro propio bien, Dios quiere que le rindamos cuentas a El. Podemos acudir a El diariamente y orar de la manera como David oró, "Escudríñame oh, Dios, y conoce mi corazón; pruébame y ve mis pensamientos de angustia. Ve si hay algún pecado dentro de mí, y guíame en el camino eterno". Si tú no mantienes un caminar limpio con Dios, vas a comenzar a acumular carga espiritual y emocional en tu vida. Solo porque un rayo celestial no te ha pegado, no significa que Dios no esté consciente de tu pecado. Para mantener puro tu corazón, debes mantenerte en una muy estrecha relación con tu Padre Celestial.

La responsabilidad vertical hacia Dios es vital. Sin embargo, también necesitamos tener responsabilidad horizontal con otras gentes. Eso no quiere decir que le debemos dar cuentas

 **Resplandece**

a *todo el mundo* en general. Significa que necesitamos tener uno o dos cristianos maduros con quienes podamos discutir nuestros problemas espirituales y nuestras necesidades. Frecuentemente, cuando personalidades muy conocidas han caído en pecado públicamente, la raíz del problema ha sido que ellos no le han rendido cuentas a nadie. Sus problemas comenzaron muy pequeños y en secreto, pero no hubo nadie con quien ellos los pudieron tratar. No existía ninguna responsabilidad real que practicaban, así que el secreto creció y creció, y de la misma manera que una bomba de tiempo que no ha sido desarmada, explotó. La explosión destruyó muchas vidas y otras gentes tuvieron que ser los que recogieran los pedazos.

> Nos esforzamos muy duro, tratando de justificar nuestros pecados, siendo que Dios quiere que tengamos verdadera responsabilidad por nuestras acciones.

Necesitamos darnos cuenta que parte del poder del pecado radica en su secreto. Hay algo muy especial en el hecho de sacar nuestros errores a la luz, que al hacerlo, es como desconectar todo el poder de su pecado. En tanto que tu pecado o tu error se mantiene en secreto, en tanto que tú lo estás haciendo en privado, parece que va a ejercer un gran poder sobre de ti.

Pero si tú puedes tomar el valeroso paso de fe de ser responsable, y de decirle a un pastor o a un anciano, o a alguien a quien amas y que está caminando en victoria, que tú necesitas ayuda, tú estarás tomando un paso gigantesco para vencer ese

Haz Que Deseen Lo Que Tú Tienes

problema. El enemigo de tu alma quiere mantener tus pecados en privado porque tiene más poder sobre de ti cuando tú estás en secreto.

Mucha gente, en lo profundo de su alma, están hambrientos de poder hablar con otra persona acerca de sus más grandes preocupaciones. Sin embargo, ellos tienen miedo de hacerlo porque no saben cómo van a reaccionar los demás, ni qué van a hacer con esa información. Esta puede ser una razón para la popularidad de los "cuartos de plática del Internet". La gente siente que puede exponer sus necesidades y temores a alguien anónimo, a quien nunca van a encontrar, y que no va a poder ejercer algún poder sobre de ellos.

> Parte del poder del pecado radica en su secreto. Cada uno de nosotros necesitamos a un cristiano maduro con quien podamos discutir nuestros problemas espirituales y nuestras necesidades.

Pero el poder confesar ante alguien cara a cara, alguien que te conoce y te ama, va a hacer una gran diferencia para recibir ayuda y sanidad. También es muy importante que tú sepas que la persona a la que te estás confesando te va a dar un análisis honesto del problema, porque hay muchas gentes que no te dirían la verdad. Ya sea porque no quieren lastimar tus sentimientos o porque no quieren tratar con tus problemas. Esta es la razón por la cual es muy liberador el saber que hay una o dos personas, con las cuales tú puedes acudir para confesar tu lucha y pedirles ayuda sin ser rechazado, y que puedes recibir el tipo de retroalimentación inocente que todos necesitamos, si es que vamos a ser verdaderos y honestos. El pedir que oren por ti, y el conocer que ellos van a hacer seguimiento contigo te puede traer una gran victoria.

Algunas veces somos incapaces de ver nuestras propias faltas. Por lo tanto, otro aspecto muy importante de la responsabilidad es el poder pedirle a un consejero de confianza, quien te conoce bien, que te ayuda a ver áreas en tu vida donde necesitas corrección. Pablo escribió, "Examinaos a vosotros mismos para saber si estáis en la fe; juzgaos a vosotros mismos". El pedir ayuda en esta área no significa que estamos invitando a la gente a que nos tiren todo tipo de críticas. Sin embargo, cuando estamos dispuestos a ser vulnerables, y a recibir enseñanza, con alguien que tiene nuestro mejor interés espiritual en la mente, Dios puede usar ese nivel de responsabilidad para ayudarnos a madurar en nuestra fe.

Obstáculos para la Responsabilidad

¿Qué es lo que mantiene a la gente de no querer ser responsable o dar cuentas de algo? Existen por lo menos cuatro enemigos, y el primero se refiere nuevamente a lo que ya hemos hablado: la tendencia que tiene la gente a esconder sus pecados. Podemos inventar docenas de razones por las que no necesitamos dar cuentas. Podemos decir cosas como éstas: "Una vez me lastimaron". "Yo no conozco a nadie que sea suficientemente digno para saber mis preocupaciones". "Soy una persona muy introvertida. Yo no puedo revelarle mis secretos a nadie". "Yo no tengo el tiempo para buscar una relación de este tipo". "Yo no sé ni siquiera dónde comenzar".

Ninguna de estas razones o excusas debe mantenernos lejos de recibir los beneficios de la responsabilidad de rendir

Haz Que Deseen Lo Que Tú Tienes

cuentas. ¿Qué puedes hacer tú para vencer tus temores, para dar ese paso de fe, y poder encontrar a alguien con quien puedas rendir cuentas? Primeramente, tú tienes que buscar la dirección de Dios para encontrar a la persona correcta. Piensa en aquellas personas que realmente te aman, personas de quienes tú respetas su vida espiritual, y quienes tú puedes confiar el hecho de ser aceptado y que puedes confiarles lo que les vas a decir. Diles, "Yo sé que estás muy ocupado, ¿pero estarías tú dispuesto a dedicarme un poco de tiempo—cuando tú puedas, ya que yo pueda adoptarme a tu horario—para que puedas guiarme en algunos asuntos espirituales, y que yo pueda aprender de ti? Si tú estás dispuesto a hacer esto, eso significaría mucho para mí". La mayoría de la gente estará de acuerdo en hacerlo. De hecho, mientras más ocupados están, es mayor la probabilidad de que estarán dispuestos a hacerlo. Es muy probable que ellos han tenido que pedir la misma cosa para ellos mismos. Estas personas pueden convertirse en un espejo para ti, que te ayudará a verte en la luz verdadera. Tú también te puedes sentar con aquellos que son tus amigos más cercanos, y decirles, "Yo quiero mejorar como persona en el Señor. ¿Qué es lo que tú ves en mí que necesita ser mejorado"?

Nuevamente, el área de la confianza es muy importante. No vamos con cualquier persona para pedirle que nos aconseje. Frecuentemente, esto es fruto de muchos años de conocer a alguien o de conocer su carácter, para que puedas saber que puedes confiar en esta persona. Si tú eres fiel en pedirle a Dios que te ayude a encontrar un delegado espiritual o un consejero, El va a ser fiel en guiarte hacia la gente que es digna de confianza, y quienes tienen dones para ministrar al pueblo de Dios. Tú debes formar parte de una familia espiritual, la cual tenga personas en el liderazgo que tú respetes y en quienes tú puedas confiar. El escritor de Hebreos dijo,

Resplandece

"Obedeced a vuestros pastores y someteos a su autoridad. Porque ellos velan sobre vosotros como aquellos que van a dar cuentas".

Deberíamos estar conscientes que algunas veces el enemigo usa las diferencias de personalidad de la gente para impedirnos de ser reales unos con otros. Alguno de nosotros somos tímidos e introvertidos. Va contra nuestra naturaleza el buscar a alguien y el pedir ayuda—aun cuando sepamos que la necesitamos. Otros de nosotros somos muy extrovertidos, aun hasta el grado de intimidar a otros. La gente tiene miedo de acercarse a nosotros, tienen miedo de que los despreciemos o que los ignoremos, aun cuando eso sería la última cosa que haríamos.

> Tú debes formar parte de una familia espiritual, la cual tenga personas en el liderazgo que tú respetes y en quienes tú puedas confiar.

Las diferencias de personalidad muy a menudo alimentan los temores que tiene la gente de ser rechazados. Nos ponemos a pensar, "Si la gente llega a saber que yo estaba luchando con eso, ellos van a pensar que yo no valgo mucho". Incluso, muchas de las personas que aparentemente tienen todo bajo control, es probable que estén muy lastimados, escondiendo sus temores y las luchas de su personalidad junto con el pecado. Si queremos desarrollar vidas santas, debemos de ser capaces de vencer nuestros temores y poder rendirle cuentas a otros cristianos. Necesitamos ver más allá de las diferencias de personalidad, y poder conocer a otras personas para que podamos recibir fuerza espiritual los unos de los otros.

Haz Que Deseen Lo Que Tú Tienes

Las diferencias de edad también pueden impedir que la gente sienta que se pueden conectar con los otros. Sin embargo, existe una fuente de sabiduría que la gente mayor tiene que ofrecer a los más jóvenes. Y los creyentes jóvenes pueden recordarles a los cristianos más maduros del fresco gozo que viene de saber que somos amados y perdonados por Dios. Tenemos que darnos cuenta que algunas veces una persona más joven también puede ofrecer revelación espiritual a aquellos que son mayores.

> El propósito de Dios es conformarnos a Su imagen. ¿Soy más como Cristo Jesús el día de hoy, que lo que yo era ayer?

El propósito de Dios es conformarnos a Su imagen. Es un proceso que lleva toda la vida para poder formar Su carácter en nosotros. Para poder cooperar con este proceso, deberíamos preguntarnos a nosotros mismos, "¿Qué es lo que hago cuando nadie me está viendo? ¿Quién soy yo realmente cuando nadie está cerca de mí? ¿Soy más como Cristo Jesús el día de hoy, que lo que yo era ayer? A pesar de mis fallas, ¿sigo intentando servir a Dios"?

Dios quiere hacernos a "prueba de escándalos". El quiere que Su carácter sea revelado en nuestros pensamientos, en nuestras palabras, y en nuestras acciones. El nos ayuda a que nos convirtamos en más como El es, a medida que leemos Su palabra, oramos, examinamos nuestra propia vida, y usamos a otros cristianos como espejos para que nos ayuden a vernos a nosotros mismos. Ellos no sólo pueden apuntar

Resplandece

nuestros puntos ciegos, sino que también nos ayudan para ver las buenas cosas en nuestra vida y los caracteres que alguna vez pasamos por alto. La flor de la naturaleza y el carácter de Cristo Jesús va a florecer en una atmósfera de responsabilidad moral con alguien en quien podemos confiar.

Necesidad #5
Consejo/Confirmación Digno de Confianza

En quinto lugar, todo creyente necesita consejo digno de confianza. Los matrimonios más fuertes son edificados en la confianza. Las familias más unidas son edificadas en la confianza. Los grandes negocios son edificados en la confianza. Los ministerios más significantes son edificados en la confianza. El reino de Dios es edificado en la confianza. El poder saber que tú estás recibiendo un buen consejo es vital para la transformación y el crecimiento, porque si tú no puedes confiar en aquello que estás escuchando, tú no lo vas a aplicar en tu vida, y por lo tanto, no te va a beneficiar. En algunas maneras, mientras más somos capaces de recibir un buen consejo de los demás, más capaces seremos de recibir de Dios Mismo y viceversa.

Uno de los más importantes aspectos de recibir un buen consejo es la confirmación. En otras palabras, cuando tres personas te dicen lo mismo acerca de ti, eso normalmente sería una confirmación de la verdad acerca de ti. El consejo también tiene que estar alineado con la Palabra de Dios. Deberíamos no estar dispuestos a recibir algo que no está de acuerdo con la Palabra de Dios. Adicionalmente, el Espíritu Santo nos redarguye en nuestro corazón, convenciéndonos de lo que alguien está diciendo es cierto. Cuando estas tres cosas coinciden, ese consejo es algo en lo que sí podemos confiar.

Haz Que Deseen Lo Que Tú Tienes

Necesidad #6
Protección y Cobertura Espiritual

En sexto lugar, todo creyente necesita una cobertura espiritual. La palabra *autoridad* frecuentemente es mal entendida en la cultura de hoy en día. *No describe* la relación entre un esclavo y su amo. Implica más un sentido de custodia. Un pastor fiel que está velando por sus ovejas es una buena imagen de la verdadera protección y cobertura.

Debemos buscar aquellos que están bajo autoridad ellos mismos para poder encontrar una verdadera protección. Nunca debemos sujetarnos a alguien que no está bajo otra autoridad. Los lobos andan sueltos en nuestro mundo, y necesitamos que el Buen Pastor nos proteja. El usa pastores santos para protegernos y para mantenernos en el camino correcto.

A medida que nos sometemos a aquellos que están en autoridad, quienes, a su vez, están bajo la autoridad de Dios, vamos a ser consolados al saber que hay creyentes fieles que están velando por nosotros. De la misma manera que el cayado y la vara del pastor eran para guiar y proteger a las ovejas, podemos ser ayudados en nuestro caminar, a medida que escuchamos al Buen Pastor y a los pastores que El usa para guiarnos y para protegernos.

Necesidad #7
Madurez

En séptimo lugar necesitamos estar conectados con otros en el cuerpo de Cristo para poder crecer y madurar en nuestra fe. Los dones que Cristo le dio a Su iglesia deben de estar operando en nuestra vida. Descubrimos y ejercitamos estos dones en el contexto de nuestra interactuación con otros en

Resplandece

el Cuerpo de Cristo. Nuestras relaciones con otros creyentes, también nos permiten madurar en forma personal y espiritual. El aprender a vivir en armonía con otros requiere crecimiento—rindiéndonos nosotros mismos y aprendiendo a extender la gracia y el perdón. Vamos a crecer primeramente en el contexto de nuestra relación con otros, porque, solos, es mucho más difícil para nosotros poder reconocer nuestro egoísmo y nuestra falta de amor.

> El Buen Pastor y Sus pastores están con su vara y su cayado para protegernos.

A medida que meditamos en estas necesidades que tienen todos los creyentes, debemos hacernos estas preguntas, y debemos orar para que Dios nos dé las fuerzas y que podamos contestar *sí* a cada una de ellas:

1. ¿He podido encontrar a mi familia espiritual?

2. ¿Acaso puedo decir verdaderamente que he podido "ser definido" por aquellos que forman parte de mi familia espiritual, quienes realmente me conocen, y que entienden mis dones y mi llamamiento?

3. ¿Acaso tengo hombres y mujeres (localmente, en mi iglesia local) cuyas vidas me inspiran a caminar más de cerca con Cristo Jesús?

4. ¿Acaso puedo decir verdaderamente que soy responsable moralmente a un líder espiritual local, alguien que me ama incondicionalmente, y con quien

Haz Que Deseen Lo Que Tú Tienes

Si yo no hubiera conocido a mi esposa, yo estaría perdido. Dios la ha usado inmensamente. Cuando yo digo, "perdido", yo no me refiero a perdido eternamente. Yo siempre creeré que Cristo Jesús es quién dijo ser. Yo creo que El me ha dado la gracia de creer así. Sin embargo, yo me hubiera perdido de todo aquello que El tenía para mí. Por medio del matrimonio, El me ha sostenido espiritualmente. Lo mismo pasa con ciertas amistades. El me ha sostenido también por medio de que "el hierro afile al hierro". Hay ciertos hombres que han sido amigos y consejeros para mí, y yo pienso, "Es solo por la gracia de Dios, porque si estos hombres no hubieran estado ahí", yo no sería ni la mitad de lo que necesito ser.

yo puedo ser completamente honesto acerca de mi vida y de mis luchas secretas?

5. ¿Acaso puedo decir verdaderamente que me encuentro bajo la autoridad espiritual dado por Dios y que estoy recibiendo a los delegados de Dios en mi vida? ¿Puedo ver el carácter del Buen Pastor en los pastores que hay en mi vida?

6. ¿Me puedo sentir cubierto y protegido por mi pastor y por mi iglesia? ¿Acaso mi familia espiritual se encuentra espiritualmente "a salvo"? ¿Acaso tengo ese tipo de personas en mi vida que me conocen suficientemente bien como para defenderme si yo fuera acusado falsamente?

7. ¿Podría yo decir verdaderamente que estoy conectado en forma vital con el liderazgo espiritual y con la iglesia de Cristo Jesús, y que sé que estoy madurando y creciendo en mi fe y en mi fruto como discípulo?

Preservando la Unidad en la Iglesia

El Apóstol Pablo escribió,

Con toda humildad y mansedumbre, con paciencia, soportándoos unos a otros en amor, esforzándoos por preservar la unidad del Espíritu en el vínculo de la paz. Hay un solo cuerpo y un solo Espíritu, así como también vosotros fuisteis llamados en una misma esperanza de vuestra vocación.

Una de las más importantes maneras en que reflejamos el carácter de Cristo Jesús en nuestra vida, es por medio de extender Su amor y Su gracia a aquellos que forman parte de Su Cuerpo. Esta es la razón porque es esencial entender las formas en que "la unidad del espíritu" puede ser despreciada, y que nos dediquemos a vivir una vida llena de amor.

Envidia

La envidia va a destruir relaciones más rápido que cualquier otra cosa. La envidia se manifiesta en actitudes que demandan crédito y atención. El diablo sabe que si él puede venir y entrometerse en la gente, sembrando envidia o celos, entonces, él ya habrá podido establecer una base para poder atacar. Para poder ser uno con el Espíritu Santo, tenemos que ser capaces de regocijarnos y alegrarnos por el éxito de otras personas. Esto sólo es posible a través de Cristo como nuestro

Haz Que Deseen Lo Que Tú Tienes

Todo. Si nuestros amigos reciben una bendición, debemos de estar muy contentos por ellos. Si no podemos estar contentos cuando otras gentes tienen éxitos, eso va a crear un abismo entre ellos y nosotros. Si nos volvemos celosos y envidiosos, los unos de los otros, jamás podremos estar en unidad, porque ese espíritu siempre estará moviéndose por debajo de las aguas con todas las personas con quienes estemos relacionados. La Biblia dice, "Gozaos con los que se gozan". Si tú quieres tener el tipo de unidad que mantiene unidas las relaciones por toda la vida, tienes que tratar con esa envidia inmediatamente.

¿Recuerdas por qué Caín mató a su hermano? Fue por envidia. Dios aceptó la ofrenda de su hermano, pero rechazó la ofrenda de Caín. Cuando Dios vio que Caín estaba enojado, le dijo, "Si hicieras lo que es correcto, no serías aceptado? Pero si tú no haces lo que es correcto, el pecado está a la puerta; desea apropiarse de ti, pero tú debes dominarlo". En lugar de arrepentirse, Caín permitió que su envidia creciera hasta llegar al punto de que mató a su hermano. En los primeros capítulos de la Biblia, vemos los resultados tan trágicos de cómo la envidia destruyó literalmente la unidad entre los hermanos.

La envidia puede arruinar las relaciones y destruir vidas. Si queremos caminar juntos en unidad con nuestra familia física y con nuestra familia espiritual, debemos eliminar ese espíritu de envidia.

Bastardía

Otro impedimento para la unidad es la bastardía. En Hebreos 12:8, *la bastardía* no se refiere a ser nacido fuera de matrimonio, sino a no estar dispuesto a recibir corrección. Dios nos corrige, o nos castiga, cuando somos Sus hijos.

Resplandece

El nos disciplina por amor para mantenernos lejos de todo peligro, porque El es nuestro Padre. Pero Su Palabra dice, "Pero si estáis sin disciplina, de la cual todos han sido hechos participantes, entonces sois hijos ilegítimos y no hijos verdaderos".

Por lo tanto, si tú te resistes a ser corregido cuando lo necesitas, tú tienes el espíritu de bastardía, y dondequiera que se manifiesta, se rompe la unidad.

Supón que alguien va corriendo por toda la iglesia, llenando a todos de chismes, calumniando, dividiendo, y criticando, y que nadie corrige a esa persona. ¿Qué es lo que va a suceder? En algún momento, alguien tiene que ir y decir en amor, "Tú tienes que dejar de estar actuando así. Tú no puedes seguir regando chismes y calumniando a todo el mundo. Tu comportamiento está lastimando al Cuerpo de Cristo". Si vamos a tener unidad, debe de haber corrección adecuada—y esta corrección tiene que ser recibida. Por eso es que necesitamos pastores y ancianos. Tenemos que tener a alguien que pueda confrontar objetiva y amorosamente todas esas malas actitudes y todo el mal comportamiento.

Algunas veces es nuestra culpa, y ni siquiera podemos darnos cuenta de eso. Es entonces cuando alguien a quien reconocemos con autoridad espiritual tiene que meterse en el asunto, y esa persona nos tiene que corregir. No es divertido en ese momento, pero eso nos va a permitir crecer en el Señor. La Biblia dice, "Al presente ninguna disciplina parece ser causa de gozo, sino de tristeza; sin embargo, a los que han sido ejercitados por medio de ella, les da después fruto apacible de justicia". El poder ser capaces de aceptar la corrección en los momentos que la necesitamos va a ayudar a mantener la unidad en nuestras relaciones.

Haz Que Deseen Lo Que Tú Tienes

Ofensas

Un tercer enemigo de la unidad son las ofensas. Jesús dijo, "¡Ay del mundo por sus piedras de tropiezo! (Por sus ofensas) Porque es inevitable que vengan piedras de tropiezo (ofensas); pero ¡ay de aquel hombre por quien viene el tropiezo (la ofensa)"! Otra manera de decirlo es, "Qué terrible va a ser para ti, si tú eres el hace que otro peque".

Las ofensas suceden cuando alguien dice algo o hace algo que nos hiere emocionalmente. Jesús dijo que las ofensas van a venir, pero El nos dice en Mateo 18 formas de tratar con ellas. El es muy específico; es muy claro. Si tú no tratas el problema en una manera bíblica, se volverá mucho peor. Las ofensas que se dejan sin atender van a destruir la unidad.

Todos hemos tenido momentos cuando tenemos que callarnos la boca porque hemos metido la pata. Necesitamos disculparnos con la gente, aun, cuando en ocasiones dijimos algo que sin intención los ofendió. Estas son ofensas que se han convertido en piedras de tropiezo y que nos han impedido tener relación los unos con los otros.

La palabra griega para ofensa es *skalandon*. Esta palabra se refiere al gatillo de una trampa, como si se tratara de una trampa para animales. Si alguien dice algo o hace algo, y tú permites que eso te ofenda, es como si la trampa ha caído sobre tu espíritu, callándolo, y esto te impide crecer en el Señor. Algunas personas que han sido ofendidas o lastimadas no han podido crecer en su espíritu durante años. Si tú no puedes tratar a las ofensas adecuadamente, tú no podrás permanecer casado, no podrás mantener a los socios en los negocios, no podrás mantener amistades duraderas, y no podrás quedarte en la misma iglesia con la persona que te ofendió. O si acaso te quedas en la misma iglesia, tú vas a estar en un estado miserable, y vas a hacer que otros alrededor de ti también estén miserables. Las ofensas que son ignoradas o que no se tratan debidamente como Cristo las trataría, van a hacer que tú tropieces, y van a fracturar la unidad. El aspecto positivo de tratar con las ofensas es que si tú las puedes reconciliar exitosamente, entonces, sucede algo maravilloso. Tu amistad y tu vínculo con la otra persona serán más cercanos que nunca antes.

Adicionalmente, es a través de las ofensas que podemos descubrir lo que realmente existe dentro de nuestro espíritu. La forma como manejamos el hecho de ser lastimados revela nuestro carácter. También revelamos nuestro carácter en la forma en que recibimos la corrección. Frecuentemente, nuestra primera respuesta es reaccionar defensivamente. Decimos cosas como, ¿"Y no te has visto tú"? Un espíritu que toma venganza destruye la unidad, y la bendición que viene con la unidad es paralizada. Pero un espíritu humilde retiene a ambos, a la unidad y sus bendiciones.

Desprecio

El cuarto impedimento para la unidad es el no poder aceptar a aquellos que Dios ha colocado alrededor de ti. Cuando Dios te guía en relaciones con la gente, como amistades, matrimonio, un ministerio, o una iglesia, El te está trayendo de manera soberana. Esto no significa que tú vas a ser el mejor amigo de todos los que están alrededor. Todos tenemos ciertas personas que son especiales para nosotros—personas que disfrutan las cosas que nosotros disfrutamos, personas con las que nos relacionamos muy bien. Pero Dios no quiere que nosotros escojamos la gente con la que nos asociamos, escogiendo algunos, y despreciando a otros. Necesitamos aprender a caminar en unidad, aun cuando la gente que no hayamos escogido para que esté cerca de nosotros.

Haz Que Deseen Lo Que Tú Tienes

¿Alguna vez te han puesto con alguien a quien tú jamás lo hubieras escogido como amigo? Tal vez cuando tú conocías a esta persona por primera vez, no te impresionó para nada. Más tarde, sin embargo, ustedes se convirtieron en amigos muy cercanos, y ese amigo ha traído más bendiciones a tu vida de las que tú jamás te hubieras imaginado. Algunas veces Dios usa a la gente que son como lijas para nosotros, a fin de bendecirnos y cambiarnos al máximo.

Infiltración

Un quinto obstáculo para la unidad es la infiltración del enemigo. El diablo odia la unidad, y él hará cualquier cosa para destruirla. Su arma principal es la acusación. La Biblia lo llama "el acusador". ¿Cómo trabaja el diablo? Bueno, ¿alguna vez tú has dicho algo y has visto como tus palabras se voltean en contra tuya? Alguien mal entendió lo que tú intentabas decir, porque el acusador le estaba diciendo que tú querías decir otra cosa. O puede ser de la otra manera. Cuando alguien te dice algo, el enemigo va a hacer que tú escuchas algo diferente de lo que la persona quiso decirte. Si tú lo hablas con la otra persona, y clarificas lo que realmente quería decirte, invariablemente tú vas a encontrar que mientras que la otra persona dijo algo totalmente inocente, lo que tú escuchaste fue un espíritu de acusación.

Por ejemplo, una pareja tal vez está caminando en el centro comercial, y la esposa ve algo que a ella le gusta, y dice, "Oh, me gustaría tener eso". Su marido le responde, "Tú no necesitas eso". O ellos tal vez están manejando y ella ve una casa que tiene una alberca y dice, ¡"Está bellísima"! Su esposo le responde, "No necesitamos una alberca; ¿sabes lo mucho que cuesta"? Sus conversaciones se convierten en discusiones porque el acusador está trabajando entre ellos.

La mujer solo está comentando en cosas que le gustan a ella, pero el enemigo está murmurando en el oído de su esposo, "Tú

Resplandece

no eres un buen proveedor. Si tú fueras un buen proveedor, tú comprarías lo que ella quiere". El hombre se vuelve defensivo porque se siente atacado. Su esposa está diciendo una cosa, pero él está escuchando algo diferente, y eso está ocasionando una división en la unidad de ellos.

Podemos aprender a escuchar con los oídos de un discípulo, los cuales son oídos disciplinados. De hecho, podemos aprender a reconocer la voz del acusador. De la misma manera que un perro puede escuchar un sonido en un tono agudo, podemos entrenarnos para escuchar la voz acusadora del enemigo. Entonces, el Señor nos puede ayudar a hablar cosas entre nosotros para que el enemigo no pueda ser capaz de destruir nuestra unidad.

Deslealtad

Una barrera todavía más grande para la unidad es la deslealtad. Lealtad significa ser fiel a la gente, aun cuando ellos no estén presentes. Cualquier hombre puede ser fiel a su esposa cuando ella está parada a su lado. La pregunta es si acaso él puede ser fiel cuando ella no está presente. De forma similar, necesitamos ser fieles los unos a los otros en el cuerpo de la iglesia, aun cuando no esté cerca nadie conocido. Esa es la prueba de la lealtad. Si tú realmente quieres poner tu propio carácter en la prueba del ácido, si tú realmente quieres caminar en unidad, entonces tú tienes que decir, "Voy a ser leal. Eso significa que no voy a hablar negativamente acerca de alguien cuando él o ella no esté presente. No voy a cruzar esa línea nunca más".

Si queremos tener amistades sólidas, grandes matrimonios, negocios exitosos, e iglesias llenas del Espíritu Santo; si queremos ser grandes en el reino, debemos caminar en unidad. Las bendiciones son increíbles cuando lo hacemos. La batalla

Haz Que Deseen Lo Que Tú Tienes

puede ser dura, pero las bendiciones van a ser que la victoria sea mucho más dulce.

Dios Hace Cristianos; Nosotros Debemos Hacer Discípulos

El Señor nos llama a madurar en nuestra fe, no solo por nuestro propio crecimiento espiritual, pero también en beneficio de otros en Su cuerpo. El quiere que nosotros lleguemos al punto donde podamos dar y recibir sabiduría y conocimiento espiritual en los caminos del Señor.

Cuando Jesús nos dio instrucciones importantes antes de que El ascendiera a los cielos, El no nos indicó que fuéramos a ser cristianos, y esto se debe a que el Espíritu Santo es el único que puede traer a la gente hacia Cristo Jesús. Sin embargo, El nos dijo que fuéramos e hiciéramos *discípulos*:

> Id, pues, y haced discípulos de todas las naciones, bautizándolos en el nombre del Padre y del Hijo y del Espíritu Santo; enseñándoles a guardar todo lo que os he mandado; y he aquí, yo estoy con vosotros todos los días, hasta el fin del mundo.

Dios quiere *usarnos* para hacer discípulos. ¿Recuerdas cuando Jesús le ordenó a Lázaro que volviera a la vida? El oró y Dios levantó a Lázaro de entre los muertos. Cuando Lázaro salió de la tumba, él estaba envuelto en todas sus ropas mortuorias. Jesús les dijo a los que estaban cerca, "Desatadle y dejadle ir". Hay algunas cosas que Dios hace por nosotros. Sin embargo, hay otras cosas que El nos llama a hacer los unos por los otros. Otra vez, el hacer cristianos es la parte de Dios. El hacer discípulos es nuestra parte.

Primeramente, si vamos a estar haciendo discípulos, tenemos que asegurarnos que nosotros mismos hemos sido discipulados.

Resplandece

Tenemos que "crecer" para que nos podamos convertir en "padres espirituales". Pablo dijo a la iglesia en Corinto, "Aunque ustedes tengan diez mil mayordomos en Cristo, ustedes no tendrán muchos padres". ¿Qué podemos aprender de Pablo para nuestra generación?

Pablo estaba indicando que muchos de nosotros podremos decirle a los otros, "Te amo. Te animo. Te voy a dar un buen consejo. Podemos tener un buen estudio bíblico, y yo espero que será de bendición para ti. Pero no me pidas que vaya más allá de esto".

> Solo el Espíritu Santo puede traer a la gente hacia Cristo Jesús.

Cuando llevamos a la gente al Señor, pero después, no les damos esa paternidad espiritual, o discipulado, frecuentemente los vamos a perder. No muchos de nosotros estamos dispuestos a tomarnos el tiempo para decirle a un nuevo cristiano, "Tú tal vez tengas cincuenta años de edad, pero tú eres un recién nacido hablando espiritualmente. Vamos a reunirnos y hablar acerca del arrepentimiento, y acerca del señorío de Cristo, y de los dones del Espíritu Santo. Vamos a hablar acerca de lo que significa ser un seguidor del Señor". La gente necesita padres (y madres) espirituales que los guíen hacia su Padre Celestial en los cielos.

Si vamos a hacer discípulos, necesitamos ser padres fieles, e hijos sumisos. A medida que maduramos en el Señor, deberíamos estar funcionando tanto como padres que ayudan a los demás a crecer, y como hijos que continúan aprendiendo

Haz Que Deseen Lo Que Tú Tienes

de cristianos maduros. En otras palabras, si vamos a estar haciendo discípulos, nos necesitamos los unos a los otros. Ninguno de nosotros madura por sí mismo. El mantenerse solo es una receta segura para permanecer como un bebé en Cristo Jesús. Cada pasaje en el Nuevo Testamento que trata acerca de madurar en nuestra fe, siempre está en el contexto de crecer en el cuerpo de Cristo. No existe en crecimiento alejado de las relaciones.

Como un grupo musical, ministramos a muchas gentes cada año, pero no podemos hacer discípulos desde el escenario. El hacer discípulos significa que tenemos que involucrarnos en la vida de las gentes en una manera real y directa. El contacto que tenemos en nuestra iglesia y en nuestro vecindario es donde vamos a tener el crecimiento más significante y más duradero. Y esto mismo se aplica para todos los creyentes porque ése es el diseño de Dios para nosotros.

El discipulado significa vivir un día a la vez, como si Jesús estuviera tan cerca, cerca en tiempo, en un lugar muy cercano, siendo el testigo de nuestros motivos, de nuestras palabras, de nuestro comportamiento. Y de hecho, El lo es.
—Brennan Manning

Parte V

Luz para la Tierra de las Tinieblas

El pueblo que andaba en tinieblas ha visto gran luz; a los que habitaban en tierra de sombra de muerte, la luz ha resplandecido sobre ellos.

—Isaías 9:2

Cuando levantamos nuestras manos
Cuando invocamos Tu Nombre
Visitarás este lugar
Por Tu gracia y por Tu misericordia
Santo, Santo, es Tu Nombre

Es a Ti
Que adoramos
Es a Ti
Que alabamos
Solo a Ti
Los cielos declaran
Solo a Ti
Solo a Ti

"It Is You"
Thrive

Así brille vuestra luz delante de los hombres, para que vean vuestras buenas acciones y glorifiquen a vuestro Padre que está en los cielos.

—Mateo 5:16

> No importa cuál es tu ocupación o la vocación de tu vida—si eres un pastor, un misionero, o alguien que checa los medidores de agua todos los días—lo que cuenta es la gente. Dios te tiene dónde estás para que toques las vidas de todos aquellos que se cruzan en tu camino. Dios te tiene dónde estás para que muestres tu luz bien en alto, como si fueras una ciudad en un monte.
> —Ron Mehl

¿Qué era lo que tenía Jesús que hacía que la gente se sintiera atraída hacia El? Era obvio para todos que El estaba viviendo una vida justa y santa. ¿Por qué era que toda esa gente que tú pensarías que hallarían muy difícil el hecho de acercarse a El—como los rechazados, los olvidados, la gente en los niveles sociales más bajos de lo que la sociedad puede aceptar—todos estos se sintieron bienvenidos en Su presencia?

La razón principal es que *El entendió y amó a la gente.* El buscó a la gente con un propósito bien definido y los ministró en medio de su vida diaria y de sus actividades cotidianas de cada día. Ellos respondieron a Su acercamiento, a Su honestidad, a Su calor humano, y a Su sentido del humor. El tuvo compasión de ellos y suplió no solo sus necesidades espirituales, sino también sus necesidades emocionales y físicas. El vivió un Evangelio que mostraba que a Dios sí le importaban las personas por completo—en su espíritu, en su alma, y en su cuerpo—y que El quiere suplir todas las necesidades que haya en la vida de la gente. Su mensaje no estaba dependiendo de la forma cómo iba a reaccionar la gente; Su amor incondicional permanecía igual independientemente de lo que la gente hiciera. La gente sabía que habían encontrado a alguien Quien

Resplandece

verdaderamente los entendía y los amaba. Entonces, puede venir la confianza y se puede desarrollar una relación. Así que, para resplandecer—para poder atraer a la gente hacia la luz de Jesús—debemos venir a entender y a amar a los demás en las circunstancias de su vida diaria, de la misma manera como lo hizo Jesús. Esta es la manera cómo realmente conectamos la cultura con el Evangelio del reino. No importa qué es lo que hace la gente, y no importa qué es lo que cree la gente, una demostración vívida de amor y de sacrificio siempre será capaz de romper toda barrera que ellos hayan levantado en contra de Dios.

> Así que, para resplandecer, debemos venir a entender y a amar a los demás en las circunstancias de su vida diaria, de la misma manera como lo hizo Jesús.

En esta sección, queremos explorar algunas de las cosas que nos impiden ser una luz para Cristo Jesús en el mundo, así como algunas de las formas prácticas en que podemos mostrar la compasión de Cristo Jesús hacia los demás. Hemos incluido varias historias acerca de la forma en que estas cosas han hecho un impacto especial en nuestra propia vida—transformando nuestro entendimiento acerca de lo que significa convertirnos en ese cambio que queremos ver. Todos nosotros estamos aprendiendo acerca de este proceso, y ha sido a través de estas experiencias, que hemos podido llegar a aprender más acerca de poder permitir que la luz de Cristo Jesús resplandezca a través de nosotros.

Haz Que Deseen Lo Que Tú Tienes

La primera área que vamos a ver son las actitudes que tenemos hacia aquellos que están en el mundo.

Actitudes hacia el Mundo

Juzgando a los Demás

Una de las razones principales de que no nos acercamos a los demás con el amor de Cristo Jesús es porque fallamos en recordar lo fácil que sería que nosotros estuviéramos en su lugar. Esta verdad impactó la casa de Peter una noche hace varios años atrás.

Habíamos terminado un concierto y nos encontrábamos en el autobús, viajando hacia la siguiente ciudad en nuestra gira. Usualmente, después de hacer una presentación, todavía nos queda mucha adrenalina, bombeándonos todo el cuerpo, nos queda mucha energía, así que terminamos por no dormirnos sino hasta muy entrada la noche. Somos como hermanos, así que estábamos jugando luchas unos con otros y divirtiéndonos bastante. Más tarde, como a las tres de la mañana, nos detuvimos en una estación de gasolina para camiones. Cuando bajé del autobús, pude notar una pareja de jóvenes que estaban parados junto a una camioneta que estaba estacionada muy cerca de nosotros. La muchacha era muy joven, y los dos habían estado tomando bastante, de tal manera que se les notaba que estaban casi fuera de sí. Ellos se metieron en su camioneta y se fueron, rechinando las llantas, y casi se estrellaron ahí mismo en la estación de gasolina.

Resplandece

Yo recuerdo que en ese momento pensé algo condenatorio como, ¡"Hombre! ¿Qué es lo que están haciendo estos idiotas? Están tomando y manejando un auto, y ella va a acabar así y así, y él va a acabar así y así" y muchas cosas más como éstas. Pero tan pronto como yo me volví a subir al autobús, yo sentí como si algo me hubiera golpeado el pecho; casi me quitó todo mi aliento. Y entonces, estas palabras vinieron a mi mente: "Pero solo por la gracia de Dios es que no eres tú, porque tú podrías estar igual".

En forma instantánea, mi actitud de crítica desapareció, y mi corazón se enterneció por ellos. Mi perspectiva cambió completamente. Fue entonces cuando el significado de la frase tan famosa, "Solo es por la gracia de Dios que yo no soy ese" realmente fue revelada a mi vida.

Cuando tomamos una actitud que nos hace sentir que somos mejores que otros, nos estamos aferrando del orgullo, en lugar de perdernos a nosotros mismos por la causa de Cristo Jesús. Aun cuando decimos, "Pero solo es por la gracia de Dios que yo podría ser esa persona", podríamos estar pensando que somos mejores que la persona a la cual nos estamos refiriendo. Algunas veces vemos a la gente que está viviendo ese estilo de vida tonto y tan peligroso, y decimos, "Ellos merecen lo que les está pasando". Pero no nos estamos dando cuenta de lo que estamos diciendo. La pregunta es, ¿Donde estaríamos cada uno de nosotros si Dios nos diera lo que verdaderamente merecemos? Dado que El ha extendido la gracia hacia nosotros, nosotros necesitamos extender la gracia a los demás. Es como

Haz Que Deseen Lo Que Tú Tienes

la letra de una de nuestras canciones, "No siempre tenemos lo que merecemos, pero algunas veces tenemos lo que no merecemos".

Teniendo Prejuicios contra Otros

Algunas veces, no es solo el hecho de juzgar las acciones de otras gentes, sino el hecho de querer juzgar lo que pensamos que van a hacer, lo que nos impide poder alcanzarlos. Titubeamos y dudamos para mostrarle a la gente el amor de Cristo Jesús, porque suponemos que ellos automáticamente no quieren nada con nosotros. Pensamos que ellos ya se han formado opiniones de nosotros aun antes de siquiera darnos una oportunidad. Phil describe la forma como él llegó a tomar consciencia de esto en su propia vida:

Yo vivo en un pueblo que es muy conservador. Peter y Duncan también viven ahí. Es una comunidad pequeña y esto es algo bonito. Ahí vive más gente de edad avanzada y que son muy tradicionales.

Y en medio de todo esto, aquí aparezco yo.

Yo camino por mi pueblo con mi cabello largo y con la ropa que me puse cualquiera de esos días, mirándome casi como un loco para mucha de la gente de ahí. En el pasado, cuando salía a caminar, yo solía pensar cosas como, "Ese hombre piensa que soy un tipo de "hippie", y él seguramente no quiere ni siquiera dirigirme la palabra. Yo no creo que ni siquiera lo voy a saludar". Así que, trataba de mantener mi cabeza inclinada mientras pasaba por la calle.

Después de hacer esto por algún tiempo, de repente me di cuenta de yo había estado creyendo en una mentira. Ni siquiera le

había dado a esta gente la oportunidad de hablar conmigo. Yo sólo había supuesto que ellos no querían hablar conmigo. Así que ahora, cuando camino por la calle, yo saludo literalmente, a *todo el mundo*, aun si ellos no me responden el saludo, y con esto, he llegado a conocer a todos en el pueblo.

De alguna manera pensamos que la otra gente se va a sentir intimidada por nosotros, o que no va a recibir el amor de nosotros porque ellos no comprenden completamente quiénes somos nosotros. Creemos que nos van a valorar de manera muy pobre. Esto está verdaderamente equivocado. El alcanzar a mis vecinos fue un reto para mí hasta que me llegué a dar cuenta de algo: si yo tengo miedo de que mis vecinos me van a valorar muy pobremente, que ellos me van a juzgar, que ellos no me van a permitir platicar con ellos, que no me van a permitir llegar a conocerlos para que no podamos ser amigos, entonces, lo más probable es que yo me encuentro luchando con los mismos problemas con que ellos están luchando. Yo soy él que los está valorando muy pobremente a ellos. Algunas veces nuestros temores y nuestros malos entendidos giran alrededor de nosotros y nos vienen a encontrar en nuestra misma cara.

Mis vecinos me han estado observando por los últimos tres años, y ahora, recientemente, parece que todos ellos han salido de sus caparazones, y que realmente quieren llegar a conocernos, y quieren saber lo que sucede en nuestra vida. No solo el hecho de que he estado en gira o en casa. Así que todo esto es un tanto divertido. He comenzado a ver esto de forma lenta, y todos mis vecinos confían en mí mucho más que cuando me había cambiado a este vecindario. Esto es bueno, porque ellos pueden llegar a conocer quién soy yo realmente, y están comenzando a entender qué es lo que yo hago, y la forma cómo esto es parte de mi vida, y cómo las dos cosas juntas tienen sentido. Yo estoy disfrutando realmente el poder ver que mis vecinos saben lo que yo estoy haciendo, y que saben el hecho de que yo soy un cristiano. Estoy pudiendo ver el fruto de vivir una vida basada en Cristo Jesús, y ahora, mis vecinos están comenzado a ver esto. Así que, esto es bastante buena onda.

Algunas veces, para poder resplandecer y para hacerlos desear lo que tú tienes, se lleva algo de tiempo y algo de paciencia. Para resplandecer, para mí, significa tener un efecto en mis vecinos ya sea que yo esté consciente de ello o que no lo esté. No es importante para mí estar en un escenario muy grande con muchas luces alrededor y todas esas cosas tan maravillosas e impresionantes, a menos que esté sucediendo en mi propio vecindario.

Somos el Cuerpo de Cristo, así que, somos embajadores caminantes de Cristo aquí en la tierra. Es nuestra misión sólo amar. Algunas veces esto significa tener que subir a un punto donde esté uno preparado para que lo bajen a tiros, o que piensen de uno que es un tonto, o que somos exagerados o fanáticos de Jesús, o hippies, o cualquier otra cosa como éstas. Pero yo ya no me preocupo de estas cosas.

Resplandece

Cuando pensamos que no tenemos nada en común con la gente del mundo, y que ellos no quieren tener nada que ver con nosotros, se levantan barreras muy grandes entre ellos y nosotros—obstáculos que bloquean la luz de Cristo Jesús.

> Algunas veces, para poder resplandecer y para hacerlos desear lo que tú tienes, se lleva algo de tiempo y algo de paciencia.

Sintiéndose "Perseguidos"

Otra actitud que bloquea la luz de Jesucristo entre nosotros y las otras personas es mucho más sutil: Es el sentimiento de ser "perseguido". Jesús sí dijo que todos aquellos que lo siguieran serían rechazados por el mundo:

"En verdad os digo: No hay nadie que haya dejado casa, o hermanos, o hermanas, o madre, o padre, o hijos o tierras por causa de mí y por causa del evangelio, que no reciba cien veces más ahora en este tiempo: casas, y hermanos, y hermanas, y madres, e hijos, y tierras junto con persecuciones; y en el siglo venidero, la vida eterna".

Sin embargo, algunas veces pensamos que estamos siendo perseguidos por causa del Evangelio, cuando, en realidad, la gente está rechazando *nuestra presentación* del mensaje en lugar de rechazar al mensaje en sí mismo. Por ejemplo, cuando presentamos ciertas verdades, pero las comunicamos

Haz Que Deseen Lo Que Tú Tienes

en una manera que carece de la gracia de Dios, suena como condenación a los oídos de las gentes que las están escuchando. Entonces, cuando la gente responde en forma negativa a esta actitud que hay en nosotros, nos decimos a nosotros mismos, "Todo el mundo me está pisoteando".

> Cuando compartimos las verdades de Dios sin acompañarlas con la gracia de Dios, pueden sonar como condenación.

El hecho es que nadie responde bien a una persona que tiene una actitud de "soy más santo que tú"—¡y esto les sucede aun a aquellos que están de acuerdo con el mensaje del Evangelio! No hubo nadie que fuera más santo que Jesús, y, sin embargo, su santidad no era del tipo de santidad llena de presunción o centrada en el ego de uno mismo. Su verdad penetró el corazón de quienes lo escuchaban porque no tenía el retoque del orgullo o del resentimiento. Su mensaje era la luz y la verdad pura. Nuevamente, solo cuando nos sometemos a El es que Su luz puede resplandecer hacia los demás. Aun cuando a veces servimos a otros con motivos que son puros, aun así, puede ser que haya quiénes nos pisoteen. Sin embargo, no debemos tomar esto como una ofensa personal, o estaremos apagando la luz de todas las personas que están a nuestro derredor.

Nuestro Acercamiento hacia el Mundo

La segunda área que vamos a ver son los métodos que frecuentemente usamos para compartir el mensaje del Evangelio

Resplandece

a todo el mundo. A menudo, tratamos de discutir con otros para convencerlos y que estén de acuerdo con nosotros, como si la lógica de nuestras palabras fuera a convencer a la gente. Sin embargo, aun cuando algunas personas acaban siendo convencidas, ellos tal vez siguen rechazando el mensaje de una manera muy necia porque están sintiendo que "sólo les han presumido de algo".

El Apóstol Pablo dijo, "Y ni mi mensaje ni mi predicación fueron con palabras persuasivas de sabiduría, sino con demostración del Espíritu y de poder, para que vuestra fe no descanse en la sabiduría de los hombres, sino en el poder de Dios". Aun la Palabra de Dios puede llegar en la forma de "la sabiduría de los hombres" hacia la gente si no les es revelada a través del Espíritu de Dios. Peter describe la forma en que, aunque apreciemos el aprendizaje y la forma de pensar cristianos, Dios le está enseñando que cada vez que "él se quita de en medio", el Espíritu Santo puede obrar en el corazón de las gentes en maneras asombrosas. Podemos denominar la obra del Espíritu Santo como *revelación* en lugar de llamarlo *discusión*.

El Espíritu Santo parece obrar en la mejor manera cuando nosotros no nos ponemos en medio para estorbarle. Por ejemplo, cuando yo voy y hablo en los conciertos, o frente a líderes de jóvenes, yo he podido sentir que en esas veces cuando yo siento que no he hecho nada—y esto parece que sucede muchas veces, dado que no soy bueno como orador en público—todas esas veces cuando yo no tuve nada en orden, y cuando parece que todo lo eché a perder, sorpresivamente, fueron las ocasiones cuando he podido ver las mayores evidencias de las manifestaciones del Espíritu Santo.

Me puse a estudiar apologética cristiana durante un tiempo. Me gustaba leer a G. K. Chesterton, quien es el autor de *El Hombre Eterno Y La Ortodoxia*. Yo no estaba interesado en discutir con la gente aunque sentía un amor por ello. Fue una gran ayuda para poder examinar mi propio corazón. Yo tenía algunas preguntas concernientes a ciertos aspectos de nuestra fe, de las cuales yo necesitaba tener una respuesta. A mí todavía me gusta leer la literatura clásica cristiana, y ello ayuda bastante a fortalecer mi fe. Pero yo no hablo mucho de teología con otras personas como yo acostumbraba antes, porque yo he venido a entender que hay cosas que definitivamente son elementos básicos de la fe, y que, además de estos, hay otros que no son básicos. A. W. Tozer dijo, y lo refiero en forma parafraseada, que algunas gentes eligen creer en lugar de sólo conocer. Hay personas que tú te llegas a encontrar como éstas, y yo amo a este tipo de gentes. Ellos han elegido sólo creer en el Evangelio mediante una fe sencilla en Cristo Jesús, y no necesitan un tratado teológico profundo acerca de esto. Me recuerda de lo que dijo Jesús: Tenemos más bendición nosotros que aquellos que conocieron a Jesús mientras andaba en la tierra, por el hecho de que creemos en El aún sin siquiera haberlo visto.

Yo creo que es aquí cuando entra el Espíritu Santo, y esto nos habla en cantidades enormes, porque al final de cuentas, *no podemos probar* que Dios realmente existe. Cuando tú te enredas en una batalla con alguien acerca de la teología, tú realmente no vas a ganar a una persona; tú no vas a resplandecer por medio de tratar de probarles que Dios sí existe. Yo he llegado a un punto en mi vida en donde creo solo por medio de la fe. Yo me he cansado de ver programas donde se discute si el Arca de Noé ha sido hallada o no ha sido hallada, y cosas semejantes a éstas, porque nunca llega a haber nada concreto acerca de esto. Al final, ¿qué es lo que realmente significa seguir a Cristo? ¿Acaso no se trata de la fe? Y la fe es la evidencia de cosas que no vemos.

El Espíritu Santo es un Revelador. Yo oro, pidiendo revelación de las Escrituras, y Dios me contesta. Yo creo que esta es la clave. Tozer dice que el Espíritu Santo toma las verdades de Dios del libro de apologética y las transfiere al corazón humano. El hace esto con los creyentes, y El hace esto también con aquellos que necesitan venir a Jesús.

Yo pude ver un ejemplo asombroso de esto cuando tocamos un concierto en el Hall de la Fama del Rock and Roll. La gente se acercó a nosotros al final y nos dijo lo mucho que esto les había tocado. Yo *sé* que fue el Espíritu Santo, porque, más tarde, cuando pude ver el video del mismo, a mí no me impresionó para nada. No hubo nada especial, sólo íbamos de un canto hacia el siguiente. Al final del concierto, yo sentía que era uno de los peores conciertos que jamás habíamos hecho. Lo sentí así sinceramente. Tocamos ocho canciones nuevas, y yo estaba luchando con recordar qué era lo que seguía a continuación. Yo estoy seguro que las oraciones que subieron por nosotros eran relacionadas con los tonos y la letra de las canciones. Los cantos no salieron perfectos, pero dado que tratamos de hacernos a un lado, Dios se pudo mover.

Estábamos tocando un canto de adoración llamado "Eres Tú", y había un sujeto en el concierto que había sido el coordinador de giras para los Beatles y para los Eagles. El había estado como medio indiferente casi todo el día, y se veía como una persona de carácter muy duro. Pero él vino al camerino y dijo, "Yo sentí a Dios. Yo sentí que algo sucedió. Yo pude ver..." Y él no pudo hablar más. Era la primera vez en todo el día que él se había quedado sin poder hablar.

La cosa que más me gustó es que él no habló acerca del grupo musical. El no dijo, "Oh muchachos, ustedes sí tocan", ni tampoco nos dio halagos a la manera de antes. Yo casi me pude reír de todo esto. Yo estaba pensando, *esto es una locura*, porque él entró dónde estábamos y dijo, "yo sentí a Dios", y también él dijo, "Yo pude ver padres con sus manos alzadas, y también vi a sus hijos levantando sus manos, y vi cómo las lágrimas corrían por sus rostros". La adoración del pueblo de Dios había causado atracción a este sujeto porque hay algo que es muy poderoso en la adoración.

Después de esto, yo sólo levanté mis manos y pensé, *Bueno, yo creo que entonces, yo seguiré teniendo malos conciertos por el resto de mi vida*. En serio, yo creo que la adoración es algo sumamente atractivo para el mundo exterior, mucho más atractivo de lo que nosotros pensamos que es. Se necesita que el Espíritu Santo se mueva a través de toda una nación, que es lo que hemos estado viendo en los últimos dos años. Apenas acabamos de salir de una parte de la cultura que sólo tiene que ver con *adorarse a uno mismo*—teníamos costumbres rockeros cristianos y todo este tipo de cosas locas. Hemos entrado a una nueva etapa, y podemos ver multitudes adorando en cada uno de nuestros conciertos todo el tiempo. Y esta no es solo una "oleada" puesto que la única cosa acerca de la adoración verdadera, es que nunca está dictada o dirigida por oleadas o tendencias. Se necesita un espíritu humilde para poder entrar a la adoración. La adoración requiere que la gente sacrifique y se enfoque solamente en Su Creador, y obviamente, esto es algo que a Dios le agrada. ¡Lo hemos podido constatar personalmente!

Haz Que Deseen Lo Que Tú Tienes

Conociendo Todas las Respuestas

El alcanzar a los demás a través de revelación, en lugar de hacerlo a través de discutir con ellos, nos trae a otra área en la que hemos tenido malos entendidos con el concepto de ser la luz. A menudo, a causa de que hemos encontrado a Cristo Jesús, Quien es la Verdad, pensamos que tenemos todas las respuestas para las preguntas de todas las gentes. Tratamos de vivir como si no tuviéramos ninguna pregunta o ningún problema. Esto puede hacer que nos volvamos defensivos y confundidos cuando hablamos con el tipo de gente que disfruta de retarnos, o que simplemente tienen preguntas muy difíciles acerca de sus propias vidas. Esto también puede provocar que tratemos de esconder nuestras propias luchas y retos de la vista de los demás—incluyendo a otros creyentes.

Deberíamos ser honestos acerca de nuestras propias limitaciones, y permitir que el Espíritu Santo revele la verdad de Cristo Jesús a los demás.

Lo que olvidamos algunas veces es que únicamente Cristo Jesús es la verdad. Nosotros tenemos Su verdad porque lo hemos recibido a El, y El vive en nosotros, pero nosotros no somos omniscientes (nosotros no lo sabemos todo). La mejor cosa que podemos hacer es ser honestos acerca de nuestras limitaciones y orar que el Espíritu Santo revele la verdad de Cristo Jesús a las demás personas. Al final de cuentas, El es nuestra Respuesta, porque El es nuestra salvación y nuestra vida. Lo que pasa es que hay algunas preguntas que no podremos contestarnos mientras estemos viviendo en esta tierra.

Jody y Jeff explican la forma en que ellos tuvieron que darse cuenta que ellos no tenían que poseer "absolutamente todo el conocimiento" para ser auténticos cristianos.

Yo siento que nos ponemos mucha presión a nosotros mismos para desempeñarnos espiritualmente y en el ministerio. A menudo me he sentido presionado para tener todas las respuestas. Una de las más grandes revelaciones que yo he recibido en estos últimos años ha sido el poder darme cuenta de que yo no lo sé todo. Tú no tienes que tener una respuesta para todo. Yo creo que nos presionamos para tener una respuesta para todo porque somos cristianos y amamos a Dios, y Dios nos habla, y nosotros oramos, y por lo tanto, deberíamos tener una respuesta para todo. A mí me gustaría animarles a todos a que se pusiera a pensar un poco más sobre esto. Yo sé que para mí ha sido mucho más honesto el sólo decirle a la gente, cuando hacen ciertas preguntas, ¿"Sabes una cosa? Yo no sé qué contestarte. Voy a tratar de investigarlo. Voy a orar acerca de esto, y voy a buscar algún consejo al respecto, o voy a estudiarlo, pero por ahorita, yo no sé la respuesta". Quita mucha de la presión de nosotros el hecho de saber que la gracia de Dios y Su amor por nosotros es tan grande que no tenemos que saberlo todo para poder agradar a Dios. Por supuesto que debemos de buscar a Dios y aprender tanto como podamos acerca de El, pero nadie va a poder *saberlo todo*. Algunas veces, nosotros simplemente no vamos a saber las respuestas, y eso está bien.

    Yo creo que todos nosotros debemos de ser realistas acerca de nuestras limitaciones y de nuestras fallas, y de nuestra naturaleza caída. Yo creo que no hay nada peor que cuando tú encuentras a un cristiano que "se sabe todas las respuestas". Cuando yo me encuentro con alguien así, de forma instantánea, hay señales de alarma en mi cabeza. Y esto es, porque mientras más aprendo acerca de Jesús, más preguntas son las que tengo.

    Cuando yo estaba creciendo, siempre se me decía que si acaso tenía preguntas acerca de ciertas cosas, algo tenía que estar mal en mí. La gente solía decir, ¿"Cómo es que tú puedes tener dudas acerca de Jesús? ¿Cómo es que tú te atreves a preguntar eso"? A mí me enseñaron a no hacer preguntas, y a no imaginar acerca de nada, y a no tener ninguna duda. Pero mientras más estudio acerca de Jesús, y mientras más aprendo acerca de El, es más lo que yo tengo que investigar y es más lo que yo tengo que meditar en Su Palabra, haciendo preguntas. Hay gente que cree que yo tengo todas las respuestas o que yo ya lo sé todo porque "yo soy Jeff del grupo Newsboys". Esto no puede estar más lejos de la verdad. Yo sé que tengo habilidades en el área de la música, y eso es precisamente lo que hago. Eso es en lo que Dios me tiene. Yo puedo hablar solo de mi propia experiencia, y eso es lo que trato de hacer. Yo creo que nos haría mucho bien como cristianos, y sería muy bueno para alcanzar al mundo si saliéramos en la televisión diciendo, "No tenemos todas las respuestas; no lo sabemos todo, pero queremos servir y ayudar a los demás".

Yo creo que la gente pone muchísimas expectativas en que los líderes cristianos deben de ser perfectos, pero la gracia nos da la habilidad para ser honestos y reales. Muchos cristianos encuentran esto un tanto atemorizante. Es difícil poder ser abiertos acerca de nuestras propias luchas. El ser un poco más vulnerable es algo en lo que tenemos que trabajar cada día. Es tan fácil esconder cosas, pretender como si lo supiéramos todo. ¡Yo lo sé, porque yo lo he hecho! Es muy difícil ir a tu grupo de estudio bíblico y decirles, "Miren, tengo un problema con esto o con aquello". Esa es la manera difícil, pero es la mejor manera, porque nos lleva a la gracia. Cuando tú te vuelves más abierto, la gente tal vez te va a mirar como si estuvieras loco, pero la gracia te da la habilidad de volverlo a intentar y parecerte más y más como Cristo Jesús. No tenemos que ser autojustificantes. Nuestra fe es mucho más auténtica cuando somos abiertos, honestos y reales, y cuando admitimos nuestras luchas y problemas.

Haz Que Deseen Lo Que Tú Tienes

Estilo de Vida Inconsistente

Antes de que siquiera influenciemos el corazón de una generación, debemos ganar primero el derecho a ser escuchados. Esta es la razón por la cual, el estilo de vida de los creyentes es tan importante: La gente nos está observando para ver cómo manejamos nuestros recursos y nuestras responsabilidades. Ellos conectan nuestras creencias con nuestras acciones.
—Terry Crist

Conectando Nuestras Creencias con Nuestras Acciones

Otra área que obstruye la vida de Cristo para que no brille a través de nosotros es cuando no existe ninguna sustancia apoyando nuestro testimonio. Por ejemplo, supongamos que tú eres una persona joven que quiere llegar a ser pastor, así que, tú estás esforzándote para poder llevar a cabo tus estudios en la escuela. Tú encuentras trabajo en un restaurant de McDonalds. La gente sabe que tú eres cristiano y que tú quieres ir al seminario, pero ellos pueden notar que tú no pones mucho esfuerzo en tu trabajo. Seguido te vas o sales temprano, y tampoco tienes cuidado de tus propias cosas. Esto hace que la gente piense, "Los cristianos son gente floja. Yo no quiero nada que ver con su fe". También pueden pensar, "Los cristianos creen que son mejores que los demás y que no tienen que trabajar igual como las demás gentes".

Hay una playera de algodón que dice que "Hay 1.7 billones de gente no-cristiana en el mundo: ¿Vas a ir tú a hablarles"? Aunque esto es absolutamente cierto, algunas veces se nos olvida nuestra propia necesidad en medio de esto: Hay cerca de 200 millones de gentes en Estados Unidos que realmente no saben lo que significa ser un seguidor de Jesucristo. ¿Vas a ir tú a *enseñarles?*

 # Resplandece

Esta tal vez sea una frase prefabricada, pero es cierto: las acciones hablan más alto que las palabras. La clave está en permitirle a Jesucristo que viva Su vida a través de nosotros para que podamos tener la misma integridad que El tiene. Había una completa consistencia entre lo que Jesús decía y lo que El hacía.

> Hay cerca de 200 millones de gentes en Estados Unidos que realmente no saben lo que significa ser un seguidor de Jesucristo. ¿Vas a ir tú a *enseñarles*?

Duncan y Jody comparten sus pensamientos acerca de hacer resplandecer la luz de Cristo a través de sus acciones, en lugar de sólo usar palabras.

Esto es lo que resplandecer significa para mí. Cuando yo voy a la tienda a comprar algo para mi casa, y yo tengo que formarme en la sección de cajas, yo quiero que esa cajera diga, a medida que yo me estoy retirando de ahí, ¿"Dios mío! ¿Qué es lo que tiene ese sujeto? Yo quiero lo que él tiene".

Resplandecer es la forma cómo tratamos a la gente. Yo soy alguien a quien le afecta mucho el enojo al manejar un auto. Si alguien me cierra el paso en la carretera, yo suelo pensar, *¡Cómo se atreve a meterse* *de esa forma enfrente de mí!* Pero si debo de resplandecer, si debo ser un ejemplo para los demás, yo no puedo actuar como un salvaje. Mantener mi calma se convierte en todo un reto. Yo no estoy diciendo que sea fácil, pero esto forma parte de mi fe. Tú tienes momentos cuando no sientes que "resplandeces" mucho. Pero yo sé que hay una Escritura que dice, "No dejéis que el sol se ponga sobre vuestro enojo". Practicar esto es especialmente importante con la gente que está más cerca de ti.

Pero para mí, resplandecer va mucho más profundo de lo que he mencionado hasta ahora. Se aplica a nuestra propia relación con Cristo Jesús. Ultimamente, yo he sentido la convicción de orar cada día. Yo no he hecho esto en forma rutinaria desde que me convertí en cristiano. Pero yo sé de los días en que sí oro, yo resplandezco mucho mejor en esos días que en los días en que no tengo oportunidad para orar.

Cuando tú formas parte de un grupo musical, y en la posición en la que nos encontramos, es muy fácil ser cristiano encima de una plataforma durante una hora y media. Es fácil estar haciendo esto que hacemos, pero para mí, el verdadero ministerio, para decirlo de otra forma, está en las relaciones de cada día; ahí es cuando enfrentamos la verdad—en esas relaciones cotidianas, y con la gente con quienes tenemos contacto cada momento.

Han habido situaciones en que hemos ayudado a gentes, las cuales he sentido que Dios las ha traído a nuestro camino, y quienes han sido una verdadera bendición para mí. Una vez, acabábamos de llegar a la ciudad adonde íbamos a realizar nuestro concierto, y yo estaba caminando hacia el autobús detrás del lugar del evento. No tenía mucho que me había despertado, y yo me sentía todavía todo tieso. Pero fue entonces que yo pude notar a una dama manejando a lo largo de la carretera con una llanta ponchada. Ella se hizo hacia un lado de la carretera cerca de donde yo me encontraba. Yo estaba pensando dentro de mí, *esta dama no va a poder cambiar esa llanta*. Así que corrí y cambié la llanta para ella, muy, pero, muy rápidamente. Yo me podía dar cuenta que ella no tenía la menor idea de dónde había yo llegado, y tampoco sabía qué era lo que yo estaba haciendo. Yo pensaba que ella estaba un poco incómoda, porque hay

Haz Que Deseen Lo Que Tú Tienes

algún sujeto que sólo se aparece, cambia la llanta, y entonces dice, "Adiós, nos vemos luego", y se desaparece. Para mí, esas son el tipo de cosas, tan insignificantes y tontas como parecen, que pueden ayudar a la gente que realmente necesita algo. Tú no tienes que conocer a alguien para poder ayudarlo. Tú entras en situaciones como éstas y suples la necesidad, y nunca recibes nada a cambio. Tú sólo suples la necesidad de la persona y entonces, tú te vas. Es una cosa simple y sencilla, pero era toda una bendición para mí el poder hacer esto—y el poder aprovechar esa pequeña oportunidad para ayudar a alguien.

Maneras Prácticas de Mostrar la Compasión de Jesucristo

Vamos a hablar ahora acerca de algunos problemas y de algunos temas de nuestra sociedad contemporánea en donde tenemos la oportunidad de mostrar el amor de Jesucristo a los demás en formas y maneras muy prácticas. La gente no ha cambiado mucho a través de los siglos; cuando Jesús estaba enseñando a las multitudes que se habían congregado a escucharlo, El los llamó "angustiadas y abatidas, como ovejas que no tienen pastor".

Nuestra cultura de hoy en día está llena con gentes que están angustiadas y abatidas—exhaustas y preocupadas acerca de las cosas con las que tienen que tratar en su vida. Cristo nos dijo que El nos ha dado una paz que es diferente a la que el mundo conoce. Es la paz de conocer que Dios está siempre con nosotros y que nuestro Padre Celestial se preocupa de los

Resplandece

problemas y necesidades de nuestra vida. Podemos extender esta paz hacia otros por medio de aliviar sus cargas, y por medio de mostrarles que no se encuentran solos en su sufrimiento y en su dolor.

Familias Destruidas

Escribimos un canto hace algunos años llamado "Always", y se trata acerca de crecer sin un padre o madre, y eso realmente tocó algo en las entrañas de la gente. Lo escribimos a causa de un amigo nuestro que había dejado a su esposa en ese tiempo—ahora ya están juntos, pero en ese entonces, aquello parecía haberse acabado. El parecía tener un lapso momentáneo de razonamiento que lo hizo irse. Nosotros conocíamos a su pequeña niña, y eso ocasionó que esa situación influenciara muy de cerca a nuestro hogar. Escribimos ese canto muy rápidamente, pero no habíamos planeado incluirlo en el álbum que estábamos formando.

No nos dimos cuenta que podía tocar el corazón de tanta gente. Cada vez que lo tocábamos en un concierto, *cientos de gentes* se acercaban y nos decían lo mucho que apreciaban esa canción. Nunca antes tanta gente había respondido de manera tan fuerte a una canción.

Los verdaderos modelos que necesitamos en nuestro mundo actualmente, son padres y madres que están dedicados a sus esposos y familias. Muchos líderes de jóvenes nos preguntan, ¿"Qué debo de hacer para mantener el interés en mis muchachos"? o ¿"Qué debo hacer para retar a mis muchachos"? o ¿"Qué debo hacer para que mis muchachos hagan algo para Jesús"? La cosa más grande que ellos pueden hacer es ser un ejemplo de amor y de confianza para muchachos y muchachas que no tienen padres o madres en quiénes ellos pueden sentir que pueden descansar.

Haz Que Deseen Lo Que Tú Tienes

La cosa más importante es amar a estos muchachos incondicionalmente, tal y como hemos sido amado por Cristo Jesús. Debemos mostrar la gracia en la misma forma en que la gracia nos ha sido dada. Si los muchachos no están experimentando el amor y la gracia de Dios en el hogar, nosotros tal vez seamos los únicos en sus vidas de quién lo puedan recibir.

> Debemos mostrar la gracia en la misma forma en que la gracia nos ha sido dada.

Actos Simples de Bondad para Aquellos que Están Lastimados

Definitivamente, los pequeños actos de bondad son los que hacen una gran diferencia en las vidas de la gente que está pasando a través de sufrimiento y dolor. La historia de la hija de Jody que incluimos al principio de este libro contiene mucho más y eso es lo que queremos compartir ahora. Demuestra la forma cómo ayudando a otros en su sufrimiento por medio de suplir sus necesidades prácticas de cada día, es una forma poderosa cómo podemos hacer resplandecer la luz de Cristo Jesús.

Peter describe la forma en que las acciones de los miembros de la iglesia de Jody le ayudaron a entender más acerca de cómo ayudar a los demás durante tiempos difíciles, y entonces, Jody explica lo mucho que él y su familia fueron animados y fortalecidos por medio de la comunidad amorosa de su iglesia.

Dentro de los siguientes treinta minutos después de que Bethany fue traída al hospital, toda esta gente se había reunido en el hospital, y yo no tenía idea de quiénes eran por lo menos la mitad de todos ellos. Jody me los presentó, y todos ellos eran de su iglesia. Yo pude ver a toda una comunidad entera congregarse para ayudar a una de sus familias. Yo no estaba acostumbrado a ver que esto sucediera. Cuando la gente sabe que tú o un miembro de la familia está en el hospital, muy frecuentemente, tú recibes flores o una caja de chocolates, o algo similar, pero no es común que la gente acampe cerca del borde de tu cama. Toda esta gente vino para mostrar su apoyo, y ellos se quedaron ahí. Cuando esto sucedió, ellos estuvieron ahí por dos semanas. Ellos dormían ahí en el hospital, en la sala de espera, o en cualquier cosa que podían encontrar para dormir. Todas las veces que fuimos a visitar a Jody y a su familia, la gente estaba por todos lados.

Lo que sucedió a Bethany fue una cosa muy trágica, pero Dios ya la ha usado en tantas maneras y en la vida de muchísimas gentes. Es asombroso. Nos maravilla grandemente. Aun la obra que Dios ha hecho con nosotros, con nuestra familia y con el grupo musical, por medio de esto, ha sido asombroso. Ella ha sido una increíble bendición para muchos otros.

Ha sido grandioso el poder sentir a todos nuestros hermanos y hermanas cristianos alrededor de nosotros durante ese tiempo. Comenzó, por supuesto, con todos los que formamos parte del grupo musical y sus familias, y entonces, nuestras familias y los miembros de la iglesia a la cual vamos Erika y yo. Realmente tuvimos gran apoyo a través de ellos. Y también, todo el apoyo de oración que vino de afuera—¡probablemente la mitad de todas las iglesias de Nashville! Podíamos escuchar todo el tiempo a todas las diferentes iglesias y gentes que habían estado orando por Bethany. Cada día, podíamos escuchar de más lugares, aun en Europa, porque hemos establecido relaciones con gente de allá por medio de nuestros conciertos. Hubieron iglesias en Francia y en Inglaterra que oraron por Bethany. Esto te hacía sentir que la comunidad de la iglesia internacional, que era una comunidad verdadera en ese sentido, y el poder sentir esto era algo verdaderamente lindo.

Ha sido asombroso escuchar todas las grandes cosas que se dieron como resultado de esta situación. Por ejemplo, una de las enfermeras que de hecho no tenía a Bethany como paciente, pero que sabía que Bethany estaba en el hospital, porque ella era una amiga de Erika, venía a la sala de cuidado intensivo y visitaba a Bethany durante el turno en que ella trabajaba en el hospital. Ella nos dijo, "Hombre, toda esta situación ha cambiado a toda la gente en este lugar. Esto realmente está poniendo todo este lugar de cabeza". Ella nunca nos dio detalles, pero nosotros sabíamos lo que ella quería decir. Usualmente, en este tipo de situación todo se convierte tan clínico para los doctores y para las enfermeras. Pienso que tiene que ser así. Para ellos, involucrarse emocionalmente con cada paciente sería demasiado difícil, porque las circunstancias de la gente son tan duras y muy trágicas. Pero yo creo que el caso de Bethany fue algo que traspasó más allá de esto para muchos de ellos. Especialmente el salir de esta enfermedad, de la cual ningún otro niño había sobrevivido. Ellos vieron todo el apoyo que nosotros tuvimos de nuestros amigos y de nuestra iglesia. Ellos también vieron como Erika y yo estuvimos allí para apoyar y para animar a Bethany.

Cuando tú eres un paciente, y tú pasas por una situación como ésta, tú quedas con miedo a todo. Tú ves a tu hijo con todos estos tubos y el suero en su brazo y todas las demás cosas, y tú estás muy preocupado acerca de ella. Yo creo que los bebés saben la forma como la gente que está alrededor de ellas se están sintiendo. Así que tratamos de ser muy cariñosos y de animarla todo el tiempo. El hecho de que pudimos hacer esto fue un regalo de Dios. El nos ayudó a no preocuparnos y a sólo darle amor. Tú no puedes estar en cuidado intensivo las veinticuatro horas al día debido a las visitas de los médicos y a todas estas cosas similares. También, había muchos otros niños ahí juntos en cuidado intensivo. Si algo malo le sucede a uno de los niños, toda la gente tiene que salirse. Pero todas las veces que podíamos, tratábamos de estar ahí y tratábamos de animar a Bethany todo el tiempo. Tratábamos de estar ahí todo el tiempo que pudiéramos para comunicarnos con ella, tocarla, y abrazarla. Cualquier cosa que podíamos hacer. Yo creo que esto fue algo diferente de lo que el personal del hospital estaban acostumbrados a ver.

    La gente también hizo cosas muy pequeñas que realmente hicieron una diferencia en nosotros emocionalmente. Después de dos o tres días de haber estado en el hospital, yo me di cuenta que no había comido nada en todo este tiempo. Hubo un grupo de una iglesia que había venido al hospital trayendo sopa, pan, y galletas, y cosas como éstas. Ellos lo sirvieron todo esto en un espacio muy pequeño en ese piso. Cualquiera que tenía un niño o niña en cuidado intensivo o en ese piso del hospital era bienvenido para acercarse y tener un plato de sopa. Dado que yo no había comido en varios días, yo recuerdo que literalmente lloré a causa de este plato de sopa, porque, aunque era pequeño, era exactamente lo que yo necesitaba.

Yo realmente quiero animar a la gente a que se involucren en hacer pequeñas cosas como éstas. Cuando está uno joven, uno tiene estos grandiosos sueños acerca de hacer cosas para servir a Dios, pero yo creo que hay mucho que uno puede hacer y que son cosas muy sencillas. Pequeñas cosas sencillas como éstas, pero que pueden hacer una gran diferencia en la vida de las gentes. Erika y yo hemos hablado acerca de algunas cosas que queremos hacer desde aquel entonces. Nos gustaría regresar al hospital y hacer por otros, lo que esa gente hizo por nosotros. Yo recuerdo que alguien me dio un paquete pequeño con cosas para baño—cepillos de dientes, desodorante, y cosas como éstas. Fue algo que alguien de nuestra iglesia se había tomado el tiempo para preparar, y para traer al hospital y que estaba dispuesto para gente que también estaba en nuestra condición. Esto fue algo grande. Cosas como ésta parecen ser muy pequeñas, pero son cosas que cualquiera de nosotros puede hacer. Para mí, esto es realmente lo que significa resplandecer.

Haz Que Deseen Lo Que Tú Tienes

Cuando Ya No Hay Más Palabras

Algunas veces, cuando la gente está atravesando por circunstancias extremadamente difíciles, la mejor cosa que podemos hacer es sólo expresarles nuestro amor por ellos. Phil describe la forma que su amistad con un joven le ha enseñado esta verdad tan vital.

Recientemente, yo recibí una llamada de un muchacho con el cual he estado en contacto desde hace cuatro años. El está muy, pero muy enfermo, y lo hemos podido visitar varias veces. El me vio una vez y me preguntó, ¿"Podrías tú venir y tocar para mi grupo de jóvenes"? Yo le dije que sí y fui. El no estaba esperando vivir más allá de la edad de ocho años, y yo creo que él se dirige hacia el final ahora.

Cuando me llamó, yo no sabía qué decir, pero esto realmente no importaba. Lo que realmente importaba era que yo estaba allí con él en el teléfono y que pudimos platicar. El apenas podía hablar, y yo no tenía mucho que decir. Yo no quería hablar con él acerca de los nuevos juegos de PlayStation o cosas como ésta. Yo sólo estaba ahí. El me escuchó llorar. Yo podía oír su dolor y le dije que lo amaba. Eso es lo mucho que se puede entregar a través del teléfono.

Más poderoso que las palabras mismas, son las acciones. Voy a verlo pronto, y sólo voy a pasar tiempo con él y a darle amor. Eso es lo que necesita suceder. Las palabras son palabras y tienen el poder para sanar, *pero los abrazos son mucho mejor.*

Estoy aprendiendo esto, y ahora me encuentro abrazando a mucha más gente. Cuando encuentro a una persona que está en necesidad, yo procuro pasar tiempo con ellos, no quiero dejarlos ir. Yo lloro con ellos. Yo creo que siempre hay algo que puede estar sanándose a medida que compartimos nuestras cargas los unos con los otros. Yo no sé lo que es. Probablemente es algún tipo de principio teológico muy profundo. Pero eso es lo que el Señor quiere que yo haga muchas veces en que yo encuentro gentes que tienen necesidades desesperadas. Yo sólo quiero darles amor y abrazarlos y no quiero dejarles ir. Algunas veces, yo deseo poder tener super palabras de sabiduría para comunicárselas, pero realmente quiero enfatizar el punto de poder escuchar lo que el Espíritu Santo está tratando de decirme.

En muchas ocasiones, mucho más frecuentemente, se requiere—una acción—una acción física. Usualmente, un abrazo o una sonrisa, o una caricia es lo que realmente importa. Necesitamos ser gentes de amor. Al mismo tiempo, necesitamos ser firmes y fuertes, dándonos cuenta de que también hay maldad y malas acciones en este mundo. Necesitamos ser amables como corderos, pero feroces como leones. Somos los embajadores del Señor. El Señor nos dice con relación a las gentes que están en necesidad, "Amen a esas gentes. Denles alivio. Aliméntenlos. Cuiden a las viudas, denle a los pobres, denle de comer a los que tienen hambre". Mucho de esto involucra acciones.

Haz Que Deseen Lo Que Tú Tienes

Respondiendo al Dolor y al Sufrimiento en Todo el Mundo

Involucrándose en el Servicio y en las Misiones hacia Todos los Países

Un movimiento muy positivo que hemos podido ver hoy en día, es el incremento de los jóvenes involucrándose en el servicio y en las misiones hacia otros países. Jeff nos describe lo mucho que él se siente motivado por este crecimiento y el impacto que esto ha hecho en su propia familia.

Estoy muy emocionado por todo lo que estoy viendo, porque yo veo grupos como Teen Mania, que apenas comenzaron hace diez años, que ya están llevando a varios cientos de gentes en sus viajes misioneros que realizan cada verano. Y ahora, es como si cada muchacho y muchacha que va a ir en uno de estos viajes misioneros, está juntando dinero, y yo creo que mucho de esto, está haciendo una gran diferencia. Parece como si hay un nuevo movimiento en la generación de los jóvenes que los está motivando a servir los unos a los otros, lo cual yo creo que es sobresaliente, considerando el hecho que en nuestra cultura, hay tantas cosas tratando de distraer nuestra atención cada minuto de cada día.

Parece como si todos te están diciendo lo que tú necesitas todo el tiempo. Hay anuncios por todas partes por aquí, tales como anuncios en carreteras, en las revistas, y en la televisión. Pero cuando tú viajas fuera de los Estados Unidos, tú te puedes dar cuenta de que hemos creado nuestro propio mundo. Algunas veces nos da la impresión que el resto del mundo vive de la misma manera de como nosotros lo hacemos aquí, ¡pero esto no tiene nada de cierto!

Y aunque existen muchas distracciones, yo creo que muchos de los muchachos y muchachas ya están hartos de todo esto. Es como que están diciendo, ¡"Ya basta! Vamos a poner todo esto a un lado, vámonos de este país, y vamos a algún lado donde *podamos ayudar* a la gente". Yo sé que el hecho de viajar fuera de los Estados Unidos y poder ver las necesidades de las gentes de otros países ha sido un gran despertar para mí. Yo nunca había viajado más allá de la ciudad donde nací, que es Detroit, hasta que yo tenía diecinueve años y formaba parte del grupo musical. Parece como si yo ya hubiera visto el mundo entero en los últimos diez años.

Existe tanta gente lastimada allá fuera. Es increíble lo que tenemos aquí. Han sido muchas las veces en que yo he ido a diferentes lugares para ayudar gente, y esto *me ha cambiado a mí* más que la misma gente con la que fui a hacerlo. Es por eso que, cada vez que veo a un joven involucrarse en algún tipo de servicio, yo digo, ¡"Sí! Eso es fantástico", porque ellos nunca volverán a ser los mismos. Ya sea que vayan a un país del tercer mundo, a una casa-hogar, o a una ciudad perdida, el Evangelio entonces se vuelve una realidad. Es entonces, cuando el significado del Evangelio realmente hace su efecto. Mi hermana, que cuenta ahora veintiséis años de edad, fue en un viaje misionero cuando ella tenía quince años de edad. Ella trabaja en una oficina actualmente y está completamente integrada a la sociedad. Pero yo sé que aún en este día, hay una parte en ella que todavía guarda una carga en su corazón por la gente en otros países, porque ella fue capaz de romper con el patrón establecido por nuestra sociedad, donde ni siquiera se nos permite un solo minuto para pensar en las necesidades de los demás.

Así que esto es una cosa que tiene dos lados. Ayudamos a los demás y obtenemos bendiciones a cambio. Es algo muy poderoso. Yo creo que este movimiento para ayudar a las gentes en otros países se está esparciendo muy rápidamente, de acuerdo a lo que yo he visto. Si tú quieres hablar acerca de los cambios positivos que están reflejando la vida de Jesucristo, este, entonces, es uno completamente impactante.

Es muy excitante para mí el hecho de que la gente está comenzando a tomar este concepto de ayudar a los demás, porque eso es precisamente lo que hizo Jesús. El vino para servir.

Resplandece

Involucrarse en Temas Cruciales

Finalmente, queremos hablar acerca de algunos de los temas cruciales que nuestro mundo está enfrentando hoy en día—temas que realmente significan la vida y la muerte para la gente que está involucrada. Jesús dijo, "Tuve hambre, y me disteis de comer; tuve sed, y me disteis de beber; fui forastero, y me recibisteis; estaba desnudo, y me vestisteis; enfermo, y me visitasteis; en la cárcel, y vinisteis a mí". Este llamamiento para ayudar a aquellos que están en necesidades desesperadas es un llamamiento al que tenemos que ver muy de cerca para ver si verdaderamente lo estamos supliendo en la forma en que deberíamos hacerlo. Aunque existen muchos aspectos muy complicados de los problemas del mundo, tales como, el SIDA y el hambre, la cosa más importante es que estamos buscando a Dios para saber lo que tenemos que hacer en lo que El quiere que hagamos para aliviar el verdadero sufrimiento de los demás.

Peter describe la forma como él se sintió cuando el asunto del SIDA se hizo de la opinión pública. Concluimos con algunas preguntas para evaluar a medida que nos enfrentamos con estos temas cruciales de nuestros tiempos.

Cuando el SIDA entró en escena, yo no sabía qué pensar. Yo normalmente soy una persona que no corre, ni se apresura para tomar una decisión, gracias a Dios. Lo he hecho en algunas ocasiones y he cometido errores, pero al mismo tiempo yo puedo recordar que con claridad, estoy diciendo, ¿"Qué es esto *realmente*"? Algunas gentes decían, "Esto es un castigo", y muchas otras cosas tontas. Sin embargo, yo pude sentir que esto tal vez era un reto para nosotros, una oportunidad, incluso.

Varias veces en la Palabra de Dios existen ocasiones donde tú puedes ver a Dios dando una oportunidad a la gente para que pudieran ayudar a otros que se encontraban en necesidad. En lo que yo puedo recordar, yo he podido ver que nosotros como iglesia hemos podido responder en cierta medida a la crisis del SIDA. Algunas veces esto no ha funcionado. Si hemos hecho alguna cosa y ésta no ha funcionado, tal vez, entonces, deberíamos intentar otra cosa diferente. Algunas veces, tú puedes encontrar sabiduría en este tipo de accionar, siempre y cuando esté de acuerdo a lo que dice en las Escrituras. Para mí, nuestra forma de actuar siempre debería ser el hacer a los demás lo que nosotros quisiéramos que hicieran por nosotros, lo cual se traduce, en proveer ayuda y sanidad.

Hoy en día, muchos han olvidado que existe una razón por la cual, a través de todo el territorio de Estados Unidos, hay hospitales llevando el nombre de San Marcos y de San José. Esto se debe a que fueron fundados por cristianos. Fueron fundados por grandes gentes cristianas, pero ahora solo son monumentos que forman parte de la cultura. La gente ya no recuerda la motivación de aquellos que los abrieron. Esto es un reto para nosotros hoy en día, para que nos podamos dar cuenta de lo que sí ha funcionado y de lo que no ha funcionado, y para que sigamos el ejemplo de los primeros cristianos que sí se preocupaban por todos aquellos que sufrían, y que tradujeron su preocupación en acciones prácticas.

 Resplandece

¿Qué Tal Si?

¿Qué tal si, cuando la gente oye la palabra cristiano, ellos no pensaran en "hipócritas", "criticones", o "santurrones", sino al contrario, ellos pensaran, "amorosos", "pacíficos", y "llenos de un gozo inexplicable"?

¿Qué tal si, cuando la gente oye la palabra cristiano, ellos dijeran, "Ellos son la gente que luchó la batalla en contra del SIDA. Ellos son la gente que están haciendo los mejores avances para eliminar el hambre en Africa"?

¿Qué tal si, cuando la gente oye la palabra cristiano, ellos dijeran, "Ellos son los que actúan como si fueron perdonados de una deuda que no podían pagar"?

A medida que buscamos servir y amar de la misma manera en que Cristo lo hizo, vamos a ser visitados por la gracia y misericordia de Dios, y la tierra de las tinieblas va a ser transformada por el resplandor de Su luz.

Debo mantener vivo en mí mismo el deseo por mi verdadera patria, la cual no voy a encontrar sino hasta después de la muerte; nunca debo permitir que mi deseo sea sepultado por la nieve, ni ser echado a un lado; debo de hacer de él el mayor objetivo de mi vida, a fin de persistir, para llegar a esta otra patria, y ayudar a mis semejantes a que logren lo mismo.

—C. S. Lewis

Parte VI

Apetito por la Eternidad

Si habéis, pues, resucitado con Cristo, buscad las cosas de arriba, donde está Cristo sentado a la diestra de Dios. Poned la mira en las cosas de arriba, no en las de la tierra. Porque habéis muerto, y vuestra vida está escondida con Cristo en Dios.

—Colosenses 3:1-3

Señor, yo no sé adónde va todo esto,
O cómo funciona
Guíame a la paz que sobrepasa todo entendimiento
Una paz más allá de toda duda

Tú eres el Dios de mañana
Transformando las tinieblas en amanecer
Levantando al desesperado con esperanza para seguir
Tú eres la roca de toda salvación

"Lord (I Don't Know)"
Thrive

Y sabemos que el Hijo de Dios ha venido y nos ha dado entendimiento a fin de que conozcamos al que es verdadero; y nosotros estamos en aquel que es verdadero, en su Hijo Jesucristo. Este es el verdadero Dios y la vida eterna.

—1a. Juan 5:20

> Si consideramos las imperturbables promesas de recompensa y la asombrosa naturaleza de las recompensas prometidas en los evangelios, parecería que nuestro Señor sabe que nuestros deseos no son muy fuertes, sino muy débiles. Somos creaturas de corazón dividido...Cuando se nos ofrece el gozo infinito...nos contentamos con muy poco.
> —C. S. Lewis

Tú acaso has oído la pregunta, ¿"Qué harías diferente si llegaras a saber que sólo te quedan unos pocos días de vida"?

Aunque la pregunta final es ésta: ¿"Qué harías diferente si tú llegaras a saber que vas a vivir eternamente, y eso que haces hoy en día te puede afectar todo tu futuro por toda la eternidad"?

Mientras que la primera pregunta es meramente hipotética, la segunda no lo es. *Somos* seres eternos, y *vamos a vivir* para siempre.

La vida en esta tierra tiene ramificaciones eternas. Las decisiones y elecciones que hacemos hoy en día van a ejercer influencia en el futuro, y no solo para nosotros mismos, sino para los demás. ¿Acaso estamos viviendo el tipo de vida de la cual nos podremos sentir orgullosos de mostrársela al Señor al final de los tiempos? ¿Acaso son nuestros valores y nuestras prioridades hacia las otras gentes, las mismas que tiene Cristo Jesús, de tal manera que El nos podrá decir, ¿"Lo hicisteis a uno de estos hermanos míos, aun a los más pequeños, a mí lo hicisteis"?

Resplandece

Dios nos ha dado muchas cosas buenas que podemos disfrutar aquí en la tierra. Pero, como hemos visto, esta vida también tiene muchas distracciones, prioridades secundarias, preocupaciones y tentaciones que nos puedan apartar de las prioridades de lo eterno. Tenemos un enemigo muy real que trata de apartarnos para que no pongamos nuestra mente en las cosas que tienen que ver más allá de nuestra existencia terrenal. Estas cosas desvían nuestro objetivo hacia lo que es solamente temporal y que, al final de cuentas, no satisface, a fin de que nos olvidemos acerca de almacenar tesoros donde no pueden ser corrompidos—el cielo. Esta es la razón para que Jesús se mantenía enfatizando tan fuertemente el hecho de que cuando buscamos ganar nuestra propia vida, la vamos a perder, pero que la eternidad espera a aquellos que rinden su vida por la causa de Cristo Jesús. "El hombre que ama su vida la perderá, mientras que el hombre que odia su vida en este mundo, la cuidará para *vida eterna*".

Dios nos pregunta,

¿"Porque gastan su dinero en cosas que no son pan, y su trabajo en cosas que no satisfacen? Escuchen, escúchenme a Mí y coman lo que es bueno, y su alma se deleitará en las grosuras de las riquezas".

Jesús hizo eco de este mismo pensamiento cuando El dijo,

"No trabajen por comida que se va a echar a perder, sino por la comida que lleva para vida eterna, la cual el Hijo del Hombre os dará, en quien Dios ha placido dar Su aprobación".

La única cosa que al final de cuentas nos va a satisfacer es Jesús Mismo. El es el Pan de Vida. Conocerlo a El es conocer la vida eterna: "Y ésta es la vida eterna: que te conozcan a ti, el único Dios verdadero, y a Jesucristo, a quien has enviado".

Haz Que Deseen Lo Que Tú Tienes

¿Cómo es que podemos mantener esta vida en perspectiva con las realidades eternas? La única manera es teniendo apetito y hambre *por la eternidad*.

Esto es lo que Pablo quería decir cuando dijo que pusiéramos nuestra mente y nuestro corazón en las cosas de arriba, dónde está Cristo Jesús. Cuando recibimos a Cristo, El vive en nosotros, y nuestra vida se encuentra "escondida" en El. Es una completa fusión de nuestras vidas. Y aunque esto ocurre en el momento de la salvación, hemos podido ver que esto también es un proceso continuo. Mientras más nos perdemos a nosotros mismos, más será lo que nuestra vida estará escondida en El, para que lo único que los demás puedan ver sea Su luz y Su vida resplandeciendo a través de nosotros. Esta es la forma cómo podemos llegar a ser "el cambio que queremos ver". Esta es la forma cómo el mundo puede ser transformado.

Podemos pedirle a nuestro Padre Celestial cada día que nos dé este apetito por la eternidad, de tal manera que nuestra mente y nuestro corazón siempre van a estar unidos al Suyo. Esta debería ser nuestra oración continuamente. Tener apetito y hambre por lo eterno y por la eternidad nos

- Inspirará para dar el máximo de nuestra vida.
- Ayudará a poner esta vida en perspectiva.
- Ayudará a entender la verdadera naturaleza de la vida eterna.
- Capacitará para ver a otros a la luz de la eternidad.
- Permitirá que mantengamos nuestro objetivo y nuestra mira en el Unico Eterno.

Resplandece

Da lo Máximo de Tu Vida

Nuestro reto es dar el máximo de nuestra vida aquí para que esto cuente para la eternidad. Debemos usarla para lo que verdaderamente perdura, y que no es temporal. El apetito por la eternidad nos va a ayudar siempre a mantener en la mente las realidades eternas y el potencial eterno. No queremos poner nuestro objetivo en las cosas equivocadas, para venir a darnos cuenta cuando ya es muy tarde lo que realmente valía en la vida. El remordimiento por la forma en que hemos vivido nuestra vida se podrá mantener en un mínimo cuando hemos mantenido apetito y hambre por la eternidad.

Pon Esta Vida en Perspectiva

Cuando descansamos todo el peso de nuestra vida en aquello que es eterno, podemos confiar que Dios va a cuidar de nosotros en este mundo. Es a la luz de lo eterno que podemos tener una mejor perspectiva de las preocupaciones y los cuidados de mañana. Aquí vemos que nuestra dependencia en Dios para nuestro pan cotidiano y para nuestro futuro eterno vienen juntos. No importa dónde estamos o lo que nos suceda en esta vida, El ha dicho, "Nunca te dejaré, ni te abandonaré". Debes recordar que "Jesucristo es el mismo ayer, hoy, y por siempre".

Entender la Verdadera Naturaleza de la Vida Eterna

Algunas veces, a medida que vivimos nuestra vida tan llena de ocupaciones, podemos tener la impresión de que el cielo "está allá afuera" y muy lejos. Pero no podemos permitir que esta idea ejerza influencia de nuestra perspectiva de la vida eterna. Como C. S. Lewis dijo en su libro llamado *Christian Reflections*, ¿"Dónde, excepto en el presente puede encontrarse la vida eterna"?

Nuestra vida eterna en Cristo Jesús comenzó en el momento en que le pedimos que entrara a nuestra vida. Esto significa que eternidad no es tanto un *lugar*, sino que es una *posición*, una posición de estar en la presencia inmediata de Dios. Cuando se nos dio el don del Espíritu Santo, entramos a esa presencia—o por decirlo de otra manera, esa presencia entró en nosotros. Es Dios quién hace del cielo un paraíso, y mi lugar sin Dios es simplemente un infierno.

"El reino de Dios está dentro de ustedes" significa que nuestra vida eterna está aquí y es ahora. "Aunque ahora vemos una pobre reflexión como en un espejo", pero un día, la imagen se va a ser asombrosamente clara para nosotros. Entonces, veremos al Eterno cara a cara. Por lo tanto, la eternidad no es una meta distante. Ya nos encontramos viviendo en ella.

Ver a los Demás a la Luz de la Eternidad

Jesús hizo muy claro el hecho de que la forma en que tratamos a los demás en esta tierra tiene ramificaciones eternas—no solo para ellos, sino también para nosotros. Le debemos respeto a cada persona porque estamos tratando con seres eternos que han sido hechos a la imagen de Dios. Cada persona que nos encontramos tiene un futuro eterno—ya sea con Dios o sin El.

Cuando verdaderamente resplandecemos la luz de Cristo, vamos a ser que la gente desee lo que tenemos porque, cada persona, cristiano o de otro tipo, lleva en sí mismo un deseo por lo eterno, aunque frecuentemente no lo reconoce como tal. Solo a través de la revelación de Dios es que la gente puede ver

Resplandece

lo que este deseo realmente es—es estar deseando al Eterno. El estar resplandeciendo con la luz de Cristo puede despertar la chispa de lo eterno en los demás.

Tal vez tú puedes reconocer esa chispa dentro de ti mismo, pero sientes que tú nunca has venido completamente a la luz de Cristo Jesús. Cristo murió para que podamos tener vida, para que aquellos que creen en El por fe reciban salvación, y que verdaderamente vean la luz de la eternidad, la cual se encuentra solo en El. La única manera que tú puedes tener apetito o hambre por la eternidad, es si has podido probarla. Si tú nunca has recibido a Cristo Jesús en tu vida, te invitamos que en este momento tú aceptes el hecho de que El murió en la cruz para pagar el precio por tu pecado y que rindas tu vida a El para que verdaderamente puedas entrar a la vida eterna. Jesucristo es el Camino al Padre, y El se encuentra en la puerta de tu corazón, esperando que lo invites a entrar.

Mantengamos Nuestra Mira en el Eterno

Debemos mantener vivo en nosotros mismos un apetito por la eternidad. Resplandecer es perseverar hacia "esa otra patria", como Lewis dijo, y "ayudar a otros a que hagan lo mismo". Hacemos esto por medio de poner nuestros ojos en Jesús, quién es la luz y la vida de todos los hombres.

> Pues esta aflicción leve y pasajera nos produce un eterno peso de gloria que sobrepasa toda comparación, al no poner nuestra vista en las cosas que se ven, sino en las que no se ven; porque las cosas que se ven son temporales, pero las que no se ven son eternas.

Fija tus ojos en Cristo
Tan lleno de gracia y amor
Y lo terrenal sin valor será
A la luz del glorioso Jesús

"Where You Belong/Turn Your Eyes Upon Jesus"
(Fija Tus Ojos En Cristo/Letra En Español)
Shine: The Hits

Parte I

¿Qué clase de obstáculos en tu vida están impidiendo que la luz de Cristo Jesús resplandezca en ti o a través de ti *hacia los demás*?

Si tú eres el único Cristo Jesús que algunas gentes van a ver, ¿qué es lo que ellos van a conocer de El a través de ti?

¿Cómo puedes permitir que tu luz resplandezca hoy en día—comenzando con tu familia, y a partir de allí, expandiéndose hacia el resto de tu mundo? ¿Qué va a significar para ti el "Convertirte en el cambio que tú quieres ver"?

Piensa en algunas maneras en que tú puedes hacerlo, tal y como dijo San Francisco de Asís, "Predica el Evangelio todo el tiempo. Si es necesario, usa palabras".

Parte II
¿Cómo puedes evitar conformarte al punto de vista que el mundo tiene del éxito?

¿Qué se necesita para que tú puedas pasar por el ojo de la aguja y te desprendas de ti mismo?

Las Bienaventuranzas (Mateo 5:3-12) son el máximo ejemplo de los principios del reino al revés. ¿Cómo te está ayudando Dios a vivir estas enseñanzas en tu vida diaria?

¿Qué puedes hacer para que la tierra de tu espíritu sea más fértil y que pueda producir fruto?

Parte III

¿Has podido experimentar las riquezas de la soledad con Dios? ¿Cómo ha afectado esto tu caminar cristiano?

¿Te sientes aceptado por Dios? ¿Qué puedes hacer tú para abrir tu corazón y poder creer que El te ama solo por el hecho de que El te creó?

¿Qué clase de costumbres devocionales has tratado de mantener? ¿Está funcionando tu sistema para ti? Si no, ¿qué puedes hacer para descubrir el tipo de relación que Dios quiere tener contigo? ¿Tienes tú un sábado en tu semana? ¿Qué pasos puedes tomar para poder aplicar este principio en tu vida?

Mira hacia atrás, a los últimos años de tu vida. ¿Qué momentos han definido la persona que Dios quiere que seas y hacia dónde El quiere llevarte? ¿Puedes ver la manera en que El ha estado trabajando en formas que tú ni siquiera entendías en ese momento?

Parte IV

El morir a ti mismo significa algunas veces tener que perder tus derechos. ¿Cómo cambia tu perspectiva de esto, el hecho de someterte "como al Señor"?

¿Existe un desequilibrio en tu vida de servicio? ¿Decides servir solo cuando es fácil (como el darle cambio a un mendigo), pero no lo haces cuando es más difícil (cuando un miembro de tu familia te pide ayuda otra vez)? ¿Cómo puedes saber tú si verdaderamente estás sirviendo "como para el Señor"?

¿Has podido experimentar el gozo que viene como fruto de someterse total y verdaderamente, o te has conformado con la alegría superficial de promoverte a ti mismo?

¿Cuentas con un lugar dentro de una comunidad cristiana fuerte? ¿Qué puedas hacer a fin de conectarte con el cuerpo de Cristo que está alrededor de ti?

¿Existen razones por las que tú no te has abierto para tener relación con otros cristianos? ¿Y son estas razones verdaderamente válidas? ¿Qué puedes hacer para seguir a Dios a través del proceso de sanidad y de restauración?

Parte V

Cuando tú estás viendo que la gente hace decisiones pecaminosas, ¿qué te viene más naturalmente—juicio o compasión?

¿Acaso supones tú que la gente no quiere hablar contigo o no quiere conocerte? ¿Acaso asumes tú que no tienes nada de qué hablar? Dios te ha llamado a que te involucres en el mundo que te rodea: ¿Qué puedes hacer tú para enfrentar esta verdad?

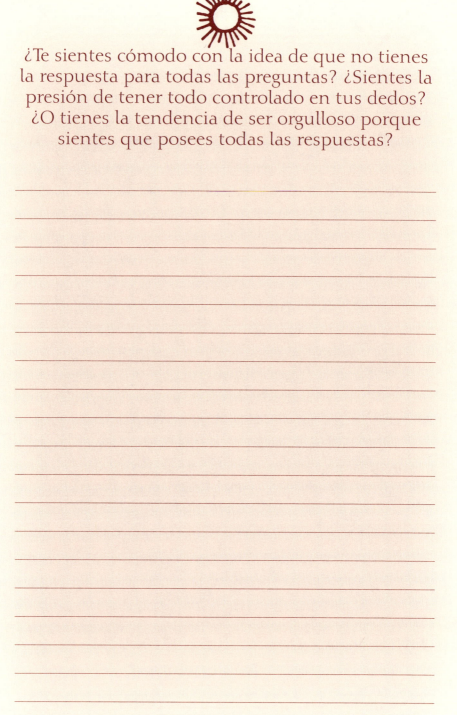

¿Te sientes cómodo con la idea de que no tienes la respuesta para todas las preguntas? ¿Sientes la presión de tener todo controlado en tus dedos? ¿O tienes la tendencia de ser orgulloso porque sientes que posees todas las respuestas?

¿Qué tan seguido puedes ver las pequeñas oportunidades de la vida para resplandecer? ¿Tiendes a dejarles pasar, sustituyéndolas por ideas grandiosas acerca de "servir a Dios"? ¿Qué puedes hacer tú para asegurarte que no vas a perder esos momentos críticos que realmente pueden hacer la diferencia?

¿Qué áreas de tu vida o de tu testimonio, simplemente no han estado "funcionando"? ¿Cómo cambiaría Jesús todas tus costumbres o hábitos? ¿Haría El exactamente lo opuesto de lo que tú has estado haciendo? ¿Qué puedes hacer tú para ser tan real como El era?

_____
_____
_____
_____
_____
_____
_____
_____
_____
_____
_____
_____
_____
_____
_____
_____
_____
_____

Parte VI

El establecer tu mente en la eternidad te ayudará, como ciertos tipos de paradojas, a ver el presente sin tener que sentir tensión nerviosa por el futuro. ¿Qué puedes hacer tú para enfocarte en las cosas importantes de la vida en lugar de enfocarte meramente en las urgentes?

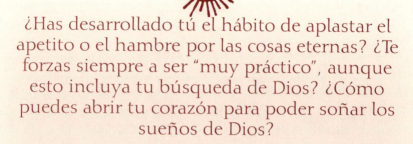

¿Has desarrollado tú el hábito de aplastar el apetito o el hambre por las cosas eternas? ¿Te forzas siempre a ser "muy práctico", aunque esto incluya tu búsqueda de Dios? ¿Cómo puedes abrir tu corazón para poder soñar los sueños de Dios?

Aun mientras contemplamos a la Persona más maravillosa en el universo, podemos distraernos de la presencia de Dios y de Su bendición. ¿Cuáles son las cosas que te distraen o que te alejan más fácilmente? ¿Qué puedes hacer tú para "fijar tus ojos en Cristo Jesús"?

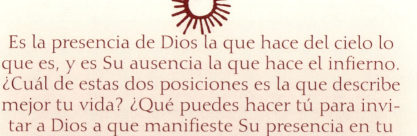

Es la presencia de Dios la que hace del cielo lo que es, y es Su ausencia la que hace el infierno. ¿Cuál de estas dos posiciones es la que describe mejor tu vida? ¿Qué puedes hacer tú para invitar a Dios a que manifieste Su presencia en tu vida diaria?

Tú has escuchado la pregunta, ¿"Qué harías tú diferente si supieras que sólo te quedan pocos días de vida"? Ahora, hazte esta pregunta a ti mismo: ¿"Qué haría yo diferente si yo supiera que voy a vivir para siempre, y que todo lo que hago hoy en día, podría afectarme por el resto de mi vida eterna"?

Haz Que Deseen Lo Que Tú Tienes

Libros De Influencia

Buchanan, Mark. *Your God Is Too Safe: Rediscovering the Wonder of a God You Can't Control.* Sisters, OR: Multnomah, 2001.

Buechner, Frederick. *The Sacred Journey.* New York: HarperCollins, 1982.

———. *The Alphabet of Grace.* New York: HarperCollins, 1989.

———. *Whistling in the Dark.* New York: HarperCollins, 1993.

Chesterton, G. K. *Orthodoxy.* 1908. Reprint, San Francisco: Ignatius Press, 1995.

———. *The Everlasting Man.* 1925. Reprint, San Francisco: Ignatius Press, 1993.

Crist, Terry M. *Learning the Language of Babylon: Changing the World by Engaging the Culture.* Grand Rapids: Chosen Books, Baker Book House, 2001.

Dostoevsky, Fyodor. *Notes from Underground.* 1863. Norton Critical Edition, Edited by Michael R. Katz. New York: W. W. Norton, 2000.

Evrist, Dale. *The Mighty Hand of God.* Lake Mary, FL: Creation House, 2000.

Green, Melody, and David Hazard. *No Compromise: The Life Story of Keith Green.* Eugene, OR: Harvest House Publishers, 2000.

Lewis, C. S. *God in the Dock.* 1970. Reprint, Grand Rapids: Williams B. Eerdmans Publishing Company, 1997.

———. *The Great Divorce.* New York: HarperCollins, 2001.

———. *Mere Christianity.* New York: HarperCollins, 2001.

———. *The Screwtape Letters.* New York: HarperCollins, 2001.

———. *The Weight of Glory.* New York: HarperCollins, 2001.

Manning, Brennan. *Abba's Child: The Cry of the Heart for Intimate Belonging.* Colorado Springs, NavPress, 1994.

Resplandece

———. *The Signature of Jesus.* Sisters, OR: Multnomah, 1996.

———. *The Ragamuffin Gospel.* Sisters, OR: Multnomah, 2000.

———. *Ruthless Trust: The Ragamuffin's Path to God.* New York: HarperCollins, 2000.

Merton, Thomas. *The Seven Storey Mountain.* 1948. Fiftieth Anniversary Edition, New York: Harcourt Brace & Company, 1998.

Nair, Ken. *Discovering the Mind of a Woman.* Nashville: Thomas Nelson, 1995.

Tolstoy, Leo. *Walk in the Light & Twenty-three Tales.* 1928. Reprint, Farmington, PA: Plough Publishing House, The Bruderhof Foundation, 1998.

Tozer, A. W. *Renewed Day by Day.* Compiled by G. B. Smith. Camp Hill, PA: Christian Publications, 1980.

Wilkinson, Bruce H. *Secrets of the Vine: Breaking Through to Abundance.* Sisters, OR: Multnomah, 2001.

Yancey, Philip. *The Jesus I Never Knew.* Grand Rapids: Zondervan, 1995.

———. *What's So Amazing About Grace?* Grand Rapids: Zondervan, 1997.

———. *The Bible Jesus Read.* Grand Rapids: Zondervan, HarperCollins, 1999.

———. *Reaching for the Invisible God: What Can We Expect to Find?* Grand Rapids: Zondervan, HarperCollins, 2000.

———. *Soul Survivor: How My Faith Survived the Church.* New York: Doubleday, 2001.

Haz Que Deseen Lo Que Tú Tienes

Recursos
Preludio

14: *"Piensen de estas":* Frederick Buechner. *The Alphabet of Grace* (New York: HarperCollins, 1982), p. vii.

Parte I

17: *"Y el fin":* T. S. Eliot. Qtd. In Philip Yancey's, *Soul Survivor: How My Faith Survived the Church* (New York: Doubleday, 2001), p. 59.

21: *"Aquí abajo en el valle":* "Thrive." Peter Furler/Steve Taylor. © 2002. Ariose Music/ASCAP. Derechos administrados por EMI Christian Music Publishing. Usado con permiso.

23: *"El Evangelio no va a persuadir":* Brennan Manning. *The Signature of Jesus* (Sisters, OR: Multnomah, 1996), p. 17.

25: *"Busca primero el reino de Dios":* Mateo 6:33.

26: *"Venid a Mí":* Mateo 11:28.

26: *"Un nuevo mandamiento":* Juan 13:34.

26: *"Dios no mandó":* Juan 3:17.

27: *"El Verbo se hizo carne":* Juan 1:14

27: *"la luz del mundo":* Juan 8:12; 9:5.

28: *"Vosotros sois la luz":* Mateo 5:14.

28: *"Así brille vuestra luz":* Mateo 5:16.

32: *"Vosotros sois la sal":* Mateo 5:13-16.

33: *"Si la luz":* Mateo 6:23.

33: *"Cuando Jesús contó":* Ver Mateo 13:33; Luke 13:21 para la parábola de la levadura.

33: *"preservar la cultura":* Ver Mateo 5:13; Marcos 9:50; Lucas 14:34.

35: *"una nación santa":* Ver 1a. Pedro 2:9.

36: *"Es como la parábola":* Ver Mateo 18:23-35.

39: *"Dios no desea que nadie":* Ver 2a. Pedro 3:9.

40: *"En esto conocerán":* Juan 13:35.

40: *"de estar en el mundo":* Ver Juan 17:14-16, 18.

41: *"Jesús era el amigo":* Ver Mateo 9:10; 11:19; Lucas 7:34.

41: *"El hombre sin Espíritu":* 1a. Corintios 2:14.

Resplandece

41: *"¿Cómo podemos ir?"*: Terry M. Crist. *Learning the Language of Babylon: Changing the World by Engaging the Culture* (Grand Rapids: Baker Books, 2001), p. 14.

43: *"la fragmentación"*: The Penguin Dictionary of Philosophy, s.v. "postmodernism."

44: *"morir a nosotros mismos"*: Gálatas 2:20.

44: *"toma nuestra cruz"*: Lucas 9:23.

45: *"En El estaba la vida"*: Juan 1:4.

46: *"Y porque como el Padre"*: Juan 5:26.

47: *"Llévame a la roca"*: Salmo 61:2.

47: *"¿Porque llaman"*: Lucas 6:46-49.

48: *"El hombre que camina"*: Juan 12:35-36.

49: *"No hay justo"*: Romanos 3:10.

49: *"Conviértete en el cambio"*: Ver Philip Yancey. *Soul Survivor: How My Faith Survived The Church* (New York: Doubleday, 2001), p. 172. Mahatma Ghandi dijo, "Debemos convertirnos en el cambio que queremos ver". Hemos tomado ese pensamiento y lo hemos puesto en una forma mucho más activa: "Sé el cambio que quieres ver". Aunque Ghandi vivió muchas de las enseñanzas que Cristo enseñó, tristemente, nunca vino a conocerlo como su Salvador personal. Philip Yancey escribe, "Durante toda su vida, Ghandi se encontró regresando muchas veces a las enseñanzas de Jesús…Aun así, él no pudo reconciliar la incompatibilidad que él vio entre Cristo y los cristianos". Tal vez si Ghandi hubiera encontrado más cristianos cuyas vidas hubieran sido transformadas radicalmente por medio de un total sometimiento a Cristo Jesús, de tal manera que su luz pudiera haber sido vista en ellos de forma muy clara, hubiera hecho una gran diferencia. Nunca sabemos quién está observando nuestras vidas, y la diferencia que nuestra fidelidad hacia Cristo Jesús puede significar para el reino de Dios.

49: *"Necesitamos quitar la viga"*: Ver Mateo 7:3-5.

49: *"Haz a los otros"*: Lucas 6:31.

50: *"El pueblo que andaba"*: Isaías 9:2-3.

Haz Que Deseen Lo Que Tú Tienes

Parte Dos

53: *"Resplandece: Haz que deseen"*: "Resplandece". Peter Furler/Steve Taylor. © 1994 Ariose Music/ASCAP. Todos los derechos administrados por EMI Christian Music Publishing.

55: *"Nada es tan hermoso"*: C.S. Lewis. *God in the Dock* (1970 nueva impresión, Grand Rapids: William B. Eerdmans, 1997), p. 26.

59: *"Y cada generación"*: "Cornelius" Peter Furler/Steve Taylor. © 2002 Ariose Music/ASCAP. Todos los derechos administrados por EMI Christian Publishing. Usado con permiso.

66: *"un reino de sacerdotes"*: Exodo 19:6.

67: *"El reino de Dios"*: Marcos 1:15.

68: *"El reino de los cielos es semejante a un tesoro"*: Mateo 13:44.

68: *"Otra vez, el reino"*: Mateo 13:45-46.

68: *"El evangelio del reino"*: Mateo 24:14.

69: *"Tuyos oh Dios, es la grandeza"*: 1a. Crónicas 29:11.

69: *"Venga Tu reino, hágase Tu voluntad"*: Mateo 6:10.

69: *"Porque Tuyo es"*: Mateo 6:13.

69: *"Y Jesús recorría"*: Mateo 9:35.

70: *"la señal de que el reino"*: Ver Mateo 11:2-5.

70: *"El les dio autoridad"*: Lucas 9:1-2.

70: *"A éstos también"*: Hechos 1:3.

70: *"Y este evangelio"*: Mateo 24:14.

71: *"Los discípulos tomaron"*: Refiriéndose a que los discípulos tomaron el mensaje del reino en forma muy seria, noten que Felipe predicó el reino (Hechos 8:12); Pablo y Bernabé predicaron el reino (Hechos 14:22); Pablo predicó el reino cuando él viajó solo (Hechos 19:8;20:25); y Pablo, al final de su vida, enseñaba todos los días acerca de los principios del reino de Dios (Hechos 28:23, 31).

71: *"Buscad primeramente"*: Mateo 6:33.

71: *"Por eso os digo no os preocupéis"*: Mateo 6:25-33.

72: *"¡Escuchen! He aquí, el sembrador"*: Marcos 4:3-8.

73: *"El que tenga oídos"*: Marcos 4:9.

73: *"El secreto del reino"*: Marcos 4:11, 13.

73: *"El sembrador siembra"*: Marcos 4:14-15.

74: *"Otros, como la semilla"*: Marcos 4:16-17.

Resplandece

74: *"Hay otros, que son"*: Marcos 4:18-19.
74: *"Otros, que son como la semilla"*: Marcos 4:20.
75: *"¿Acaso se trae"*: Marcos 4:21-23.
75: *"Todo esto habló Jesús"*: Mateo 13:34-35.
76: *"de la cual (la iglesia)"*: Colosenses 1:25-27, se añadió énfasis.
76: *"El reino de Dios"*: Lucas 17:21.
76: *"El que no nace de nuevo"*: Juan 3:3, 5.
76: *"No temáis"*: Lucas 12:32.
77: *"Buenas Nuevas de gran gozo"*: Lucas 2:10, se añadió énfasis.
77: *"todos se esfuerzan"*: Lucas 16:16.
77: *"Su yugo es fácil"*: Ver Mateo 11:30.
77: *"Pondré mis leyes"*: Hebreos 8:10.
78: *"Haya, pues, en vosotros"*: Filipenses 2:5-11.
79: *"Si alguno quiere venir"*: Mateo 16:24.
79: *"En el reino invertido"*: Donald B. Kraybill, *The Upside-Down Kingdom*, edición revisada. (Scottdale, PA: Herald Press, 1990), p. 243.
80: *"Los otros dioses"*: Sacado de "Jesus of the Scars" by Edward Shillito (1872-1948) accesado en <http://www.christiananswers.net/q-aiia/god-pain.html> (17 de junio 2002).
80: *"De cierto, de cierto os digo"*: Mateo 10:15.
80: *"Qué difícil será"*: Marcos 19:23-24.
81: *"Cualquiera que se humille"*: Mateo 18:4.
81: *"Cualquiera que quiera salvar"*: Marcos 8:35.
82: *"Todo lo puedo"*: Filipenses 4:13.
83: *"el viejo hombre"*: Ver Romanos 6:6, Efesios 4:22, y Colosenses 3:9.
83: *"Es más fácil"*: Mateo 19:24.
84: *"Someteos los unos a los otros"*: Efesios 5:21.
84: *"El reino de Dios"*: Romanos 14:17-18.
85: *"Siempre estarán oyendo"*: Isaías 6:9.
85: *"Arrepentíos, porque el reino"*: Mateo 4:17, se añadió énfasis.
85: *"Hay caminos"*: Proverbios 14:12.
86: *"Porque Mis pensamientos"*: Isaías 55:8-9.
86: *"Aunque Dios ha creado"*: Eclesiastés 7:29.
86: *"Solo hay una cosa buena"*: C. S. Lewis, *The Great Divorce* (New York: HarperCollins, 2001), p. 106.
87: *"Lo que es muy"*: Lucas 16:15.

Haz Que Deseen Lo Que Tú Tienes

87: *"Si tú piensas"*: Juan 8:31-32.
88: *"Nadie pone un remiendo"*: Mateo 9:16-17.
88: *"Arrepentiéndense y volteen"*: Hechos 3:19.
91: *"Cualquiera que practica"*: Mateo 5:19.
93: *"Cuando venga El, el Espíritu"*: Juan 16:13.
93: *"la levadura que tomó una mujer"*: Mateo 13:33.
94: *"Trabajar nuestra salvación"*: Ver Filipenses 2:12.
94: *"Cierto hombre tenía una higuera"*: Lucas 13:6-9.
95: *"El reino de Dios"*: Mateo 21:43.
95: *"Para que ellos se arrepientan"*: Hechos 26:20.
97: *"Cierto hombre de familia"*: Lucas 19:12-26.
99: *"Con Cristo estoy juntamente"*: Gálatas 2:20.
100: *"Y (Jesús) viendo las multitudes"*: Mateo 9:36-38.
100: *"Buenas Nuevas de gran gozo"*: Lucas 2:10, se añadió énfasis.
100: *"El tiempo ha llegado"*: Marcos 1:15.
100: *"Separará las ovejas"*: Ver Mateo 25:32.
100: *"El reino de los cielos"*: Mateo 13:24-30.
102: *"La verdad ya está dentro"*: "Shine." Peter Furler/Steve Taylor. © 1994. Ariose Music/ASCAP. Todos los derechos administrados por EMI Christian Publishing. Usado con permiso.
103: *"El reino de los cielos es como"*: Mateo 13:31-32.
104: *"A éstos también"*: Hechos 1:3-8.
105: *"Cualquiera que desee ser"*: Mateo 20:26-28.
106: *"(Jesús) le dijo a otro"*: Lucas 9:59-62.
106: *"Cierto hombre"*: Lucas 14:16-24.
108: *"Hay gente"*: Frederick Buechner, *Whistling in the Dark* (New York: HarperCollins, 1993) p. 88.
109: *"El justo será"*: Salmo 112:6-7.
110: *"¿Cuál mandamiento es el más"*: Marcos 12:28.
110: *"Amar a Dios"*: Marcos 12:30-31.
111: *"Cualquiera que salva su vida"*: Mateo 10:39.
113: *"El ideal cristiano"*: G. K. Chesterton, *What's Wrong with the World*, Chapter Five, mencionado en el libro de Philip Yancey, *Soul Survivor: How My Faith Survived the Church* (New York: Doubleday, 2001), p. 58.

Resplandece

Parte Tres

131: *"Tú no puedes amar"*: C. S. Lewis. *The Great Divorce* (New York: HarperCollins, 2001), p. 100.

135: *"Cuando tú estás aburrido"*: "Where You Belong." Peter Furler/Steve Taylor. © 1992 Ariose Music/ASCAP. Derechos administrados por EMI Christian Music Publishing. Usado con permiso.

139: *"Existe una sola forma"*: Thomas Merton, *The Seven Storey Mountain* (New York: Harcourt Brace & Company, 1948, renovado en 1976. Esta edición es la edición del cincuenta aniversario, publicada en 1990), p. 407.

139: *"Después del terremoto"*: 1a. Reyes 19:12.

140: *"en la frescura"*: Génesis 3:8.

140: *"Pues Dios, que dijo"*: 2a. Corintios 4:6.

141: *"Podemos hacer"*: Brother Lawrence. *The Practice of the Presence of God* (New Kinsington, PA: Whitaker House, 1982), 33.

142: *"Este pueblo de labios"*: Isaías 29:13.

143: *"Yo les daré"*: Ezequiel 11:19-20.

144: *"Es Dios"*: Filipenses 2:13.

145: *"Sus muchos pecados"*: Lucas 7:47, se añadió énfasis.

145: *"Tu fe te ha salvado"*: Lucas 7:50.

145: *"Me amas"*: Juan 21:17.

145: *"Sí, Señor, Tú sabes"*: Juan 21:16.

145: *"Alimenta mis ovejas"*: Juan 21:17.

145: *"Sobre todas las cosas, el amor"*: 1a. Pedro 4:8.

148: *"Cierto hombre"*: Lucas 15:11-24.

150: *"Señor, mi Dios"*: Thomas Merton, *Thoughts in Solitude* (New York: Farrar, Straus & Cudahy, 1958), p. 83.

151: *"La confianza representa"*: Philip Yancey. *Soul Survivor: How My Faith Survived the Church* (New York: Doubleday, 2001), p. 214.

151: *"practicando la presencia"*: Brother Lawrence. *The Practice of the Presence....* Este concepto se discute a través del libro.

151: *"compromiso del corazón"*: Jonathan Edwards, mencionado en *Devotional Classics*, editores Richard J. Foster y James Bryan Smith (New York: HarperCollins, 1993), p. 19.

151: *"santa estimación"*: Ibid., p. 19.

Haz Que Deseen Lo Que Tú Tienes

151: *"agilidad espiritual"*: Ibid., p. 27.
151: *"ejercicios espirituales"*: Ibid., p. 36.
151: *"convirtirse en amigo de Dios"*: Ibid., p. 157.
152: *"Para estar con El"*: Brother Lawrence. *The Practice of the Presence...*, p. 46.
152: *"Las santas costumbres son"*: Mark Buchanan. *Your God Is Too Safe: Rediscovering the Wonder of a God You Can't Control* (Sisters, OR: Multnomah, 2001), p. 131.
153: *"estar quietos y conocer"*: Ver Salmo 46:10.
154: *"Echa tus cargas"*: Salmo 55:22.
154: *"El que entra"*: Juan 10:2-4.
155: *"¡Samuel!"*: 1a. Samuel 3:4.
155: *"¡Aquí estoy!"*: 1a. Samuel 3:6.
155: *"No, yo no te llamé"*: Ver 1a Samuel 3:6.
155: *"Habla, Señor"*: Ver 1a. Samuel 3:9-10.
156: *"oídos para oír"*: Marcos 4:9.
157: *"El Espíritu nos ayuda"*: Romanos 8:26.
157: *"Y Aquel que escrudriña"*: Romanos 8:27.
157: *"Si pedimos cualquier cosa"*: 1a. Juan 5:14.
157: *"Enséñame Tus caminos"*: Exodo 33:13.
158: *"Entrad por Sus puertas"*: Salmo 100:4.
159: *"Si permanecéis"*: Juan 15:7-8.
159: *"viva y eficaz"*: Hebreos 4:12.
159: *"Mi palabra que sale"*: Isaías 55:11.
160: *"Esto es solo una cosa del espíritu"*: "Spirit Thing." Peter Furler/Steve Taylor. © 1994 Ariose Music/ASCAP. Todos los derechos administrados por EMI Christian Music Publishing. Usado con permiso.
162: *"considerad los cuervos"*: Lucas 12:24.
162: *"considerad como crecen los lirios"*: Lucas 12:27.
162: *"Ve a la hormiga"*: Proverbios 6:6.
164: *"Danos hoy"*: Mateo 6:11.
164: *"Donde no hay"*: Proverbios 29:18.
166: *"Las misericordias de Dios son nuevas"*: Ver Lamentaciones 3:22-23.
166: *"Este es el día"*: Salmo 118:24.
166: *"No se preocupen"*: Mateo 6:34.

Resplandece

166: *"orar sin cesar"*: 1a. Tesalonicenses 5:17.
172: *"El sábado fue hecho"*: Marcos 2:27-28.
174: *"absolutamente un momento"*: Mencionado en el libro de Tony Carnes, "Bush's Defining Moment," Christianity Today 45 (2001): 38.
175: *"Jacob se quedó solo"*: Génesis 32:24-27.
175: *"Y el hombre dijo"*: Génesis 32:28.
176: *"Entonces Jacob le preguntó"*: Génesis 32:29-31.
177: *"Ustedes intentaron dañarme"*: Génesis 50:20.
180: *"Por fe, Jacob"*: Hebreos 11:21.
181: *"Tú eres el Cristo"*: Mateo 16:16.
182: *"Yo te digo"*: Mateo 16:18.

Parte Cuatro

183: *"Hasta que tú no te rindes"*: E. Stanlet Jones. Victory Through Surrender (Nashville: Abingdon Press, 1960), p. 65.
187: *"¿Por qué estás"*: "Million pieces". Peter Furler/Steve Taylor. © 2002 Ariose Music/ASCAP. Todos los derechos administrados por EMI Christian Music Publishing. Usado con permiso.
191: *"El ego no es"*: E. Stanley Jones. Victory..., p. 36.
191: *"Las temporadas"*: Charles R. Swindoll. Growing Strong in the Seasons of Life (Portland: Multnomah, 1983), p. 13.
192: *"tiempos de refrigerio"*: Hechos 3:19.
192: *"Ponemos nuestros ojos"*: Hebreos 12:2.
192: *"una larga obediencia"*: Eugene H. Peterson. A Long Obedience in the Same Direction: Discipleship in an Instant Society (Downers Grive, IL: InterVarsity Press, 2000).
193: *"Se nos dice en 2a. Pedro"*: Ver 2a. Pedro 1:5-8.
193: *"Enséñame Tu camino"*: Salmo 86:11.
193: *"El Hijo del Hombre"*: Mateo 20:28.
194: *"Probar y ver"*: Salmo 34:8.
194: *"Examíname, oh Dios"*: Salmo 139:23-24.
195: *"Hermanos, aun si alguno"*: Gálatas 6:1-5, se añadió énfasis.
196: *"Si alguno quiere"*: Mateo 16:24-25.
196: *"Si el grano"*: Juan 12:24-26.

Haz Que Deseen Lo Que Tú Tienes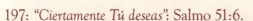

197: *"Ciertamente Tú deseas"*: Salmo 51:6.
197: *"hombre hecho como el corazón de Dios"*: Ver Hechos 13:22.
198: *"Por consiguiente "*: Romanos 8:1-2.
199: *"novedad de vida"*: Romanos 6:4.
199: *"Es más fácil"*: Mateo 19:24.
200: *"¿Quien entonces podrá"*: Mateo 19:25.
200: *"Para los hombres esto es imposible"*: Mateo 19:26.
201: *"Maridos, amad a vuestras esposas"*: Efesios 5:25.
202: *"Como para el Señor"*: Efesios 5:22.
204: *"Porque tuve hambre"*: Mateo 25:35-40.
205: *"El tener derecho"*: G. K. Chesterton en A Short Story of England, Capítulo Diez. Referencia tomada de la Internet en <http://www.cse.dmu.ac.uk/%7Emward/gkc/books/bib.html> (17 de junio de 2002).
207: *"No te digo siete veces"*: Mateo 18:22.
207: *"Por eso, el reino"*: Mateo 18:23-35.
209: *"que dos veces, tuvo que clamar"*: Ver Mateo 26:39, 42.
210: *"Si la vida es agua"*: "Joy". Peter Furler/Steve Taylor . © 2000 Dawn Treader Music/SESAC. Todos los derechos administrados por EMI Christian Music Publishing. Usado con permiso.
211: *"no recibirá multiplicado"*: Lucas 18:30. Ver también el versículo 29.
211: *"de todas esas cosas"*: Mateo 6:33.
211: *"cumplido o completo"*: Ver Juan 15:11 y Juan 16:24.
211: *"el Camino, la Verdad"*: Juan 14:6.
211: *"que amen su vida, la perderán"*: Ver Mateo 10:39 y Mateo 16:25.
212: *"Ninguna alma tan desea"*: C.S. Lewis. The Great Divorce (New York: HarperCollins, 2001), p. 71.
212: *"Así brille vuestra luz"*: Mateo 5:16.
214: *"De la misma manera en que"*: Romanos 12:4-5.
215: *"Pero teniendo dones"*: Romanos 12:6-18.
216: *"Si alguno dice"*: 1a. Juan 4:20-21.
219: *"ciudad sobre un monte"*: Mateo 5:14.
219: *"No es bueno que el hombre"*: Génesis 2:18.
224: *"crecer a la estatura "*: Efesios 4:15.
224: *"crecer en la gracia"*: 2a. Pedro 3:18.
226: *"un centurión que se acercó"*: Mateo 8:5-13.

Resplandece

227: *"El no pudo hacer"*: Mateo 13.58.
228: *"vino a ser uno solo"*: 1a. Samuel 18:1.
228: *"Recordad a vuestros líderes"*: Hebreos 13:7.
229: *"¿Dónde estás?"*: Génesis 3:9.
232: *"Examinaos a vosotros mismos"*: 2a. Corintios 13:5.
234: *"Obedeced a vuestros pastores"*: Hebreos 13:17.
240: *"Con toda humildad"*: Efesios 4:2-4.
241: *"Gozaos con los que"*: Romanos 12:15.
241: *"Si hicieras lo que es correcto"*: Génesis 4:7.
242: *"Pero si estáis sin disciplina"*: Hebreos 12:8.
242: *"Al presente ninguna disciplina"*: Hebreos 12:11.
243: *"¡Ay del mundo"*: Mateo 18:7.
245: *"el acusador"*: Apocalipsis 12:10.
247: *"Id, pues, y haced"*: Mateo 28:19-20.
247: *"Desatadle y dejadle ir"*: Juan 11:44.
248: *"crecer"*: Ver Efesios 4:15 y 1a. Pedro 2:2.
248: *"Aunque ustedes tengan"*: 1a. Corintios 4:15.

Parte Cinco

251: *"El discipulado significa"*: Brennan Manning. *The Signature of Jesus* (Sistera, OR: Multnomah, 1996), p. 91.
255: *"Cuando levantamos"*: "It Is You". Peter Furler. © 2000 Ariose Music Music/ASCAP. Todos los derechos administrados por EMI Christian Music Publishing. Usado con permiso.
259: *"No importa cual es tu"*: Ron Mehl. *Meeting God at a Dead End: Discovering Heaven's Best When Life Closes In* (Sisters, OR: Multnomah, 1996), p. 188.
263: *"No siempre lo tenemos"*: "La Cosa Buena". *Going Public.* (Dominio Público.) Newsboys.
266: *"En verdad os digo"*: Marcos 10:29-30.
268: *"Y ni mi mensaje ni mi predicación"*: 1a. Corintios 2:4-5.
269: *"Tenemos más bendición"*: Ver Juan 20:29.
277: *"Antes de que siquiera"*: Terry M. Crist. *Learning the Language of Babylon: Changing the World by Engaging the Culture* (Grand Rapids: Chosen Books, Baker Book House, 2001), p. 125.

Haz Que Deseen Lo Que Tú Tienes

279: *"No dejéis que el sol se ponga"*: Efesios 4:26.
281: *"angustiados y abatidos"*: Mateo 9:36.
294: *"Tuve hambre"*: Ver Mateo 25: 35-36.
295: *"Hacer a los demás"*: Ver Mateo 7:12.

Parte Seis

297: *"Debo mantener"*: C. S. Lewis. *Mete Christianity* (New York: HarperCollins, 2001), p. 137.
301: *"Señor, Yo No Sé"*: "Lord (I Don't Know)." Peter Furler/Steve Taylor. © 2002 Ariose Music/ASCAP. Todos los derechos administrados por EMI Christian Music Publishing. Usado con permiso.
305: *"Si consideramos"*: C. S. Lewis. *The Weight of Glory* (New York: HarperCollins, 2001), p. 26.
305: *"lo hicisteis"*: Mateo 25:40.
306: *"almacenar tesoros"*: Ver Mateo 6:19-21.
306: *"El hombre que ama"*: Juan 12:25.
306: *"Por qué gastan su dinero"*: Isaías 55:2.
306: *"No trabajen"*: Juan 6:27.
306: *"Pan de Vida"*: Ver Juan 6:35, 48.
306: *"Y esta es la vida eterna"*: Juan 17:3.
307: *"Escondida"*: Colosenses 3:3.
308: *"Nunca te dejaré"*: Ver Josué 1:5 y Hebreos 13:5.
308: *"Jesucristo es el mismo"*: Hebreos 13:8.
309: *"El reino de Dios"*: Lucas 17:21.
309: *"Aunque ahora vemos"*: 1a. Corintios 13:12.
310: *"la luz y la vida"*: Ver Juan 1:4.
310: *"Pues esta aflicción leve"*: 2a. Corintios 4:17-18.
311: *"Fija Tus Ojos"*: "Where You Belong/Turn Your Eyes." Peter Furler/Steve Taylor. © 1992 Ariose Music/ASCAP. Todos los derechos administrados por EMI Christian Music Publishing. Usado con permiso.

Resplandece

Derechos de Autor de las Canciones

"It is You"
Peter Furler
© 2002 Ariose Music/ASCAP. Derechos administrados por EMI Christian Music Publishing.

"Shine"
Peter Furler/Steve Taylor
© 1994 Ariose Music/ASCAP, Warner Sojourner/SESAC, Soylent/ICG/SESAC Tunes. Derechos administrados por EMI Christian Music Publishing.

"Joy"
Peter Furler/Steve Taylor
© 2000 Dawn Treader Music/SESAC, Soylent Tunes/ICG/SESAC. Derechos administrados por EMI Christian Music Publishing.

"Spirit Thing"
Peter Furler/Steve Taylor
© 1994 Ariose Music/ASCAP, Soylent Tunes/ICG/SESAC, Warner Sojourner/SESAC. Derechos administrados por EMI Christian Music Publishing.

"Thrive"
Peter Furler/Steve Taylor
© 2002 Ariose Music/ASCAP, Soylent Tunes/ICG/SESAC. Derechos administrados por EMI Christian Music Publishing.

"Cornelius"
Peter Furler/Steve Taylor
© 2002 Ariose Music/ASCAP, Soylent Tunes/ICG/SESAC. Derechos administrados por EMI Christian Music Publishing.

Haz Que Deseen Lo Que Tú Tienes

"Million Pieces (Kissin' Your Cares Goodbye)"
Peter Furler/Steve Taylor
© 2002 Ariose Music/ASCAP, Soylent Tunes/ICG/SESAC. Derechos administrados por EMI Christian Music Publishing.

"Lord (I Don't Know)"
Peter Furler/Steve Taylor
© 2002 Ariose Music/ASCAP, Soylent Tunes/ICG/SESAC. Derechos administrados por EMI Christian Music Publishing.

"Where You Belong"
Peter Furler/Steve Taylor
© 1992 Ariose Music/ASCAP, Soylent Tunes/MS/SESAC. Derechos administrados por EMI Christian Music Publishing.

Estas canciones se encuentran en el álbum de los Newboys:

Thrive

Shine: The Hits

Love Liberty Disco

Step Up to the Microphone

Take Me to Your Leader

Going Public

Acerca de los Autores

☀ Peter Furler nació en Adelaide, en el sur de Australia. El vive con su esposa Summer, en Franklin, Tennessee.

☀ Jody Davis nació en Petersburg, Indiana. El vive en Nashville, Tennessee, con su esposa Erika, y su hija Bethany.

☀ Phil Joel nació en Auckland, Nueva Zelanda. El vive en Franklin, Tennessee, con su esposa Heather, y su hija Phynley.

☀ Duncan Phillips nació en Queensland, Australia. El vive en Franklin, Tennessee, con su esposa Breeon, y su hija Taylor.

☀ Jeff Frankenstein nació en Detroit, Michigan. El vive en Nashville, Tennessee, con su esposa Jenny.

Resplandece

☀ Desde los comienzos humildes en sótanos de iglesias y bares en Australia hasta lograr vender el cupo total en estadios de todo el mundo, incluyendo el Madison Square Garden y el Hall de la Fama del Rock and Roll, los Newsboys han publicado diez álbums. Con más de 3.5 millones de discos vendidos, ellos tienen 23 cantos que han llegado al primer lugar de popularidad, 2 nominaciones para Grammy, y 3 discos de oro. Su cobertura de prensa a nivel nacional incluye *USA Today*, "Good Morning America," la cubierta de la revista *Newsweek*, *Entertainment Weekly*, y *Teen People*, solo para nombrar a unos cuantos. Realizando un promedio de 150 conciertos por año, los Newsboys son los innovadores del estadio portátil para giras, y son fundadores del *Festival Con Dios* que se celebra cada año.

ANOTHER POWERFUL BOOK
from Whitaker House

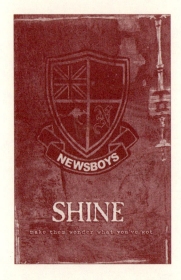

Shine: Make Them Wonder What You've Got
The Newsboys

See the Newsboys in a way you have never seen them before—not just as performers but as Christians. Follow them as they travel through seasons of personal and spiritual growth, undergoing struggles that are common to all believers, experiencing faith-stretching circumstances, and seeking to live for Christ in an authentic way. *Shine* will challenge and stretch your own spiritual expectations as you rediscover the dynamics of a living faith.

ISBN: 0-88368-772-0 • Trade • 360 pages

Available at Your Local Christian Bookstore
Visit our web site at: www.whitakerhouse.com